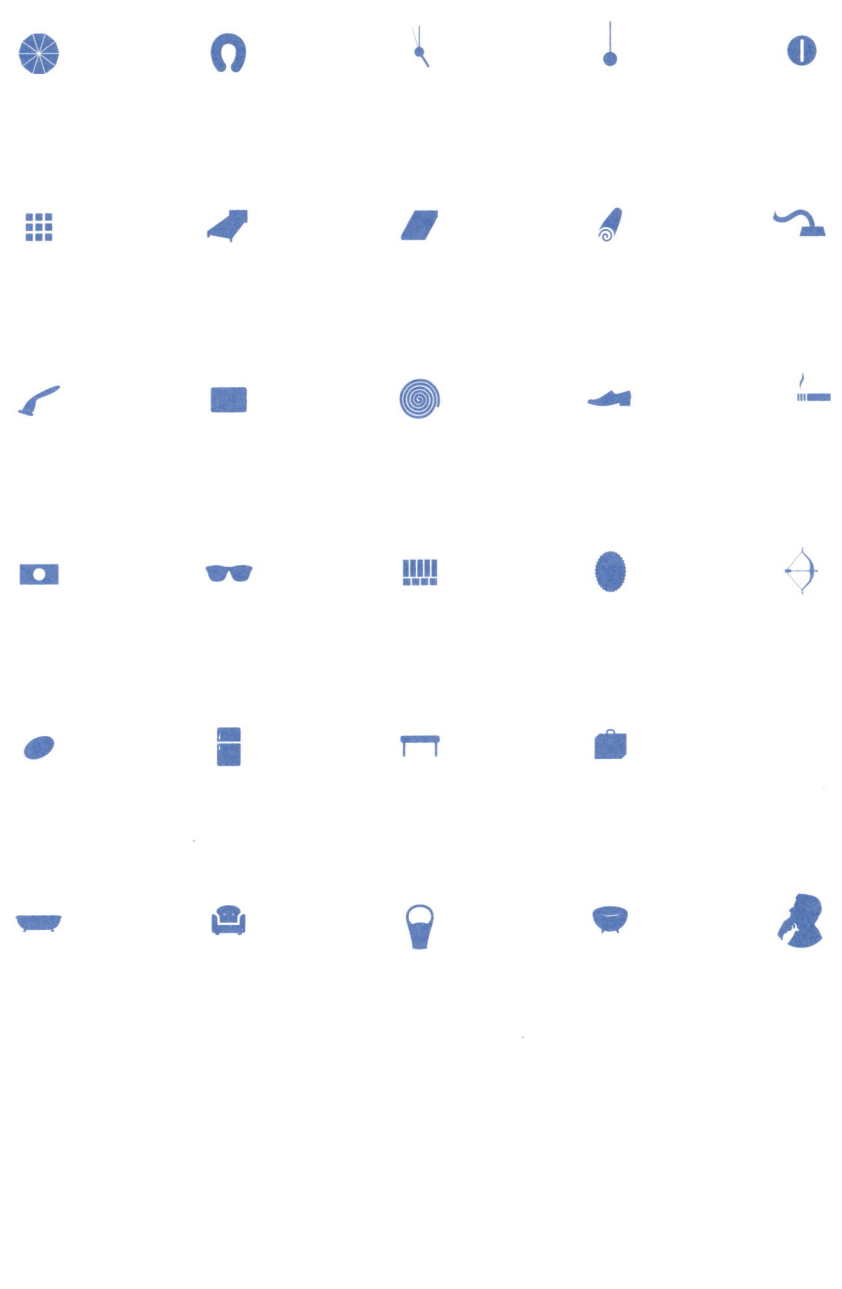

철학자의 사물들
ⓒ장석주, 2013

초판 1쇄 펴낸날 2013년 4월 30일
초판 2쇄 펴낸날 2015년 1월 20일

지은이 장석주
펴낸이 이건복
펴낸곳 도서출판 동녘

전무 정락윤
주간 곽종구
책임편집 구형민
편집 이정신 최미혜 박은영 이환희 사공영
미술 조하늘 고영선
영업 김진규 조현수
관리 서숙희 장하나

인쇄·제본 영신사 **라미네이팅** 북웨어 **종이** 한서지업사

등록 제311-1980-01호 1980년 3월 25일
주소 (413-120) 경기도 파주시 회동길 77-26
전화 영업 031-955-3000 편집 031-955-3005 **전송** 031-955-3009
블로그 www.dongnyok.com **전자우편** editor@dongnyok.com

ISBN 978-89-7297-688-2 03100

- 잘못 만들어진 책은 바꿔 드립니다.
- 책값은 뒤표지에 쓰여 있습니다.
- 이 도서의 국립중앙도서관 출판시도서목록(CIP)은 e-CIP홈페이지(http://www.nl.go.kr/ecip)와 국가자료공동목록시스템(http://www.nl.go.kr/kolisnet)에서 이용하실 수 있습니다.
 (CIP제어번호: CIP2013002814)

철학자의 사물들

장석주

나는
행복한

서문

사물
감식가

사람은 사물을 만들고, 사물과 더불어 산다. 사물을 만듦으로써 사람은 동물과 분별되면서 제 존엄성과 권위를 더 드높이는 존재로 거듭난다. 사람이 사물-도구의 제작자로서 갖게 된 힘과 자긍심이 그 동력이다. 우리는 사물들 속에서 태어나고 결국은 사물들 속에서 죽음을 맞는다. 인생이란 여정은 곧 사물들과 함께 하는 여정이다. 사물들은 항상 사물들로써 자명하다. 그것은 이미지의 환영이 아니라 물성으로 구현된 그 확실성 속에서 저를 드러낸다. "모든 사물에서 모호성이 확실성을 대체한다."(발터 벤야민, 《일방통행로》) 사물은 자명한 표면으로 제 안의 모호성을 무찌르고 확실성에 가닿는다. 사물의 실재성은 깊이가 아니라 그 표면의 생생함에서 나오는데, 이때 표면의 생생함과 질감은 깊이의 근원적 모호성을 대체한다. 사물은 보이지 않는 깊이가 아니라 그 표면으로 말하니, 사물의 표면이 말하는 것들에 귀를 기울여라. 깊이라는 잣대로 사물을 평가하는 것은 옳지 않다. 깊이란 실로 추상과 모호함, 혹은 거짓 형이상학의 번성에 지나지 않는다. 깊이의 의미심장은 검증되지 않은 추측이고 섣부른 예단이다. 그런 까닭에 나는 깊이의 형이상학과 깊이의 전체주의를 경멸한다. 표면의 명석함과 명랑함을 찬양하는 철학자의 사유는 깊다. 이를테면 니체와 들뢰즈는 표면이 곧 깊이라고 말하는 철학자들이다. 그들은 표면의 가치에 대해 찬양한다. 니체와 들뢰즈는 내가 사물들에게 이끌리고, 항상 사물의 표면과 단순함을 편애한 까닭을 더 또렷하게 인식하도록 돕는다. 나는 본성이 표면으로 드러나고, 표면은 깊이의 체현이라고 믿는다.

사물을 소유한다는 것과 욕망을 실현하는 것에는 미묘한 차이가 있다. 우리가 어떤 사물을 욕망하고 그것을 손에 넣었다 할지라도 사물은 그 자체로 욕망의 실현이 아니다. 사물은 소유하는 순간 욕망에서 멀어진다. 사물은 욕망의 대상이 아니라 욕망의 매개물이기 때문이다. 우리 욕망이 탐하는 것은 사물 그 자체이거나 그것의 매질媒質이 아니라 사물에 의해 매개되는 욕망함이다. 욕망의 안쪽에 바글거리는 것은 환상이고, 사물은 그 욕망의 안쪽에 바글거리는 환상을 빨아들인다. 어떤 사물이 눈부시도록 아름다운 것은 사물 위에 덧없음이라는 아우라가 덧씌워져 있기 때문이다. 그 아름다움은 언젠가는 사라질 덧없음의 아름다움이다. 사물에의 매혹은 실은 그 덧없음에 홀린 우리 마음의 매혹이다. 사물은 욕망의 불꽃 위에서 타올랐다가 사라진다. 타오르는 것은 사물에 내장된 짧은 시간과 긴 시간이다. 그것들은 우리가 영원히 가질 수 없는 것들에 속한다. 우리는 '불꽃'이 아니라 차갑게 식은 '재'만을 가질 수 있다.

사물들은 인간의 내면을 비춰준다. 무엇인가를 비춘다는 점에서 거울이다. 사물은 우리 내면의 본성을 비추고, 그것의 선택과 체험 시간으로 이루어진 문화에 대해 말을 한다. 사물의 표면은 표의문자이고, 동시에 내부의 공空을 기호화하는 표면이다. 더 나아가 사물은 인류의 기억들, 시간여행, 기술적 실패와 승리에 대해 말을 한다. 기억들, 시간여행, 기술적 실패와 승리 들은 사물의 물성物性 안에 주름으로 접힌 채 숨어 있다. 사물들은 시간의 압축물이다. 사물들은 인류가 수백만 년에 걸쳐 이룩한 기술적 진화의 시간들을, 그리고 "선택과 변이의 법칙에 따라 종의 체험시간과 호환되는 체험시간"(파스칼 피크, 장 디이 뱅상, 미셸 세르, 《인간이란 무엇인가》)을 압축한다. 사물들은 대체로 신체의 여러 기능들을 확장하는 도구들이다. 이것들은 삶의 순환과 보존에 기여한다. 우리가 사물-도구들을 자유롭게 쓸수록 세계 내의 살아남음의 최적화에 한층 더 가까워진다. 우리는 기술의 압축체인 사물의 도움으로 시간을 단축하고, 시간을 간단하게 뛰어넘는다. 우리는 이 사물들을 타고 자기 진화의 길을 헤쳐 나왔다. 나는 그 사물들의 물성에 대해 사유하는 시간들을 가졌다. 물성은 우리 몸의 살을 이루는 것과 비슷한 그 무엇이다. 살은 사물의 형식화된 내용이다. 살 속에 숨은 뼈들은 사물의 내용화된 형식일 것이다. 돌이켜 보면 사물들 하나하나는 실용의 체감體感 속에서 그 의미가 새겨지는 하나의 삶일 뿐만 아니라 여러 겹으로 된 꿈이었다. 삶은 이것들과 더불어 풍요해졌으니, 그게 빈말은 아닐 테다. 여기 선택받은 서른 개의 사물들은 다섯 개의 분류지—**관계**: 신용카드·휴대전화·자동판매기·세탁기·진공청소기, **취향**: 담배·선글라스·비누·욕조·면도기·거울, **일상**: 가죽소파·탁자·침대·변기·카메라·텔레비전, **기쁨**: 책·화로·사과·병따개·냉장고·조간신문, **이동**: 시계·구두·여행가방·우산·활·망치·추—에 따라 배치되는데, 어떤 원칙과 규범에서가 아니라 다소 느슨한 형식으로 계열화한 것이다. 나는 이 사물들이 이끈 그 사유 안에서 삶과 죽음, 주체와 타자, 꿈과 기대, 욕망과 무의식, 기호와 교환 따위에 대해 묻고 대답하려고 했다. 나는 사물들을 오래 유심히 바라보고 사유하며 그것이 철학의 일부라는 사실을 깨달았다.

　나는 사물의 물성에 대해 사유하며 여러 철학자들의 철학을 끌어다 썼다. 무엇보다도 일상에서 흔히 마주치는 사물의 인상과 사용 후기, 사물의 역사와 변천, 사물에서 촉발된 영감과 직관, 그리고 덧없는 상념들이 섞이고 비벼지고 발효 과정을 거쳐 사유와 인식들이 풍성해졌다. 내 사유와 인식이 촉발되는 매개가 된 철학을 제공한 철학자들을 다음과 같다. 이미 고전 반열에 오른 에피쿠로스·스피노자·데카르트·키르케고르·루소·헤겔·니체·프로이트, 철학사에서 확고하게 자기 위상을 차지한 라캉·사르트르·하이데거·발터 벤야민·롤랑 바르트·장 보드리야르·에마뉘엘 레비나스·에밀 시오랑·가스통 바슐라르·질 들뢰즈·아도르노·호르크하이머·수전 손택, 비교적 젊은 철학자들인 알랭 드 보통·올리비에 라작·사사키 아타루, 독자에게 낯설 수도 있는 마우리치오 라자라토·미셸 세르·막 오제, 그리고 기업가인 스티브 잡스와 미디어 이론가로 명성을 얻은 마샬 맥루한, 문명 비판의 영역에서 더 돋보이는 제러미 리프킨까지를 망라한다. 혀의 미각에서 얻는 쾌락과 지적인 것의 충만감이 만드는 정신의 기쁨은 어느 한쪽이 더 우월하지 않다. 주린 위장의 배고픔과 정신의 공허가 초래하는 고통이 그렇듯이. 그 둘은 하나로 포개진다. 그런 맥락에서 철학은 차고 뜨거우며 쓰고 달콤한 음식이다. 오래 전부터 참을 수 없는 정신적 탐식에의 욕망으로 온갖 철학을 삼키고, 위胃와 장腸에서 삼킨 것들을 소화시켰으며, 마침내 이 화사한 철학들은 내 살이 되고 피가 되었다. 《철학자의 사물들》은 사물과 더불어 유유자적한 사유와 철학을 즐긴 흔적이다. 일상생활에서 마주치는 여러 사물들의 이모저모를 뜯어보고 그 철학적 의미들을 반추하는 동안 나는 사물의 행복한 감식가 노릇에 만족한다. 당신을 이 자유분방한 사유의 축제에 초대하니, 여기 와서 사물의, 사물에 의한, 사물들을 위한 축제를 즐겨라!

2013년 3월
서울 서교동의 한 카페에서
장석주 씀

차례

서문

나는 행복한
사물 감식가

4

1부 관계

신용카드 —— 마우리치오 라자라토 *15*

휴대전화 —— 미셸 세르 *23*

자동판매기 —— 르네 데카르트 *33*

세탁기 —— 게오르크 헤겔 *41*

진공청소기 —— 바뤼흐 스피노자 *49*

2부 취향

담배 —— 지그문트 프로이트 *59*

선글라스 —— 프리드리히 니체 *69*

비누 —— 장 보드리야르 *77*

욕조 —— 사사키 아타루 *85*

면도기 —— 막 오제 *93*

거울 —— 자크 라캉 *99*

3부 일상

가죽소파 —— 장 폴 사르트르 *109*

탁자 —— 에밀 시오랑 *117*

침대 —— 에마뉘엘 레비나스 *127*

변기 —— 장 자크 루소 *135*

카메라 —— 롤랑 바르트와 수전 손택 *145*

텔레비전 —— 올리비에 라작 *153*

4부 기쁨

책 — 움베르토 에코 165
화로 — 가스통 바슐라르 173
사과 — 스티브 잡스 181
병따개 — 에피쿠로스 189
냉장고 — 질 들뢰즈 197
조간신문 — 마샬 맥루한 205

5부 이동

시계 — 발터 벤야민 215
구두 — 마르틴 하이데거 223
여행가방 — 알랭 드 보통 231
우산 — 쇠얀 키르케고르 239
활 — 지그문트 바우만 247
망치 — 제러미 리프킨 257
추 — 아도르노와 호르크하이머 263

발문

한 고독한 독학자의
철학적 탐닉 _ 권성우

270

부록

이 책에 나오는 철학자들 282

1

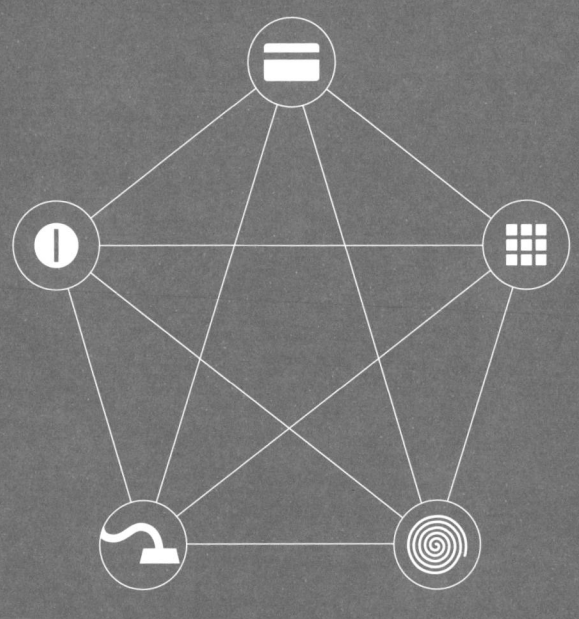

신용카드

마우리치오 라자라토

마법을 가진 사물. 불행을 치유하는 마법을 가진 이것을 소지한다면 자본주의의 천국으로 들어서고, 금융 낙원의 소비생활에 참여할 수 있다. 이것은 신용카드이다. 당신의 지갑 안쪽 포켓에도 카드회사에서 발급한 얇은 카드 몇 장이 꽂혀 있다. 가로 길이가 8.5센티미터, 세로 길이는 5.4센티미터인 이것은 플라스틱 재질이고, 무게감을 느끼지 못할 정도로 가볍다. 내가 주목한 사물 중에서 이것은 가장 얇은 것에 속한다. 이 카드의 앞쪽에는 사용자의 이름, 개별화된 카드 번호, 유효기간, 카드 발급 회사 따위의 정보가 박혀 있지만 이 표면적 정보는 카드에 내장된 칩에 담긴 정보에 견주자면 아주 적은 것이다. 신용카드에 내장된 칩에는 카드 사용자의 신원과 금융 관련 정보를 비롯한 여러 정보가 들어 있다. 우리는 이 카드를 사용하며 경제활동(대개는 소비활동)에 뛰어들고, 이것을 매개로 현대 자본주의 금융 시스템과 연결된다. 나는 물건을 사거나 서비스 용역을 이용하고 카드로 결제를 한다. 카드 결제란 신용을 담보로 물건과 서비스 용역을 판매하는 사람에게 나 대신에 지불 약속을 하는 것이다. 물론 카드로 결제한 비용은 내 개인 계좌에서 빠져나간다. 내 계좌에 잔고가 비어서 카드사가 요구한 청구액을 지불하지 못할 때 나는 신용불량자로 전락한다. 이 카드로 ATM기에서 현금을 빼낼 수도 있는데, 이 현금은 내가 책임져야 할 빚이다. ATM기에서 신용카드의 비밀번호를 입력하고 현금을 인출하거나 인터넷 뱅킹을 이용할 때 우리는 신용에 기반을 둔 경제의 기계화 시스템에서 부채 경제사회의 한 '부품'으로 바꾼다. 인간 '부품'은 사회기술 시스템에 접속해서 기계의 지시에 따라 정보를 입력하는 수동화된 행동을 함으로써 한 점의 고뇌도 없이 기계적 노예화에 포획되는 것이다. 이때 "돈/부채는 인간 부품에게 신용도, 합의도 요구하지 않는다. 단지 주어진 지시에 따라 정확하게 기능하기만을 명령한다."(마우리치오 라자라토, 《부채인간》) 신용카드는 부채를 만드는 수단이자 삶을 통제하고 통화 그물망 안에서 파편화하고 기계적 노예화로 이끄는 방법이다.

우리나라 신용카드의 효시는 1967년에 신세계백화점에서 내놓은 카드인데, 이 카드는 백화점에서만 쓸 수 있었다. 1978년 외환은행에서 비자카드 발급을 시작하고, 이어서 1982년에 조흥, 상업, 제일, 한일, 서울은행 등이 뭉쳐 은행신용카드협회를 설립하면서 신용카드 시대의 초석이 놓인다. 1987년 신용카드법이 입법화되면서 신용카드 시대가 활성화되는 국면을 맞는다. 카드 거래의 프로세스는 다음과 같다. 카드 거래의 두 축은 카드 발급사Issuer와 전표를 사들이는 회사Acquirer이다. 물건을 사거나 음식을 먹은 뒤 구매자가 신용카드를 제시하면 가맹점포에서 카드의 마그네틱 띠를 신용카드 단말기에서 읽힌 뒤 결제 금액이나 할부 기간 등을 입력한다. 이것이 전화나 인터넷 회선으로 카드사에 전송되면 카드사에서는 카드의 사용 여부와 결제 한도를 회신한다. 이때 부가정보망VAN 사업자가 카드의 조회를 대신하는데, 카드의 앞자리 여섯 개의 숫자, 즉 BIN Bank Identification Number으로 카드사를 구분하여 조회하고 승인 여부를 알린다. 그 회신 결과에 따라 가맹점에서 거래 전표를 출력하는 것으로 거래가 성립한다.

카드는 카드 소지자의 금융거래에 대한 보증이다. 단순화하자면 신용카드는 내가 카드로 쓴 일체의 비용을 지불하겠다는 카드사의 약속과 보증의 증표이다. 신용불량자라는 낙인이 찍히면 그 순간 모든 신용카드는 정지된다. 아울러 신용불량자는 모든 합법적인 경제활동 바깥으로 추방당한다. 카드로 결제한 시점과 내 은행계좌에서 그 금액이 빠져나갈 때까지 나는 불가피하게 '부채'를 지는 셈이다. 누군가가 이 부채를 책임을 져야 하는데, 그걸 카드회사에서 떠맡는 것이다. 채권자는 물건이나 서비스 용역을 판매한 자가 아니라 그 결제에 대해 지불 약속을 한 카드사이다. 그리하여 나는 내 소비행위에 대해 지불 약속을 한 카드회사의 고객이고, '부채인간'이라는 새로운 정체성을 부여받는다. 부채인간, 곧 '호모 데비토르 Homo Debitor'의 탄생에는 부채를 경제적 장치에 국한시키지 않고 피통치자 행동의 불확실성을 줄이고자 통치의 안전기술로 바꾼 정치적 전략이 우선한다. 채권자는 채무자에게 부채를 갚겠다는 약속을 받아냄으로써 미래를 담보로 잡는다. 채권-채무 관계를 윤리-정치적 과정에 연동시킴으로써 채권자는 채무자의 "현재의

우리는 신용카드라는 장치를 통해
이미 금융 자본주의 시스템에 '장악'당하고,
'부품'으로 전락한다. 내가 신용카드를 쓰는 한
내 주체적 의지나 선택과는 상관없이
나는 부채인간이고, 기계적 금융 시스템에
예속된 노예이다.

행동과 미래의 행동 사이의 균형을 예측, 계산, 측정"(마우리치오 라자라토, 앞의 책)하고, 관리할 수 있게 되는 것이다. 나는 호모 에코노미쿠스 Homo Economicus이자 동시에 부채와 채무이행 사이의 시스템에 포획된 사람이다. 부채는 그것을 갚든 갚지 못하든 간에 이미 "사용자의 실존을 생산·통제하는 기술을 형성·배치"(마우리치오 라자라토, 앞의 책)함으로써 주체를 장악한다. 부채는 그 밑바닥에 희미하게 죄라는 그림자를 드리우는데, 부채가 근본에서 죄이기 때문이다.

마우리치오 라자라토는 이탈리아의 철학자이다. 그의 《부채인간》이란 책을 흥미있게 읽고 신자유주의 금융 시스템이 내 삶을 어떻게 장악하고 통제하는가에 대해 더 많이 생각하게 되었다. 새삼스럽게 지갑 안에 있는 카드들을 꺼내 골똘하게 들여다본다. 이 카드가 말해주는 것은 부채가 사회경제적 기반으로 공고하게 다져지는 동안 자유시장주의 경제 체제 아래서 패러다임이 '교환'에서 '신용'으로, 그리고 금융 경제에서 부채 경제로 이동했다는 사실이다. 신용카드를 쓰는 것은 "영구적 부채를 확립하는 신용 관계의 자동적 개설"이고, 신용카드의 소지자를 "영구적 채무자, 곧 평생 '채무자'로 변형시키는 가장 간단한 방법" 속으로 들어와 있음을 말하는 것이다.(마우리치오 라자라토, 앞의 책) 부채는 채무자의 빚일 뿐만 아니라 부채 상환의 한도 안에서 채무자의 자산이자 능력이다. 부채 사회에서는 부채가 없는 자가 아니라 부채를 더 많이 감당할 수 있는 사람이 부자다. 부채는 포획의 장치들이고, 또한 생산의 장치들이다. 현대 자본주의 사회에서 부채의 의미는 그리 단순하지가 않다. "부채는 사회 전체에 대한 '공제控除, Ponction' 기계 혹은 '포식捕食, Predation' 기계, 포획 기계이자, 거시 경제의 규정을 만들고 관리하는 도구인 동시에, 하나의 소득 재분배 장치 Dispositif이다. 부채는 또한 집단적·개인적 주체성 Subjectivité의 '통치Gouvernement' 및 생산Production의 장치로서 기능한다."(마우리치오 라자라토, 앞의 책) 과거의 부채가 갚을 수 있는 유한 부채였다면, 오늘의 부채는 도대체 얼마인지도 알 수 없는 무한 부채이다.

현금을 쓰는 자와 카드를 쓰는 자의 정체성은 달라질 수밖에 없다. 현금을 지불 방식으로 선택한 사람은 부채인간을 낳는 부채 경제 시스템에 기대지 않고 소비생활을 해나가는 사람이다. 아무도 그의 신용 상태를 알려고 사생활을 염탐하거나 금융자산을 조회하지 않을 것이고, 어느 기관에서도 그의 신용을 판단하거나 등급을 매기지도 않을 것이다. 현금을 사용하는 사람이 부채 경제 시스템 밖에서 움직이는 자유로운 인간이라면 상대적으로 신용카드를 쓰는 사람은 기계적 노예화라는 시스템에 딸린 인간 '부품'이다. 그는 장치 속의 톱니바퀴이고, 사회-기술적 기계의 명령에 따르는 시스템의 하부구조이다. "신용카드는 하나의 장치이며, '인간' 부품은 이 장치의 톱니바퀴 안에서 기능한다. '인간적' 요소는 은행 시스템을 통해 사회-기술적 기계의 '비인간적' 요소와 결합된다. 사회적 예속화는 개인을 움직이지만, 기계적 노예화는 인간을 부채 경제의 '부품'으로 만든다. 개인적 '주체'는 수표에 서명을 하고 담보를 제시하고 약속을 하지만, 신용카드 지불은 인간 부품에 의해 행해진다."(마우리치오 라자라토, 앞의 책) 우리는 신용카드라는 장치를 통해 이미 금융 자본주의 시스템에 '장악'당하고, '부품'으로 전락한다. 내가 신용카드를 쓰는 한 내 주체적 의지나 선택과 상관없이 나는 부채인간이고, 기계적 금융 시스템에 예속된 노예이다.

휴대전화

미셸 세르

누군가 나를 호명할 때 이것은 벨소리를 내거나 진동음을 울린다. 나는 이것을 통해 얼굴을 모르는 다양한 사람들과 소통하고, 누군가와 음성과 문자로 메시지를 주고받는다. 이것을 몸에 지니고 있는 사람은 불특정 다수와 항상적 연결 상태에 있다고 말할 수 있다. 우리는 이것을 통해 시공을 뛰어넘는 전자문명의 네트워크에 참여한다. 우리는 휴대전화의 액정 화면을 통해 최근 뉴스, 날씨, 사진, 영화, 전자게임, 증시 시황, 스포츠, 오락과 유행들, 텔레비전 프로그램들을 들여다본다. 안부, 조문, 감사, 새해 덕담, 이별, 해고, 의사 타진 따위도 휴대전화의 문자질로 이루어진다. 아침에 일어나는 순간부터 밤늦게 잠자리에 들 때까지 우리는 이것을 손에서 놓지 않는다.

내가 국수집에서 국수를 먹고 있을 때, 책상 앞에서 책을 읽고 있을 때, 화장실에서 용변을 보고 있을 때, 지하철을 타고 어디론가 가고 있을 때, 일을 끝낸 뒤 피로한 몸을 가죽소파에 뉘인 채 쉬고 있을 때, 불쑥불쑥 휴대전화가 울린다. 나는 휴대전화가 내 사생활에 불쑥 끼어드는 이 불시 침범이 끔찍하다. 휴대전화는 생각을 끊고, 일을 중단시키고, 생활의 질서를 헤쳐 놓는다. 그 행태가 매우 난폭하다. 나는 번번이 혼자 있을 수 있는 자유를, 고독 속에서 자아의 온전함에 침잠해 있을 수 있는 자유를 빼앗긴다. 그럼에도 휴대전화를 없애지 못하는 것은 이것으로 타자들과 사회, 즉 '일'의 세계와 연결되기 때문이다. 나는 어디에도 소속되지 않은 자유기고가, 전업작가, 문장노동자다. 매체에서 일을 맡기려고 나를 찾을 때 휴대전화는 매우 용의주도한 역할을 한다.

휴대전화는 점점 더 작아지고 고성능화한다. 휴대전화는 기술적인 진화를 거듭하면서 손 안에서 논다. 휴대전화는 손의 구조와 그 기능의 한계 속에서 진화하는 사물이다.

우리 손을 다양한 모양으로 변화시켜 요청하고, 약속하고, 부르고, 사람을 물러가게 하고, 위협하고, 기도하고, 애걸복걸하고, 부정하고, 거절하고, 심문하고, 찬미하고, 셈을 세고, 고백하고, 뉘우치고, 겁을 내고, 부끄러워하고, 의심하고, 지시하고, 명령하고, 선동하고, 격려하고, 맹세하고, 증언하고, 비난하고, 저주하고, 용서하고, 모욕하고, 경멸하고, 아첨하고, 칭찬하고, 축복하고, 창피를 주고, 비웃고, 화해하고, 권고하고, 찬양하고, 축하하고, 기뻐하고, 불평하고, 한탄하고, 체념하고, 기를 꺾고, 깜짝 놀라고, 외치고, 침묵을 지키기도 한다. 손으로 표현할 수 있는 것이 너무나 다양해서 혀가 질투를 느낄 지경이다.

— 몽테뉴,《에세》(솔 프램튼,《내가 고양이를 데리고 노는 것일까, 고양이가 나를 데리고 노는 것일까?》에서 재인용)

블랙베리의 반짝이는 화면 속으로 세계가 들어오고, 이 세계는 한 손에 쥘 수 있는 블랙베리 안에 들어 있다. 손과 블랙베리, 즉 손과 전자기술의 집약체가 하나로 포개지는 순간이다. 휴대전화가 실로 다양한 재능을 가진 손과 결합하면서 기적이 일어난다. 사람들은 지하철이건 카페건 어디서나 이것에서 눈을 떼지 않는다. 휴대전화 안에는 보고, 듣고, 만지고, 즐길 수 있는 모든 것, 즉 인터넷, 사전, 지도, 카메라, 앱, 게임 들이 내장되어 있다. 이메일을 체크하고, 텔레비전 프로그램을 시청하고, 영화를 보거나 게임을 하고, 단어를 검색하고, 건반을 만들어 연주를 한다. 우리는 휴대전화 사용자로 길들여진다. 수첩, 전화번호부, 사전, 지도, 이메일, 검색, 카메라, 텔레비전, CD, 화상전화, 'T서비스', '소셜 허브', 수백 가지의 애플리케이션 따위의 기능을 담은 휴대전화는 인간의 거의 모든 욕구에 응답한다. 휴대전화는 인류 진화의 사물적 측면이 아니라 종교적 측면으로 보아야 마땅하다. 휴대전화 사용자는 감각적 쾌락을 좇는 미적 실존과 윤리적 실존을 넘어서서, 그것에 맹신하면서 전적으로 의존하는 종교적 실존으로 달려간다.

1983년에 모토로라에서 내놓은 세계 최초의 상용 이동통신 단말기인 다이나택 DynaTAC 8000X는 무게가 1킬로그램이나 나가고, 값은 지금 돈으로 치자면 1000만 원이나 되었다.(김지룡·갈릴레오 SNC 지음,《사물의 민낯》) 일반인들이 쓰기에는 턱

없이 무겁고 값도 비쌌다. 모토로라가 더 가볍고 값이 싼 휴대전화를 내놓자 경쟁업체인 노키아는 더 작고 더 감각적인 디자인을 가진 휴대전화를 시장에 내놓는다. 노키아의 2100 시리즈는 단번에 대중의 눈길을 사로잡고 선풍적인 인기를 끌며 무려 2000만 대나 팔렸다. 1998년 노키아는 모토로라를 제치고 업계 1위로 뛰어오른다. 2007년 1월 샌프란시스코에서 '애플'의 스티브 잡스가 '아이폰 iPhone'을 선보인다. 아이폰은 터치 스크린 기반의 아이팟, 휴대전화, 모바일 인터넷이라는 세 가지 기능을 담은 스마트폰이다. 아이폰의 디자인은 이음새가 없이 매끈하고, 숫자나 버튼도 보이지 않게 감춘 그야말로 심플 그 자체이다. 아이폰은 폴더형이나 슬라이드형과는 달리 화면 위에서 터치 스크린으로 작동하는데, 이것이 나오자 개인컴퓨터와 모바일 시장에 지각변동이 일어난다. 삼성전자가 휴대전화 생산에 뛰어든 것은 1987년이다. 일본 도시바에서 기술을 들여온 삼성전자는 선발 업체들과 기술력 격차도 컸고, 원천 기술도 갖고 있지 않았다. 1995년 3월 9일 삼성전자 구미공장에서 불량이 잦은 자사의 휴대전화 15만 대를 스스로 불태웠다. 삼성전자가 후발주자의 핸디캡을 극복하기 위해 들인 노력은 눈물겨운 바가 있다. 마침내 삼성전자는 2004년 쯤에 이르러 모토로라를 제치고 세계 2위로 뛰어오른다. 삼성전자의 2012년도 휴대전화 판매량은 1억 대를 넘어서고 그 누적 판매 대수가 무려 16억 대에 이르렀다. 전세계 SNS Social Network Service 이용자 수는 10억 휴대전화는 시공을 초월한 '나'의 확장이다.
이것을 가짐으로써 사람들은 '나'의 시공을
무한대로 확장하고, 그 대신에 '나'의 핵심이라고
할 자아가 자아로써 있도록 단단한 지지대
역할을 하는 고독의 온전함과 자유는
한꺼번에 잃어버렸다.

만 명을 넘어선다. 휴대전화는 시공을 초월한 '나'의 확장이다. 이것을 가짐으로써 사람들은 '나'의 시공을 무한대로 확장하고, 그 대신에 '나'의 핵심이라고 할 자아가 자아로써 있도록 단단한 지지대 역할을 하는 고독의 온전함과 자유는 한꺼번에 잃어버렸다.

스마트폰을 잘 다루는 것은 일상생활의 편리함을 키우는 중요한 삶의 기술 목록 중의 하나가 될 것이다. 한 원로 비평가는 스마트폰의 사용 후기를 이렇게 진솔하게 고백한다.

스마트폰으로 바꾸고 몇 주 동안 혼란을 거듭하면서 나의 즉흥적인 전화기 개비를 후회도 여러 차례 했다. 익숙지 않아 전화를 받는다는 게 거절하는 쪽으로 밀기도 하고 문자를 보내는 데도 손가락은 둔하고 자판은 자우 예민해서 숱하게 고치고 지우고 다시 써야 했다. 통화는 많이 하지 않았는데 그 요금은 두어 배로 뛰었고 기본 아이콘으로 표시된 100여 개의 앱 중 내가 이용할 수 있는 것은 열 개도 못 미쳤다. 그러면서도 그 사용 폭이 상당히 넓어지고 내 신기술 수용 수준도 '진화'한 것은 인정해야 했다. 맨 처음 휴대전화를 가지던 10여 년 전에는 송수화만 했는데 두 번째 바꾼 전화에서는 문자판을 읽고 음성 사서함을 열기도 했으며 세 번째 개비에서는 비로소 문자를 보낼 수 있어 환호성을 올렸는데 이번의 스마트폰에서는 인터넷에 들어가기도 하고 구글도 검색하며 이메일을 체크하기도 했다.

— 김병익, 《이해와 공감》

이 원로 비평가는 스마트폰을 쓰면서 이 작은 기기에 구현된 디지털 기술의 성과에 찬탄을 한다. 그는 기술의 혁신이 곧 인간 진화의 한 모습이라는 생각에 미치면서 케빈 켈리가 말한 "생명, 진화, 마음, 테크늄의 끊임없는 자기 조직적 가변성은 신의 전성轉成의 한 반영"(케빈 켈리, 《기술의 충격》)이라는 데 흔쾌하게 동의한다. 사람들은 정말 '강철 외투'를 벗고 '가벼운 외투'를 걸치게 된 것일까? 인터넷의 확산과 더불어 진화된 스마트폰이 널리 보급되면서 온라인 세상은 빠르게 무한히 증대된다. 그러면 그럴수록 사람들의 만남과 상호작용은 오프라인의 현실세계에서 신체적 접촉으로보다는 온라인의 가상세계에서 더 자주 피상적으로 이루어진다. 지그문트 바우만은 "끊임없이 위급한 상황이 벌어지는 삶에서는 가상적인 관계들이 '현실적인 관계의 가장 실질적인 부분'을 마구 휘저어버린다."(지그문트 바우만, 《고독을 잃어버린 시간》)라고 말한다.

농경시대의 인간과 디지털 기술이 상용화되는 시대의 인간은 분명 다를 것이다. 철학자 미셸 세르는 자연이라는 합집합에서 갈라져 나온 부분집합에 지나지 않는 인간이 도구들, 이를테면 휴대전화와 같은 첨단 기술을 집약해서 "시간의 압축물"을 만들어낸 다음, "기술이 외부에 요청한 변화의 반작용체"(파스칼 피크·장 디디에 뱅상·미셸 세르,《인간이란 무엇인가》)가 된다고 지적한다. 사람은 점점 더 많은 '스마트'한 도구-사물을 만들고 이 '스마트'한 도구-사물들은 우리에게 돌아와 '스마트'한 진화를 이끈다. 인간이 시간을 압축하고 조작하는 기술을 자유자재로 쓸 수 있는 존재이기에 가능한 일이다. 미셸 세르는 인간이란 무엇인가라는 질문에 이렇게 대답한다. "체험시간을 조작할 수 있는 힘을 지닌 존재다. 엄청나게 긴 시간을 자신에게 굴복시킬 힘을 가진 존재다. 무생물의 형성, 생물의 진화로부터 획득한 권위를 지닌 존재이자, 기호의 순환으로부터 얻어낸 권위를 지닌 존재요, 호미니언의 시간, 존재의 시간, 계통발생의 시간에서 얻은 권위를 지닌 존재다."(파스칼 피크·장 디디에 뱅상·미셸 세르, 앞의 책) '스마트'한 도구-사물들을 만든 것은 기술이고, 이 기술의 핵심은 곧 시간의 압축이다. 인류가 이 시간의 압축체를 써서 창조적 진화물에서 진화의 창조자로 나서고 있다. 내가 스마트폰 쓰기를 거부할 때 나는 진화되는 것을 멈춘 것이다. "그러니 인간이란 무엇이겠는가? 자가 진화의 길을 가는 생물이다." (파스칼 피크·장 디디에 뱅상·미셸 세르, 앞의 책) 나는 구식 휴대전화를 스마트폰으로 바꾸지 않았고, 앞으로도 그럴 계획이 없다. 스마트폰을 쓴다고 해서 인격이 더 화사해지거나 인생이 화창해진다고 확신할 수 없다. 나는 삶을 스마트하게 만들어 주겠다고 약속하는 온갖 전자기기들에 대해 아무런 확신이 없다. 나는 전자기술에 기반을 두지 않는 자연-도구들에 더 마음이 끌린다. 스마트폰에 내장된 무수한 첨단 기능들을 써야 할 필요성을 전혀 느끼지 못할 뿐만 아니라 그것을 새로이 배우고 익힌다는 생각만으로도 피로감이 덮친다. 그게 내가 새로운 스마트폰을 쓰지 않는 이유다.

자동판매기

르네 데카르트

어떤 사람에 대해 말할 때 심지가 깊다, 혹은 얕다고 한다. 심지가 깊다는 것은 좋은 사람이라는 뜻을, 심지가 얕다는 것은 좋은 사람이 못 된다는 의미를 품는다. 이때 사람의 됨됨이를 재는 '깊이'란 무엇일까? 깊이에 대해 말하는 것은 어렵다. 모든 사물과 존재는 항상 깊이에 의해 정의된다. 한 철학자는 이렇게 쓴다. "따라서 깊이는 정의 내리는 것이 불가능하며, 삶이 품은 무한의 내면에서 말을 한다."(베르트랑 베르줄리,《무거움과 가벼움에 관한 철학》) 깊이는 숨어 있는 것이고 쉽게 볼 수 있는 게 아니다. 인간의 깊이란 자연 발생으로 얻어지는 것이기보다는 학습과 수련의 결과이자, 교양의 내면 수용이고 확장과 관련이 있다. 교양은 밀교密敎가 아니라 인간 내면의 보편적 열림과 범속한 트임을 돕는다. 생득적인 게 아니라 학습과 수련이 결과물인 이것을 획득하는 데 오랜 수고와 인내가 따른다는 것은 상식이다. 깊이는 곧 인간 됨됨이이고, 인격(내면에 숨은 사람)의 내용을 드러낸다. 그렇다면 깊이란 훌륭한 사람이 마땅히 갖춰야 할 도덕적 품성 중의 하나가 아닐까? 심지가 깊은 사람은 허물이 없는 사람이 아니다. 제 허물을 부끄러워하고 얼른 고치려고 하는 사람이 심지가 깊은 사람이다. 그 반대의 사람은 허물이 있어도 고칠 생각을 하지 못한다. 허물이 허물이라는 생각에 미처 못 미치기 때문이다. 심지가 깊은 사람은 예禮, 타자에 대한 감정이입, 배려, 심사숙고, 무거움, 지혜를 머금은 침묵을 가진 사람이다. 자기 말보다 남의 말을 경청하기를 즐겨 하는 사람은 지혜로운 사람이고, 그 지혜로써 자신의 내면 깊이를 드러낸다. 귀 기울임은 먼저 자신의 입을 닫고 침묵해야 한다. 침묵은 말을 아낀다는 뜻과 말을 가려서 한다는 뜻이 겹치고, 그것은 교양과 지혜의 증거이다.

  자동판매기에는 깊이가 아예 없다. 교양과 지혜가 없고, 그것을 만들 생각도 없다. 내면으로의 여행, 사유, 멜랑콜리, 가치를 생산하는 노동에 대해서도 전혀 알지 못한다. 관습화된 동작만을 반복하는 노동자, 게놈도 없고 가변성도 없는 무정물無情物, 피조물의 피조물, 욕망이나 무의식의 생산이 없는 딱딱한 고형물이다. 사무실들이 입주해 있는 현대식 빌딩의 복도 한 켠에 서 있는 이것은 커다란 깡통이다. 무사고無思考의 풍조와 취향의 획일화를 세상에 퍼뜨리는 금속 상자일 뿐이다. 자동판매기는 오로지 제가 가진 것을 판다. 한 시인은 이것을 매음녀라고 했다. 제 몸뚱이가 유일한 자산이라는 점과 그것을 판다는 점에서 자동판매기와 매음녀는 닮아 있다. "유방이 여섯 개 달린 매음녀 젖을 빨듯이, 그는 자동판매기를 오래도록 애용해 왔다. 이제 그 자동판매기와 이별한다. 이별이랄 것도 없지만, 빌딩 한 구석에 혼자 서 있는 자동판매기를, 다시 한번 그는 뒤돌아본다. 무정물無情物과의 사랑, 자동판매기는 피조물의 피조물로써, 유정물有情物들을 누구도 사랑하지 않을 것이다."(최승호, 〈자동판매기와의 이별〉) 자동판매기는 하나의 장치이고, 고안물이라는 맥락에서 단순한 형태의 기계machine-도구tool이다. 교환 경제의 수호자. 투입구에 동전을 넣고 버튼을 누르면 냉각된 캔음료를 덜컹, 하고 토해낸다. 투입과 산출은 한 치의 어긋남이 없이 이루어진다.

자동판매기가 서 있는 곳은 임시 장소들이다. 이 뜨내기들! 그것들은 임시 장소에서 생각함이 필요 없는, 감정과 정념이 없는 표면의 삶을 산다. 표면은 깊이의 부재에서 일어나는 현상이다. 사유나 인격이 깊이를 머금지 못할 때 말과 행동은 들뜸, 허장성세, 수박 겉핥기, 경박함으로 흘러간다. 우리 사회는 때때로 참을 수 없을 만큼 가볍고 들뜬 분위기에 감싸여 있는 듯하다. 감정이 들떠 있는 사람은 사물이건 무엇이건 고요히 응시하지 않는다. 깊이 생각하지 않고 피상적으로 느끼고 판단함으로써 자주 실수하고 낭패를 본다. 심지가 깊지 않은 사람은 값비싼 명품이 곧 자신의 인격이라고 착각을 한다. 명품 치장은 내면의 공허를 화려하게 꾸민 외면으로 가리려는 무의식의 발로일 수 있다. 그것은 허장성세에 지나지 않는다. 심지가 깊으면 외면이 아니라 내면을 먼저 돌아본다. 깊이를 모호함이나 거짓 형이상학들과 혼동해서는 안 된다. 일을 도모하며 남을 속이는 사술詐術을 쓰는 사람이 내면의 깊이를 가질 리 없다. 그들의 내면은 음흉함과 감춰진 모호함, 자기 탐욕으로 가득 차 있다. 무엇보다도 깊이는 내면에 있는 것이어서 겉으로 드러나기 전까지는 알 수가 없다. 우리는 겉으로 드러난 것으로 그 사람 됨됨이의 깊이를 파악한다. 깊이 있음을 겉으로 드러내는 한 가지는 '예'이다. 그 '예'에 대하여 공자는 다음과 같이 말한다.

> 예의 기능은 화합이 귀중한 것이다. 옛 왕들의 도는 이것을 아름답다고 여겨서 작고 큰일들에서 모두 이러한 이치를 따랐다. 그렇게 해도 세상에서 통하지 못하는 경우가 있는데, 화합을 이루는 것이 좋은 줄 알고 화합을 이루려 하되 이를 예로써 절제하지 않는다면 또한 세상에서 통하지 못하는 것이다.
> — 공자, 〈학이〉12, 《논어》

'예'는 공동체 사회에 작동하는 화합과 질서의 논리이다. 깊이 있는 심지는 예를 품고, 예는 깊이 있는 심지를 머금는다. 생각이건 삶이건 그 안에 품은 깊이는 격조와 품위로 나타나는데, 그것은 인문적 교양에 대한 수련 없이는 불가능하다. 교양은 인격을 규정하는 중요한 요소이다. 교양은 어디에서 오는가? 그것은 두루 책을 읽고 많이 사유하면서 스스로의 몸과 마음을 절제할 때 가능한 것이다.

심지가 깊은 사람은 선택이나 행동이 신중하다. 신중함은 곧 무거움이다. 삶이 항상 무거울 필요는 없고, 더러는 발랄함과 가벼움도 필요한 법이다. 삶의 무거움이 사라지고 온통 발랄함과 가벼움만이 남을 때 사회는 경박해진다. 먹고 마시고 웃는 것과 같은 표피적 감각의 즐거움만이 권장되는 사회에서는 경박이 득세를 하고 신중함은 굼뜬 것으로 내쳐진다. 나는 생각하지 않는다. 고로 나는 존재한다. 더 많은 자동판매기들이 나타나 외친다. 무사고無思考의 천국이 펼쳐진다. 그 천국은 도덕성, 의식, 기억이 없는 뜨내기들로 넘쳐난다. 자동판매기와 같은 유형의 인간들은 영원한 임시 장소들을 떠돌며 하루의 생존에 매달린다. 그들은 먼 앞날을 내다봄 없이 당장의 필요와 욕구를 채우는 데 급급하기 마련이다. 그들에게 전통의 기품이나 인문적 수양에서 우러나오는 품격을 기대하기는 어려울 것이다. 경제난에 직면하고 실직과 청년백수의 증가로 인해 실존의 다급함 쪽으로 내몰리자 사회 전체가 '뜨내기화'라는 사회 현상을 거쳐 경박함으로 쏠렸다. 곤경에 빠진 사람의 처지를 이해할 수 없는 바는 아니나 한쪽으로의 쏠림은 사회적 병폐를 낳는다. 깊이 생각하지 않음을 발랄함으로 오해하고 그것에 쏠린다 해도 깊이 있게 생각하기, 깊이 있는 삶의 가치가 사라진 것은 아니다. 삶의 여러 부면에서 깊이를 찾아보기 힘들 때 깊이는 더욱 더 참다운 삶의 당위로 떠오른다. 깊은 심지가 없이는 삶의 큰 보람과 의미가 쌓이지 않는 까닭이다. 우선 깊이 있게 생각하지 않는 사람은 인생의 풍부한 의미들을 놓친다. 참다운 인생도, 그것이 품고 있는 그 진가도 제대로 알지 못한다. 오로지 깊이 있게 사유하는 사람만이 참다운 인생이 무엇인가를 깨닫고 그것을 추구하는 과정에서 삶의 의미를 쌓아나갈 수 있다. 공자는 "배우고 생각하지 않으면 어두우며, 생각하고 배우지 않으면 위태롭다."(공자, 〈위정〉15, 《논어》)고 했다. 깊이 생각하려면 먼저 널리 배워야 하고, 널리 배움은 읽는 데서 시작한다. 심지가 깊어야만 마음에 간사함을 떨쳐낼 수가 있다. 마음에 간사함을 떨쳐내야만 억측하지 않고 집착하지 않고 고루하지 않을 수 있다. 이것들이 바로 공자가 말한 군자가 취해야 할 도리가 아닐까? 심지가 깊은 사람으로 산다는 것은 제 본성을 돌아보고 하늘의 이치를 생각하며 사는 것이다.

'코키토'는 프랑스의 철학자이자 수학자인 데카르트가 주창한 철학의 제1원리 "나는 생각한다. 고로 나는 존재한다 cogito ergo sum."에서 나온 것이다. 추운 겨울날 데카르트는 화덕 가에 앉아 있다가 불현듯 절대적 회의에 잠긴다. 그 회의는 화덕의 불에서 온기를 느꼈던 자기 감각의 진실성에서 시작해서 화덕 가에 앉아 불을 쬐던 자기 존재 자체에까지 이르렀다. "그래서 나는 모든 것은 허위라는 생각에 도달했지만, 그런 결론은 그렇게 생각하는 나는 반드시 어떤 것이어야 한다는 사실을 수반한다. 이를 볼 때 '나는 생각한다. 고로 나는 존재한다.'는 것은 명확하며, 가장 강력한 회의주의자의 가설조차 이 진리를 흔들 수 없음이 분명하다. 나는 이것을 아무런 거리낌 없이 내가 찾고 있는 철학의 제1원리로 삼을 수 있다고 판단했다."(데카르트《방법서해설》) '나'는 생각하는 나인데 그것은 내가 생각의 한 부분으로 회귀하는 게 아니라 내가 생각을 장악하는 주체라는 뜻이다. 즉 '나'의 '나-됨'으로 나아가는 주체화의 한 과정이다. 데카르트는 생각함이 존재의 토대라는 것을 깨닫고 그것을 불변하는 철학의 제1원리로 삼았을 것이다. 사람이라면 생각함이 없을 수 없다. 생각함에는 여러 차원이 있다. 너저분한 생각, 피상적 생각, 진부한 생각은 데카르트가 존재함의 토대라고 인식한 생각함의 범주에는 미달한다. 인습에 갇힌 생각, 욕망함에 종속당하는 생각, 본질에 대한 지각 탐지가 배제된 느른한 생각들 역시 마찬가지다. 생각함은 깨어 있는 내면에 역동하는 운동이고 생명에 파동치는 리듬이다. 생각함은 현재 이 순간을 강렬한 의미의 시간으로 바꾸고, 생각의 주체를 의미의 존재로 바꾼다. 그러므로 생각의 고양은 곧 존재의 고양이다. 한밤중 아무도 없는 빌딩의 텅 빈 복도에 홀로 서 있을 자동판매기를 상상하면서, 나는 이렇게 쓴다. "나는 생각하지 않는다. 고로 나는 존재한다."라고.

세탁기

게오르크 헤겔

세탁기는 사물일까? 물론이다. 순환, 회전, 반복, 연속 운동을 하며 기적과 혁신을 불러일으키는 놀라운 도구-사물이다. 이것은 섬유의 올과 올 사이의 때를 빼고, 마지막으로 헹구고 말린다. 몸에서 나온 땀과 기름이 섬유 조직에 배어들고, 살비듬과 먼지가 섬유의 표면에 달라붙는다. 세탁기가 세척과 탈수를 통해 덧없이 과거가 되어버린 시간과 장소들의 흔적을 말끔하게 씻어낸다. 산다는 것은 덜도 아니고 더도 아니고 더러워지는 것이다. 그게 본질이다. 모든 빨래는 사람이 한 방향으로만 흐르는 불가역적 시간의 포획물이라는 사실을 말한다. 그 불가역적 시간의 흐름 속에서 새것은 낡아지고, 깨끗한 것은 더러워진다. 세탁기에 영성靈性이 깃들어 있다고 말하지는 않겠지만 누구처럼 세탁기가 "우주적 사물"(로제 폴 드루아, 《사물들과 철학하기》)이라고 허풍을 떨지는 못하겠다. 하지만 이것이 "가장 내밀한 얼룩을 용해"하고, "깨끗한 영혼들을 내보"내는 의식을 치르는 종교의 신성한 의례와 맞먹는 "신비 의식의 마지막 잔존물"(로제 폴 드루아, 앞의 책)이라는 것에는 기꺼이 동의를 하겠다.

　　우울한 날에는 빨래를 하자. 세탁기가 우리를 대신해서 빨래를 하는 동안에 세탁기의 옆에서 세탁기의 노래를 듣자. 옷들이 건조대에서 마를 때, 그것이 어떻게 눈부신 자기 갱신을 이루는가를 지켜보자. 옷에 달라붙은 오염물질들은 살아온 시간과 장소들의 흔적들, 즉 이미 흘러가버린 과거 속의 오류들과 낭패들이다. 뻔뻔함과 새빨간 거짓말들. 온갖 욕망에 굴복해 지은 죄가 바로 때다. 존재를 더럽히는 것은 세속의 욕망과 환상들이다. 영혼을 세척하는 세탁기가 있다면 우리는 과거를 지우고, 낭패를 지우고, 부끄러움과 죄를 지울 수가 있을 것이다. 헹굼과 탈수가 끝난다. 옷이 일련의 과정을 거쳐 깨끗하게 바뀌듯 죄는 말끔하게 씻기고, 우리는 새 사람으로 다시 태어난다.

원시 인류는 어떻게 옷을 빨아 입었을까. 그들이 몸에 걸쳤던 짐승 가죽을 어떻게 빨아 입었는지 알 수 없다. 어쩌면 오래 걸쳐 더럽고 냄새가 나는 짐승 가죽을 빨아 입는 대신에 버렸을지도 모른다. 현생 인류는 무명, 모직, 비단, 혹은 나일론, 레이온, 폴리에스테르 같은 화학섬유로 지은 옷을 입는다. 더러워진 옷은 세탁소에 맡기거나 세탁기 안에 집어넣으면 된다. 인류가 옷을 걸친 것과 더불어 세탁의 역사도 시작되었다. 고대 이집트의 문헌에 손빨래를 했다는 기록이 나오는데, 세탁에 대한 가장 오래된 역사 기록이다. 19세기 말에 처음으로 수동식으로 세탁하는 기계가 나오고, 1910년 미국에서 전동식 세탁기가 나왔다. 머잖아 진화를 거듭해서 분말세제 자동 투입 기능, 센서 기능, 기억 기능, 예약 기능을 두루 갖춘 세탁기도 나온다. 세탁기 안에 빨래들을 넣고, 분말세제와 섬유유연제를 투입한다. 세탁기의 문을 잠그고, 세탁기의 작동 버튼을 누른다. 세탁기 내부에서 원형의 통과 실린더가 자동으로 움직이고 옷들은 통 채로 돌아간다. 물과 세제가 섞이고 섬유에 착색된 얼룩과 먼지들, 그리고 섬유의 올에 스며든 땀과 기름 따위의 분비물들이 제거된다. 헹굼과 탈수는 세탁의 마지막 과정이다. 오염 물질과 냄새가 사라지고, 구김과 주름은 펴진다. 옷은 본래의 형태와 기능을 되찾는다.

어느 여름날이다. 햇볕은 화창하다. 녹색의 나무들은 땅에 녹색의 그림자를 떨어뜨리고, 땅 위에는 개미들이 한 줄로 열을 지어 기어간다. 적막이 뚱뚱한 몸통을 텅 빈 공간으로 밀어넣고 주저앉는다. 열린 창문으로 불어온 바람이 커튼을 소리없이 흔든다. 라디오에서 빌리 조엘의 노래가 흘러나오는 그 찰나, 세상은 살 만하고 사랑하는 사람과의 이별마저 감미롭다. 왜 감미롭지 않겠는가? 물론 "가장 아름다운 사랑도 약간은 쓰다."(니체, 《차라투스트라는 이렇게 말했다》)는 것을 모르지 않지만 모호한 낙관주의에 빠진 가슴을 펴자 기분은 더욱 화창해진다. 나는 세탁기 옆에서 그것이 쉬지 않고 내는 소음을 듣는다. 이 소음은 세탁기가 부르는 즐거운 인생을 위한 송가頌歌이다. 탈탈탈…… 세탁기가 노래한다. 세탁기는 노래하면서 빨래를 한다. 전자동 세탁기가 나오면서 빨래는 사람 손을 거치지 않게 되었다. 세탁기가 알아서 오염물질을 제거하고 구겨지거나 주름이 잡힌 섬유의 변형을 바로 잡아준다. 침묵을 흠모하는 사람에게 세탁기가 내는 시끄러운 소리들은 치명적인 흠이다. 제조업체들이 소

우울한 날에는 빨래를 하자.
세탁기가 우리를 대신해서 빨래를 하는 동안에
세탁기의 옆에서 세탁기의 노래를 듣자.
옷들이 건조대에서 마를 때, 그것이 어떻게
눈부신 자기 갱신을 이루는가를 지켜보자.

음을 줄이려고 노력하지만 아직까지 무소음 세탁기는 세상에 없다.

옷은 옷이다. 옷은 옷(빨래)이 아니다. 옷은 옷(빨래)이다. 다시 풀어 설명하자면 다음과 같다. 새로 산 옷은 언젠가 빨래가 될 운명이다. 옷은 잠재적으로 빨랫감이다. 하지만 새 옷은 빨래가 아니다. 옷은 반드시 입고 난 뒤에 비로소 빨래가 된다. 빨래가 된 헌옷을 세탁하면 옷은 다시 이전의 옷으로 돌아간다. "A는 A이다", "A는 B이다.", "다시 A는 A이다."라는 문장을 단순화하면 정·반·합이라는 변증법의 구조가 드러난다. 변증법을 인식의 변화와 발전 논리로 받아들이며 철학의 방법론으로 정립한 사람은 독일 철학자 헤겔이다. 헤겔이 변증법의 창시자는 아니다. 변증법은 소크라테스와 플라톤 시대부터 이미 있었다. 본래 변증법은 토론의 변론술이다. 소크라테스는 대화를 하면서 상대방이 스스로 자기 안의 진리를 깨우치도록 이 방법을 자주 써먹는다. 플라톤은 문답술의 기술적 형식에 지나지 않는 변증법을 진리 탐구를 위한 사유의 한 형식으로 세운다. 헤라클레이토스는 만물은 태어나서 유전하며 만물을 생성하는 것은 사물의 대립이라고 주장했는데, 헤겔은 헤라클레이토스야말로 변증법의 진정한 창시자라고 생각했다. 헤겔은 헤라클레이토스의 철학을 능동적으로 받아들여 논리학의 일부에 지나지 않던 변증법을 철학의 한 방법론으로 정식화한다. 헤겔에 따르면 모든 사물과 존재는 정正·반反·합合의 3단계를 거쳐 변화하는데, 이때 변화의 2단계에서 사물과 존재는 자기 부정이라는 모순에 부딪친다. 만물은 본질에서 끊임없이 변화하는 과정이고, 그 변화를 일으키는 동인動因은 모순의 자각과 그 모순에 대한 능동적 자기부정이다. 본래 존재가 정正이라면 내부 모순에 의한 존재의 자기부정은 반反이다. 이 모순 구조를 넘어서야 합合에 도달한다. 변증법은 만물은 모순의 실재를 인정하는 모순 논리로 모순율을 부정하면서 모순을 해결하는 방향으로 나아간다.

마르크스와 엥겔스는 헤겔의 이론을 관념론이라고 비판하면서 변증법적 유물론을 새롭게 내놓는다. 사물이나 존재는 물론이고 사회나 역사도 변증법으로 변화하고 발전한다는 것이다. 마르크스는 사회 발전과 변화의 동력이 모순에서 나온다는 것에는 동의하지만 이것은 논리성 내부의 문제가 아니라 경제적 토대에서 비롯된 문제라고 주장한다. 다시 헤겔의 변증법으로 돌아가자. 옷과 빨래는 모순 관계가 아니고(동일한 것이고), 동시에 상호 모순의 관계(동일한 것이 아니다)에 있다. 세탁은 이것을 다시 합(동일한 것)으로 되돌린다. 이때 세탁은 기계의 힘을 빌린 더러워진 옷과 물의 뒤섞음이고, 섬유에서 이물질을 분리하는 과정이며, 때가 묻고 구겨진 모든 것들의 탈바꿈이고, 본래대로 되돌리는 존재 전환이다. 빨래와 같이 신성한 노동을 여성이건 남성이건 한쪽에 몰아주는 것은 분명히 중차대한 성차별이고 불평등한 일이다. 세탁기를 돌리는 기쁨을 어느 한쪽이 독점해서는 안 되고 평등하게 나눠야 마땅하다.

진공청소기

바뤼호 스피노자

작은 철판, 플라스틱, 고무호스, 팬, 전선들이 뭉쳐진 것이다. 이 뭉침은 기계적 연대인데, 바닥에 흩어진 미세 먼지들을 빨아들이는 데 최적화된 조합이다. 가벼운 것들과 무거운 것들을 내부로 빨아들이는 이것의 내재적 원리는 빠른 회전력, 내부와 외부 공기의 압력차, 무거운 것과 가벼운 것의 분리, 공기의 배출과 티끌들의 포획으로 이루어진다. 흡입구는 입이고, 회전력은 내부의 맹렬한 욕망이다. 흡입구로 빨아들이고, 빨아들인 것들을 여과기에서 분리하는 이것. 여과기는 선과 악, 정의와 불의, 보상과 처벌을 나누고 판결하는 윤리적 판관判官이다. 이것은 바로 진공청소기이다.

진공청소기는 노동에 대한 이해가 깊은 노동자이고, 또한 지칠 줄 모르고 불평불만도 하지 않는 드문 모범적인 일꾼이다. 한 경전은 제 손으로 수고를 하고 그 수고의 대가를 밥벌이의 수단으로 삼은 사람은 복되고 형통하다고 말한다. 그렇다면 이것은 복되고 형통한 사물이다. 이 노동은 여기에서 저기에로 대상을 이동하고, 분리하고, 수거하는 것으로 이루어진다. 노동은 그 본질의 층위에서 보자면 가치를 낳는 행위이다. 그 가치는 노동을 통해 생산된 상품의 가치와 등가를 이룬다. 마르크스는 자본주의 체제에서의 생산과정을 설명하면서 이렇게 말한다. "상품 가치의 크기는 그 상품에 포함되어 있는 '가치를 형성하는 실체', 곧 노동의 양으로 측정된다. 노동의 양은 노동이 투여된 시간으로 측정된다. 노동의 양은 노동이 투여된 시간으로 측정되고, 노동시간은 다시 한 시간이라든가 하루라든가 하는 일정한 단위 시간을 척도로 삼는다."(마르크스,《자본론》) 노동은 우리가 먹는 밥의 정당성에 대한 기초이고, 무無와 싸워 문명이 거둔 승리의 원동력이다. 그런 까닭에 삶은 전적으로 노동의 질과 양에 의해 그 가치가 매겨진다. 하지만 진공청소기의 노동은 본질의 생산이나 대상의 도약, 그리고 질적 전환이 없다.

    방금 택배로 새 진공청소기가 도착했다. 윤리적으로는 사미승이고, 기능적으로는 노동-기계이다. 실내 한쪽에 미동도 하지 않은 채 서 있는 이 노동-기계는 스위치를 켜는 순간 요란한 기계음을 일으키며 움직인다. 사람이나 여타의 생명체들과 마찬가지로 도구-사물도 생로병사를 겪는다. 예전에 쓰던 것은 노쇠의 기미가 역력하다. 기력이 쇠해져서 골골한 낡은 진공청소기를 새것으로 교체할 수밖에 없었다. 새 진공청소기의 흡입력은 대단하다. 이것은 공포의 대상은 아니지만 소음은 혐오의 대상이 될 수 있다. 한데 듣기에 따라 이 소음은 거대한 우주 공간에 울려 퍼지는 장엄한 우주교향곡이기도 할 것이다. 이것은 굶주린 동물처럼 집안 구석구석을 돌아다니며 쌓인 먼지들과 티끌들을 맹렬하게 빨아들인다. 담요 따위도 빨아들이는데, 물론 흡입구가 작으니 담요를 통째로 삼킬 수는 없다. 마치 사나운 맹수와 같이 진공청소기는 흡입구로 담요를 물고 으르렁거리며 놓아주지 않는다.

　　진공청소기는 먼지와 티끌을 끌어 모아 제국을 만든다. 흡입구는 이 제국의 입구이다. 진공청소기의 제국 안에서는 포퓰리즘에 대한 관대함이 널리 퍼져 있다. 나는 먼지들의 포퓰리즘에 대해 사유한다. 먼지들은 그 크기에 상관없이 가치의 등가를 이룬다. 먼지는 질이나 양에 구애받지 않고 그냥 먼지로 분류된다. 대중의 뜻과 의지를 따르는 것처럼 비치는 포퓰리즘을 거스르는 데 비상한 용기가 필요하다. 포퓰리즘 정치는 민주주의를 외양으로 취하지만 사실은 대중 추종주의에 지나지 않는다. 이것은 선동가 집단의 좋은 먹잇감이다. 우리 사회에서 대중에 영합하는 추세의 전조前兆들을 찾아보는 것은 어렵지 않다. 진보건 보수건 가리지 않고 한입으로 보편적 복지의 확대를 말할 때, 그로 인해 감당해야 할 천문학적인 비용과 그것을 어떻게 만들지에 대해서는 함구할 때, 나는 포퓰리즘이 코앞까지 와서 어슬렁거림을 느낀다. 역사는 포퓰리즘에 빠진 대중의 욕망과 그릇된 환상이 파시즘이나 전제주의가 배양되는 온상이었다는 것을 증명한다. 때때로 포퓰리즘은 히틀러나 무솔리니와 같은 극악무도한 야만을 낳는다.

　　진공청소기는 어떤 원리로 작동하는가? 진공청소기를 이해하기 위해 초끈이론이나 열역학 제2법칙은 몰라도 공기의 압력차가 만드는 효과에 대한 최소한의 지식은 있어야 한다. 진공청소기의 핵심 원리가 공기의 압력차를 이용하는 것이기 때문이다. 진공청소기의 본체 내부는 전동기와 여과기로 이루어져 있고, 본체 외부는 흡입구, 플라스틱 관, 구부러지는 고무호스로 이루어졌다. 흡입구, 플라스틱 관, 고무호스는 하나로 연결된 관으로 공기와 먼지들이 흘러가는 통로이다. 전동기가 내부에 있는 팬을 1분당 2만 번 이상 고속으로 회전시켜 고무호스 안의 공기를 뽑아내 진공상태를 만든다. 고무호스 안은 공기 압력이 낮아지고, 바깥쪽 공기 압력은 내부 압력보다 상대적으로 높다. 이 압력차 때문에 공기와 티끌들을 흡입구로 빨려 들어간다. 이것들은 여과기에서 분리되어 먼지나 티끌은 먼지주머니로 보내고 공기는 밖으로 내보낸다. 먼지는 더 이상 쪼개질 수 없는 최소단위로 쪼개진 극한소의 사물이다. 이 낱낱으로 흩어지는 사물들, 혹은 그 분신들, 그 넋들은 사물이 결국 먼지로 돌아간다는 사실을 말한다. 진공청소기로 빨려 들어간 먼지들은 안쪽에 있는 먼지주머니라는 우주를 채운다. 먼지주머니가 우주라면 먼지 입자들 하나하나는 별들이 아닐까?

　　우주는 암흑물질과 암흑에너지로 채워진 거대한 먼지주머니로 상상할 수 있다. 암흑물질은 우주 질량의 대부분을 차지하는데, 전기적으로 중성이어서 물질과 약하게 상호작용을 한다. 물질처럼 중력을 가지지만 빛을 산란하거나 흡수하지 않는 기본 입자의 바다를 이룬다. 우주는 빅뱅 직후 뜨겁고 조밀한 구조에서 차갑고 성긴 상태로 나아갔고, 그 상태에서 팽창하는 진화의 역사를 써나갔다. 우주의 태초에 물질들은 중력에 의해 뭉쳤고, 핵, 원자, 분자, 광물과 생명, 행성, 별, 은하, 은하단, 초은하단 따위와 같이 보다 정밀한 구조로 스스로를 배열했다. 빅뱅 이후 우주는 수십만 년 동안 쇳물이 끓는 용광로 같았는데, 우주를 가득 채운 뜨거운 플라스마 때문이다. 이로 인해 생긴 복사파의 강렬한 압력이 원자핵과 전자로 구성된 물질을 만드는 것을 방해한다. 암흑물질은 이 복사파의 영향에서 자유롭고, 그래서 압축된 암흑물질의 구름이 만들어졌다. 뜨거운 플라스마가 차갑게 되자 전자와 원자핵이 원자로 결합하고 물질은 복사파의 구속에서 풀려나 자유로운 상태가 되었다. 이에 앞서 압축된 암흑물질의 구름이 그 중심핵으로 물질을 끌어당겨 은하와 별, 행성을 만들 수 있었다. 우주에 암흑물질이 없었다면 은하나 별, 행성들도, 그리고 지구와 인류도 없었을 것이다. 우주는 생명의 모태이다. 우리는 암흑물질로 가득 찬 이 우주의 먼지주머니에서 나와 살과 피를 가진 존재로 살다가 다시 이것으로 돌아간다.

자신이 왜 태어나는지를 알고 태어나는 사람은 없다. 누구나 영문도 모른 채 이 세상에 태어난다. 모든 먼지들도 그렇지 않은가? 실존주의자들은 그런 우리의 실존을 피투적被投的 투기

投入, 즉 메마른 세계로 내동댕이쳐진 존재라고 말한다. 우리를 지배하는 것은 우연과 예속과 어리석음들이다. 우리는 먼지와 같이 약한 지성과 무지 때문에 이런 것에 휘둘린다. 1632년 암스테르담의 유태인 지구의 유복한 상인 가정에서 태어난 철학자 스피노자는 그런 예속과 어리석음에 대해 성찰한다. 나는 스피노자의《에티카》를 읽는다. 스피노자는 "사람들은 마치 자신들의 구원을 위한 것인 양 자신들의 예속을 위해 싸우고 한 사람의 허영을 위해 피와 목숨을 바치는 것을 수치가 아니라 최고의 영예라 믿는다."고 썼다. 스피노자에 따르면 신은 무한 지성의 존재이다. "나는 신을 절대적으로 무한한 존재, 즉 무한히 많은 속성들로 이루어진 실체로 이해한다. 그런데 각 속성은 그 실체의 영원하고 무한한 본질을 '표현'한다."(스피노자,《에티카》) 신은 무한함, 즉 한계 없음을 본질로 하는 존재다. 신은 영원하다. 아울러 이 영원한 존재에게서 나온 피조물들은 그 존재의 본성과 본질을 닮는다. 스피노자는 "존재하는 모든 것은 신의 본성, 혹은 본질을 특정한 방식으로 '표현'한다."(스피노자, 앞의 책)라고 말한다. 스피노자는 신이 자신의 필연성에 대해 깊이 이해하고, 자신의 본질에서 나오는 모든 것을 필연적으로 이해하는 존재라고 믿었다. 신은 자신이 존재하는 방식을 생산하고, 자기 자신이 이해한 방식에 따라 존재하며, 자기 자신과 사물을 이해하는 방식에 따라 생산한다. 그게 신의 지성이다. 우리는 먼지이자 신의 형상에 따라 지음을 받은 신적인 존재이다. 우리가 먼지인 것은 내부의 어떤 변용, 감정, 속성 때문이 아니다. 우리는 그저 먼지로 발견된 존재이다. 본질이 존재를 포함한다면, 우리는 먼지 강綱, 먼지 종種, 먼지 속屬으로 우주 안을 떠돈다. 그렇다고 비관하지는 말자. 한편으로 우리의 존재 양태는 전적으로 신의 무한한 본성을 되비치는 영역에 속한다. 이제 우리에게 남은 몫은 먼지로 살 것인가, 신으로 살 것인가를 결정하는 것이다. 바로 이것이 문제로다.

2

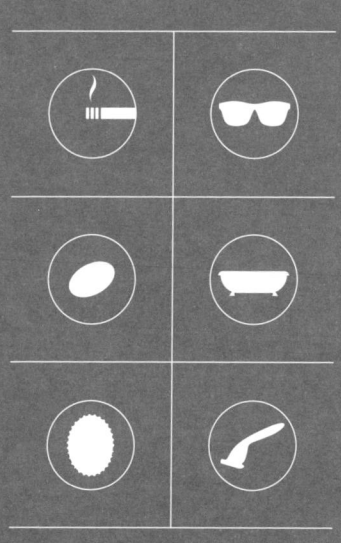

담배

지그문트 프로이트

이것은 증발과 집중의 문제와 상관이 있다. 증발은 연기의 몫이고, 집중은 자아의 몫으로 남는다. 쾌락과 중독으로 혼합된 이 길쭉한 다신多神들. 이것은 아주 작고 가벼운 연기 제조기이다. 니코틴을 함유한 마른 풀을 종이로 만 길쭉한 막대 모양인 이것을 두고 어느 프랑스 시인이 "인간 하나하나가 만물의 척도"라고 했지만, 이것들 역시 하나하나가 만물의 척도에 버금간다. 어디 그뿐인가? 사랑은 금세 끝날 수도 있지만 이것은 항상 사랑보다 오래 간다. 물론 나 같은 비상용자가 그 심연까지 다 안다고 말할 수는 없다. 그렇지만 많은 사람들이 연기로 사라지는 이것에 기대어 덧없는 휴식과 위로를 구한다는 것쯤은 안다. 어떤 사람은 불안의 경감, 걱정의 경감, 긴장의 경감을 위해 이것의 연기를 폐 속까지 깊이 빨아들인다. 연기를 빨아들임으로써 진부한 황홀경에 빠지려는 습관이지만, 이 연기는 달콤하기는커녕 맵고 독하다. 연기는 연약한 허파꽈리를 채우고, 그 속으로 침투한다. 인류의 상당수가 독성물질이 있는 이 연기에 탐닉한다는 사실은 불가사의하다. 이 사물은 바로 담배이다. 담배 끝에 타오르는 불똥은 담배의 자아이고, 동그랗게 피어올랐다가 공중에서 사라지는 그 연기는 담배의 영혼이다.

담배는 가짓과에 속한 한해살이풀의 잎을 말린 걸 주원료로 써서 만든다. 담배를 피우는 사람은 말린 식물의 잎을 태워 생기는 "신성한 연기"를 빨아들이는 것이다. 사람들은 왜 식물의 말린 잎을 태울까? 이 식물의 잎이 니코틴을 함유하고 있기 때문이다. 담배는 남아메리카가 원산지로 다 자라면 1.5미터에서 2미터에 이르는데, 마흔 여남은 개 쯤 되는 넓고 둥근 잎이 줄기에 빽빽하게 달린다. 이 잎을 수확해서 말린 것으로 담배를 제조한다. 담배가 문명세계에 알려진 역사는 생각하는 것보다 길지 않다. 콜롬버스가 아메리카 대륙에 첫 발을 내디뎠을 때 유럽인들은 처음으로 원주민들이 담배를 피우는 걸 목격한다. 바로 이들이 담배를 유럽에 전했다. '담배'라는 단어는 포르투갈 어의 '타바코tabaco'가 그 뿌리이다. 일본어으로 건너와서 '타바코tabaco'가 되었고, 다시 우리말 음가로 차용되면서 '담배'로 변한다. '타바코tabaco'가 우리말 속으로 들어온 시기는 꽤 이르다. 1614년에 나온 이수광의 《지봉유설》에 '담파고淡婆姑'가 나오고, 1789년에 나온 이만영의 《재물보》에도 비슷한 음가를 가진 '담박괴澹泊塊'를 찾아볼 수 있다. 민간에서 '담바고'로 쓰이

● 담배가 한반도에 전해진 것은 대략 400년 안팎의 일이다. 조선 중엽 광해군 무렵이다. 일본을 거쳐 들어온 담배는 한반도를 거쳐 중국 북방 지역으로 퍼져나갔다. 조선의 남녀노소가 다 남초(南草)라고 부른 이 신기한 풀의 연기에 빠졌다. 1810년에 애연가였던 이옥(李鈺)은 《연경(烟經)》이라는 책을 썼다. 《연경》은 담배와 관련된 조선의 유일한 저술이다. 이옥은 담배의 근원과 유래, 성질과 맛, 그리고 잎을 펴고, 쌓고, 말고, 써는 방법과 담배를 떠서 채우고 불을 피워 태우는 방법을 일일이 적고, 담배를 피우는 행위의 이치를 더듬어 적는다. 담배가 맛있을 때는? 이옥은 이렇게 적는다. "기나 긴 겨울밤 첫닭 울음소리에 잠에서 깨었다. 이야기 나눌 사람도 없고, 할 일도 없다. 몰래 부싯돌을 두드려 단박에 불씨를 얻어 이불 속에서 느긋하게 한 대를 조용히 피우자 빈방에 봄이 피어난다." 담배는 하릴없고 무료할 때 더없는 벗의 대용이다. 그 겨울밤 새벽에 무료하다고 벗을 부를 수 없으니 담배로 대신하는 것이다. "산골짜기 쓸쓸한 주막에 병든 노파가 밥을 파는데, 벌레와 모

다가 차츰 '담배'로 변한 것으로 추정된다.

 담배 열 개비는 열 개의 자아이고, 담배 스무 개비는 스무 개의 자아이다. 불똥에 의해 타들어가는 담배는 결국은 연기로 사라진다. 담배는 단명短命하는데, 이 단명은 미처 서글픔 따위를 느낄 수 없는 찰나의 무자각적 사태 속에서 지나가는 경험이다. "담배 연기는 당신의 가장 친밀한 내부에 피난처를 제공하는 공동空洞 내에서 응축된 후에 당신의 외적 형태에 후광을 두르는 대기 속으로 원자화되어 사라진다."(리처드 클라인,《담배는 숭고하다》) 흡연자를 뿌옇게 감싸는 담배 연기는 이것이 감정상의 피난처라는 사실을 암시한다. 이 사라짐에 어떤 애도의 감정 따위는 필요없다. 담배는 신앙의 일부이고, 흡연은 연기의 신께 올리는 기도일 것이다. "나는 담배를 통해서 '증발'되기도 하고 '집중'되기도 한다. 문제의 핵심은 바로 그것이다."(보들레르,

래를 섞어 찐 듯하다. 반찬은 짜고 비리며, 김치는 시어 터졌다. 그저 몸 생각하여 억지로 삼켰다. 구역질이 나오는 것을 참자니 먹은 것이 위에 얹혀 내려가지 않는다. 수저를 놓자마자 바로 한 대를 피우니, 생강과 계피를 먹은 듯하다."(이옥,《연경-담배의 모든 것》) 담배의 또 다른 쓰임새를 보여준다. 조선의 군주 중에서 정조 임금도 애연가였다. 담배를 배척하는 논리에 맞서 "민생에 이롭게 사용되는 것으로 이 풀에 필적할 은덕과 이 풀에 견줄 공훈이 있는 물건이 그래 어디 있는가?"라고 반론을 폈다. 급기야는 1796년 11월 18일에 조정 신하들에게 담배의 유용성에 대해 글을 지어 올리라는 책문(策問)을 내렸다. 정조는 "온갖 식물 가운데 이롭게 쓰여 사람에게 유익한 물건으로 남령초보다 나은 것이 없다"라고 하고, 그 여러 효능들을 일일이 열거한 뒤에 조정 신하들의 의견을 묻는다. "그대들의 견문을 모두 동원하고 다방면의 사실을 끌어다가 자세하게 증명하도록 하라! 내 친히 열람하겠노라."(이옥, 앞의 책)

〈벌거벗은 나의 심장〉) 담배를 피우는 사람은 그것과 한 몸을 이룬다. 길쭉한 담배는 흡연자의 신체에 대한 은유로써 부족함이 없다. 그러니까 흡연자는 실은 자신의 몸을 태우는 것이다. 담배가 불똥으로 타들어가면서 연기로 공중에 흩어지듯 담배를 피우는 사람 역시 언젠가는 사라질 자신의 미래를 예시한다. 그래서 흡연 행위는 존재의 증발이고 진부한 황홀경에 빠지고 싶은 자아의 집중이기도 하다.

애석하지만, 나는 흡연을 배우지 못했다. 이 길고 가느다란 것을 입에 문 사람들은 보면 어떤 무아지경에 있는 듯하다. 시인 고은은 1970년대 어느 날 일기에 "담배만이 나에게 남은 마지막 벗이다."라고 썼다. 그의 뻗치는 역동이 어두운 시대의 권력과 정면으로 부딪치는 그 파란의 시대에 시인은 겨우 담배에서 마지막 우정을 확인한다. 담배는 시대의 전위에 서 있는 자의 방심과, 그 방심에 녹아있는 나태와 무능에 면죄부를 준다. 담배는 모든 것을 주지만 아무것도 요구하지 않는다. 고은은 그런 담배에 대해서 우정을 느껴 담배를 제 마지막 벗이라고 여겼을 테다. 나는 비흡연자로서 그렇게 쓸 수 있는 흡연자 고은을 부러워한다. 라틴어나 히브리어를 배우는 것이 이제는 늦은 것처럼 흡연을 익히고 배우기에는 늦었다. "담배는 흡연가의 주관성을 반영해주는 거울 그 이상이다. 담배는 우리가 손에 쥐고 있는 대상물일 뿐아니라 그 자체로서 육체와 영혼을 지닌, 살아

담배가 불똥으로 타들어가면서 연기로
공중에 흩어지듯 담배를 피우는 사람 역시
언젠가는 사라질 자신의 미래를 예시한다.
그래서 흡연 행위는 존재의 증발이고 진부한
황홀경에 빠지고 싶은 자아의 집중이기도 하다.

있는 피조물로서 간주되어야 한다. 또한 담배는 시詩일 뿐 아니라 동시에 시인이기도 하다. 담배 끝에 붙어 있는 불똥은 살아 있는 존재의 심장, 그것도 연약한 여성을 의미하는 ~ette 라는 접미사 때문에 여성의 심장과도 같으며, 아울러 마음을 한곳에 집중시키는 유혹의 원천과 다양한 힘을 풍부히 지니고 있다."
(리처드 클라인, 앞의 책) 담배는 취향과 우연의 대상물이고, "육체와 영혼"을 가진 피조물이다. 남자에게 이것은 욕망을 자극하며 타오르는 정부情婦이다. 흡연자가 이 정부의 유혹을 뿌리칠 수 있는 방법은 없다. 흡연은 욕망의 충족이면서 동시에 욕망의 단절이라는 역설 행위이다. 담배를 피우는 동안 흡연자는 손과 입술이 욕망하는 일체의 다른 욕망을 일시 중지해야 한다. 담배는 자신에게 쏟아지는 사랑을 그 무엇과도 공유하려고 하지 않는다. 담배를 남근의 대체물로 여기는 것은 대체로 속류 정신분석학의 관습인데, 그렇다면 담배를 문 여성의 붉은 입술은 자연스럽게 남근과 짝을 이루는 여성의 생식기를 연상시킬 것이다.

담배는 역설과 모순을 지닌 사물이다. 담배가 심리적 안정과 값싸게 얻을 수 있는 쾌락을 주는 동시에 암과 죽음에 이르게 하는 독과 중독 현상을 갖고 있다는 점이 그것을 증명한다. 정신분석학자인 지그문트 프로이트는 지독한 애연가였다. 아침에 눈 뜨면서 잠자리에 들 때까지 그의 입에는 시가가 물려 있었다. 그는 줄담배를 피우고 종일 담배 연기에 젖어 살았다. 그는 하루에 적어도 스무 개비의 시가를 피웠는데, 이 시가를 가리켜 "연구의 자양분"이라고 했다. 프로이트가 만든 정신분석학의 '승화' 이론에 따르면 '승화'는 역동성과 진화하는 성격을 동시적으로 드러낸다. 정신분석학에서 자기 안의 리비도는 사회적으로 생산적인 성취로 변형시키는 것으로 이해한다. 본능은 목적과 대상과 맺는 관계에서 긍정적인 전이轉移와 함께 언제라도 관계를 바꿀 수 있다. 리비도는 억압이 만든 긴장을 해소하면서 비본능적 사회형식으로 전화轉化한다. 일종의 목적 변경과 대상의 변화라고 할 수 있는데, 이것이 바로 승화라고 부르는 것이다. 프로이트에게 시가는 욕망의 존재인 자신을 다른 무엇으로 '승화'시키는 사물이었을까?

프로이트는 건강상의 이유로 여러 차례 담배를 끊고 얼마 못가 다시 시가를 입에 문다. 프로이트는 금연을 권했던 의사 친구에게 다음같이 고백한다. "나는 자네 지시가 있고 나서 7주간이나 담배를 피우지 않았다네. 처음에는 예상대로 힘들었지. 마치 금연을 하지 말았어야 했던 것처럼 말일세. 심장 장애와 함께 불쾌감이 찾아왔고, 게다가 끔찍한 금단현상에 시달려야 했어. 금단현상은 3주가 지나면 사라졌지만, 심장 장애는 거의 5주가 지나서야 좀 나아지더군. 그렇지만 도무지 일을 할 수가 없었네. 흠씬 두들겨 맞은 듯 꼼짝달싹도 못 했어. 그러다 7주가 지났을 때, 자네에게 약속했던 것과는 달리, 다시 담배를 피우기 시작했네."(필립 그랭베르,《프로이트와 담배》) 프로이트는 의사의 강력한 권고로 시가를 끊지만 심각한 금단현상에 시달린다. 몸은 괴로웠고, 감정을 통제할 수 없었으며, 일에 집중할 수도 없어 다시 흡연을 시작한다. "시가 몇 대 피우자마자 이내 일이 손에 잡히기 시작했고, 또 내 감정을 어느 정도 제어할 수 있게 되었네. 그렇기 되기 전에는 하루하루가 끔찍했지. 또 시가 때문에 증상이 심해졌다거나 하지도 않았네. 지금은 조금씩만 피우고 있고, 점차 양을 늘려 이제는 하루에 석 대 정도 피우지."(필립 그랭베르, 앞의 책) 우리가 담배에서 구하는 것은 니코틴이 만드는 약간의 환각과 그것을 통해 얻는 "쾌락의 자양"과 "작업의 자양"이다. 그것을 끊는 것은 금욕이다. 프로이트는 담배를 끊었다가 다시 피우고, 다시 끊었다가 피우기를 반복한다. 나중에 그는 시가에 굴복해서 누가 뭐라고 말려도 시가를 포기하지 않는다. 금연을 해서 얻는 것보다 금연에서 오는 짜증과 불안, 심신을 찌르는 듯한 갖가지 고통을 참는 게 더 힘들다고 판단했던 것이다. 그 대가로 얻은 게 입과 입천장, 턱뼈로까지 번진 악성 종양이다. 프로이트는 그 쾌락과 죽음이라는 양면성을 가진 역설의 사물인 담배로 인해 생긴 암으로 죽음에 이른다.

담배는 즐거움을 제공하는 것 말고 또 어떤 의미가 있었던 것일까? "어쨌거나, 시가를 한 대 더 피울 때마다 그것은 또 한 번의 수술과 새로운 통증을 향해 초조하게 한 발짝을 내딛는 것이나 다름없었던 것이다. 그가 자신의 중독을 인정했고 또 흡연을 자위라는 저 '원초적 욕구'의 대체물로 여겼다는 사실을 우리는 이미 알고 있다."(필립 그랭베르, 앞의 책) 공중으로 동그랗게 피워 올라 덧없이 사라지는 연기 꽃다발, 그것은 바로 삶이자 영혼이다. 프로이트는 담배가 갖고 있는 독성 물질이 얼마나 치명적인가를 잘 알고 있었지만 끝내 담배를 끊지 못했다. 그는 금지가 욕망을 더 자극한다는 사실을 알았으면서도 즐거움과 쾌락을 위해서 담배가 가진 어두운 측면을 애써 모른 척 했을 뿐이다. 우리는 얼마나 많은 것들에 대해 알면서 모른 척 하기를 하며 사는 것일까. 삶에는 승리도 패배도 없다. 삶이라는 것은 극복이거나 모른 척 하기를 반복하며 나아가는 운동인 것을!

선글라스

프리드리히 니체

섬진강변의 벚꽃이 만개했다는 소식이 날아온 봄날, 날씨는 화창하고 덩달아 내 기분도 화창하다. 천지가 벚꽃으로 밝아진 봄날에 엷은 그늘이 서식하는 실내에서 침울함과 싸우는 것은 어울리지 않는다. 나는 자폐의 무거움에 갇혀 대상도 딱히 보이지 않는 싸움을 하는 히키코모리˙도 자아의 칙칙함을 취향의 과잉 속에서 소비하는 오타쿠˙˙도 아니다. 세계는 늙고 나는 명랑함으로 젊다. 벚꽃 향내를 농밀하게 머금은 바람의 유혹에 따라 문을 열고 밖으로 나선다. 존재의 발랄함이 일으킨 명랑함에 실린 내 발걸음은 가볍다. 포릉포릉. 새의 도약과 대지위에 가볍게 발걸음을 내딛는 영장류의 걸음은 닮아 있다. 공중으로 솟구치는 새는 뼛속까지 비워 가벼움에 도달해서 나는 한없이 무거운 존재이다. "무거움은 개인적인 방식으로 생각할 줄을 몰라 몸의 표정 속에서 굳어버린 영혼이다. 그것은 감히 영혼이 되지 못하고, 스스로 가면이 됨으로써 자신의 두려움을 감추는 영혼이다."(베르트랑 베르줄리,《무거움과 가벼움에 관한 철학》) 그래, 무거움으로 굳어버린 영혼, 그 무거움 속에 두려움을 감추는 영혼을 끌고 대지 위를 걷자! 걷자! 걷자!

● '틀어박히다'라는 뜻을 가진 일본어 '히키코모루'의 명사형이다. 가족 이외의 사람들과는 접촉하지 않을 뿐만 아니라, 일체의 사회적 관계를 끊고 제 방이나 집에서 칩거하는 사람을 가리키는 말이다. 은둔형 외톨이를 통칭한다.
●● 본래는 '댁'이나 '당신'을 높여 부르는 일본어 대명사이다. 대중문화 등에 과도하게 심취해서 몰두하는 사람을 가리킨다.

햇빛은 벚꽃과 바위 위로 쏟아지고, 건물들의 모서리와 부딪치며 날카롭게 번쩍인다. 자외선을 살기처럼 품은 햇빛이 날카롭게 동공으로 달려든다. 나는 햇빛의 위협적인 번쩍임에 놀라 검은 렌즈 뒤로 숨는다. 선글라스는 강한 빛과 자외선을 차단해서 눈을 편안하게 해준다. 선글라스의 렌즈는 검정색이 아니라 검게 보이는 어두운 밤색이나 갈색이 주종을 이루지만 간혹 청록색이나 황록색도 있다. 선글라스는 1430년 전 중국에서 연기로 그을려 안경을 검게 만들어 쓴 것이 그 시작이다. 1930년대 미국 육군 항공대에서 보슈 앤 롬 광학회사에 의뢰하여 조종사들의 시력 보호를 위한 선글라스를 개발해서 나눠주었다고 한다. 할리우드의 스타들이 선글라스를 즐겨 쓰고, 대중들 사이에서 유행으로 번져나갔다. 한 여름철 운전을 할 때나 바닷가 휴양지에서 선글라스를 쓰는 것은 일반적인 일이다. 지금은 선글라스가 눈을 보호하는 의학적 용도 말고 멋진 꾸밈을 위한 패션의 한 아이템으로 더 많이 쓰인다.

자외선이란 무엇인가? 가시광선 파장 영역에 이어 단파장 쪽에 있는 잔자기파가 자외선이다. 가시광선의 파장은 720나노미터에서 380나노미터까지인데 자외선의 파장은 이보다 짧다. 1801년 독일의 화학자 J. W. 리터가 처음 발견하고 학계에 보고하면서 자외선이 알려졌다. 태양은 표면온도가 절대온도 5000K로 강한 자외선을 방출한다. 자외선은 피사체에 닿아 강한 생리작용과 화학작용을 일으키는데, 이것을 오래 쬐면 몸에 나쁜 영향을 미친다고 한다. 다행스러운 것은 상층대기 중에서 오존이 이 자외선을 빨아들여 지표에는 300나노미터보다 파장이 짧은 자외선은 오지 않는다는 점이다. 300나노미터보다 긴 파장을 가진 자외선이라도 피부에 화상을 입힐 수도 있다. 우리는 햇빛이나 자외선을 차단하려고 선글라스를 쓰는 게 아니다. 선글라스는 다른 사람들과도 차단막이 된다. 5·16 군사쿠데타로 권력을 쥔 박정희는 집권 초기에 늘 선글라스 차림이었다. 왜 선글라스를 쓰냐고 물었더니, 그는 "마음이 얼굴 표정에 나타날까봐" 쓴다고 대답을 한다. 그가 선글라스를 즐겨 쓴 것은 자신의 감정과 본심이 대중에게 드러나지 않기를 바랐기 때문이다. 그의 마음에 깃들여 있던 것은 자신이 위기에 빠진 조국을 구한 구국의 영웅이라는 심리였다. 그가 이순신을 '성웅화'하려고 주도한 여러 국가적 조치에서도 이런 심리는 드러난다. 이순신의 이미지를 전유專有하고 제 이미지와 포갬으로써 어떤 상징 조작을 하려고 했던 것이다. 그의 본심은 자신이 구국의 영웅이라는 확신이었을 테지만 집권 초기만 해도 그것을 과시할 만큼 뻔뻔하지는 않았다. 그에게 선글라스는 일종의 가면假面이다. 선글라스를 착용하는 자는 그 뒤로 숨는다. 선글라스는 눈빛과 눈동자를, 그리고 내면 심리를 가린다. 선글라스를 끼고 난 뒤 깊은 안도감을 느끼는 것은 타자의 시선에서 자유로워지기 때문이다.

선글라스를 끼고 벚꽃 아래를 걸으며 철학자 니체Friedrich Wilhelm Nietzsche를 떠올린다. 혹자는 그를 낭만적인 '시인 철학자'로, 혹자는 인간 심연을 통찰한 '형이상학자'로 본다. 니체는 무엇보다도 가면persona의 철학자다. 가면이 가리는 것은 얼굴이 아니다. 가면은 '나'의 내면으로 가는 타자의 시선을 가로막는다. 얼굴은 명령하는 권력으로서, 권력은 얼굴의 자랑이자 수치이다. 그러나 가면은 무엇을 감추거나 차단하기 이전에 가면 그 자체를 드러낸다. 가면은 권력이나 위엄이 아니라 사회적 자아를 연기하려는 무의식의 욕망이다. 아울러 가면은 사적인 것을 사적인 것으로 드러내는 데 두려움을 가진 자들의 연기하는 내면이다. 가면은 울 수도 없고 웃을 수도 없다. 가면은 제 표면에서 감정들의 주름들을 지워버림으로써 확고하게 얼어붙은 자의식이라는 시니피에를 생산한다. 가면을 취하는 자들은 가면 아래에서 분열하는 자의식이라는 시니피에로 도망간다.

니체는 이렇게 쓴다. "깊이 있는 모든 것은 가면을 사랑한다. (……) 모든 깊이 있는 정신에는 가면이 필요하다: 아니, 그보다 더, 모든 깊이 있는 정신의 주변에서 계속해서 가면이 자라난다. 그 정신이 제공하는 개개의 말과 개개의 발걸음과 개개의 삶의 징후를 피상적으로 해석하는, 그릇된 해석 덕택에 말이다."(니체,《선악의 저편》) 저 인상적인 콧수염이야말로 니체의 가면이 아닌가! 니체는 천 개의 가면을 갖고 있는 철학자다. 디오

선글라스는 일종의 가면假面이다. 선글라스를
착용하는 자는 그 뒤로 숨는다. 선글라스는
눈빛과 눈동자를, 그리고 내면 심리를 가린다.
선글라스를 끼고 난 뒤 깊은 안도감을 느끼는
것은 타자의 시선에서 자유로워지기 때문이다.

니소스라는 가면, 차라투스트라라는 가면, 병자라는 가면, 우상파괴자라는 가면, 철학적 심리학자라는 가면, 허무주의자라는 가면 들이 그것이다. 가면은 선先의식이다. 허무주의는 의지의 무, 가치의 무다. 최후의 까마귀들이 까악까악 울어댄다. 까마귀는 동물의 사체, 죽은 자들의 사체에 달라붙는다. 여기에 남은 것은 아무것도 없다. 남은 것은 삶에의 혐오, 원한과 복수의 집념, 삶에의 권태다. 이게 퇴락한 서양이 빠진 허무주의라는 늪이다. 니체는 서양이 빠져있는 수동적인 허무주의, 무기력한 허무주의에 대한 맹렬한 비판자였다. 니체는 "허무주의 자체를 자신의 내부에서 끝까지 살아본 서양 최초의 허무주의자를 자처"한다.

니체는 깊이 있는 정신에는 가면이 필요하다고 썼다. 가면이란 무엇인가? 가면이란 진정한 본래면목과 관련하여 하나의 가상假相, 하나의 표면, 하나의 유예된 진실이다. 가면은 하나의 과정이요 몰락이다. 분명한 것은 가면이 심층에서 분리된 것, 혹은 심층의 부정이라는 것이다.

니체에게는 모든 것이 가면이다. 그의 건강은 그의 천재성에 대한 제1의 가면이며 그의 병고病苦는 그의 천재성과 아울러 그의 건강에 대한 제2의 가면이다. 니체는 하나의 자아의 통일성을 믿지 않으며 그것을 느끼지도 않는다. 숨겨져 있지만, 한편으로 또한 어떤 다른 성질의 힘들, 사유의 힘들을 표현하기도 하는 다양한 '자아'들 사이에서의 힘과 가치평가의 미묘한 관계들, 그러한 것이 니체의 생각이며 그의 삶의 방식이다. 니체는 바그너와 쇼펜하우어, 그리고 파울 레조차도 자신의 고유한 가면으로 체험했다.

— 질 들뢰즈, 《들뢰즈의 니체》

들뢰즈는 니체가 가면의 철학자라고 단정한다. 니체가 쓴 가면은 한 겹이 아니라 여러 겹이다. 들뢰즈는 니체의 건강, 병고, 정신착란 따위가 다 가면이라고 말한다. 니체의 콧수염은 하나의 존재 속에서 무수히 분열하는 수많은 자아를 숨기는 가면이고, 니체가 앓았던 질병들은 그의 위대한 건강을 가리는 가면이고, 정신착란은 니체 철학이 도달한 최후의 심오함을 가리는 가면이다.

비누

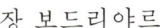

장 보드리야르

어떤 밤은 사라지는 것들에 대해 생각하기에 너무 짧다. 끝과 사라짐. 사물들의 종말이거나 주체의 소멸에 대한 사유들. 사라짐과 소멸에 대한 상념으로 밤을 지새고 새벽을 맞는다. 콧속으로 찬 공기가 밀려들던 그 새벽은 삭막하고 쓸쓸했다. 공기 속에서 엷은 비누 냄새가 나기도 했다. 비누는 닳아져서 사라지는 사물이다. 비누의 주성분은 고급 지방산의 알칼리 금속염으로 물에 잘 녹고 거품이 일어나 미끈미끈하다. 비누거품의 세정력이 뛰어나기 때문에 비누는 주로 몸이나 옷의 때와 얼룩을 씻어내는 데 쓴다. 세면대 근처의 플라스틱 비눗갑 속에 비누가 얌전하게 들어 있다. 비누는 대체할 수 없는 유일무이한 사물에 비해 하찮은 것이다. 비누의 하찮음은 비누가 어디에나 지천으로 널려 있기에 벌어지는 사태이다. 오늘 아침 비누를 비벼 거품을 잔뜩 내서 손을 씻다가 불현듯 마음에 하나의 물음이 떠오른다. 왜 모든 것은 사라지는가? 사물은 어느 순간 그 효용을 다하고 소실점 너머로 사라진다. 사라짐은 고갈이고 소멸이다. 비누는 한없이 닳아지는 것, 닳아지다가 소실점 너머로 사라지는 것을 대표한다. 비누의 참다운 매혹은 그 덧없는 사라짐에서 나타난다. 비누가 영구불변하는 사물이었다면, 그 사라지지 않는 비누란 얼마나 끔찍한가!

한 여성시인은 문드러진 비누와 그 비누를 담고 있는 비눗갑 관계의 하찮음에 대해 이렇게 노래한다.

비눗갑 속에 담긴 문드러진 비누의 몰골을 볼 때면
지금 그 비눗갑이 느끼고 있을 슬픔을 알 것 같다
누구에게나 그렇듯 대부분의 새 비눗갑들에
처음 얹혀지는 비누는 탄탄한 비누여서
보기에 따라서는 비누가 비눗갑 안에 담긴 것이 아니라
비눗갑의 숨통을 누르고 앉은 것처럼 보일 지경이다
마치 몸에 잘 맞는 아내를 얻은 듯 그때 비눗갑은 얼마나
  행복해 보이던가?
그러나 뭇사람의 손때가 묻고 물만 닿아도 녹아나는
비눗갑이 일찍이 상상해본 적이 없는 비누의 허약한 체질은
얼마나 비눗갑을 놀라게 하고 실망에 빠지게 했을 것인가?
나날이 작아지는 비누들 나날이 풀어지는 관념의 물컹한
  살집들
오, 가엾은 비눗갑들이여, 그들은 비누에 대해
얼마나 순진한 기대와 어리석은 집념을 품고 있었던가?
한 개의 비누만을 담았던 비눗갑이란 이 세상에선 거의
  찾아볼 수 없다
더러, 젊거나 어린 나이에, 불의의 사고로 망가지는 비눗갑
  은 유감스럽지만 흙 속 깊이 버려지곤 한다

경험이 많은 비눗갑들이여, 온갖 비누치레에 닳아빠지고
  몸을 더럽힌

그럼에도 오래 건재하는 비눗갑들이여, 그때쯤이면 평안할
  수 있는 건지.

　― 이선영, 〈오, 가엾은 비눗갑들〉

우선 비누는 닳아 없어지는 성질을 가졌다. 그에 반해 비눗갑은 훨씬 견고하다. 시인은 비눗갑의 관점을 취한 채 비누를 객체화하고 비누의 닳아 문드러지는 허약한 체질을 부각시킨다. 뭇사람의 손길을 타면서 비누는 점점 작아지는데, 시인은 그런 비누에 대해 "나날이 풀어지는 관념의 물컹한 살집들"이라고 한다. 비눗갑은 오래 쓰면 때가 끼고 더러워지지만 닳거나 문드러지지는 않는다. 물론 이마저도 한시적인 것이겠지만. 아주 둔감한 사람이 아니라면 이때쯤 비눗갑이 주체에 대한 일종의 은유라는 걸 눈치 챌 수 있을 테다.

나는 닳아 뭉툭해지다가 나중에는 소실점 너머로 사라지는 비누를 통해 사물들의 끝과 소멸에 대해 생각한다. 이 닳아 없어짐이 비누의 죽음이다. 사물은 죽는다! 사라지는 사물의 끝, 사물의 죽음은 멜랑콜리하다. 그것이 씁쓸하면서도 달콤하고 애틋한 것은 그 사라짐이 현재의 영혼들을 어느덧 옛날의 영혼으로 만들어버리는 까닭이다. 덧없이 다가오는 일요일 밤은 어딘지 아쉽고 쓸쓸하며, 바닷가에서 보낸 여름휴가가 끝날 무렵 돌아가기 위해 배낭에 짐들을 챙길 때 가슴을 파고드는 달콤

한 우울함을 떠올려보라. 계절의 끝, 한 해의 끝, 연극의 끝, 사랑의 끝들도 그렇다. 끝에는 달콤하고 슬픈 마음들이 고인다. 모든 끝은 그저 끝이 아니라 다른 새로운 것의 시작과 맞물린다. 어둠에 감싸인 새벽은 밤의 끝이면서 하루를 여는 시작이다. 얼음과 북풍으로 몸과 마음을 시리게 했던 겨울의 끝은 만물이 소생하는 봄과 이어진다. 끝이 잃어버린 시간들의 보상일 때 그것은 축복으로 변한다. 끝은 긴 과정의 고통, 과정 속에 깃든 동요와 변덕들을 달콤한 과실로 바꾼다. 끝은 성숙이고 완성이다. 여름의 끝은 가을의 수확을 여는 시작이다. 라이너 마리아 릴케는 여름의 끝에서 "마지막 열매들이 탐스럽게 무르익도록 명해 주시고,/그들에게 이틀만 더 남국의 나날을 베풀어 주소서,/열매들이 무르익도록 재촉해 주시고,/무거운 포도송이에 마지막 감미로움이 깃들이게 해 주소서."(〈가을날〉)라고 기도한다. 여름의 끝은 모든 열매들에 '마지막 감미로움'이 깃드는 시간이다. 이 끝을 잘 견뎌야만 열매들은 둥글어지고 단맛이 밴다. 이 '마지막 감미로움'이란 과육果肉의 성숙과 탐스러운 완성의 징표다.

끝과 사라짐이 슬픈 것은 끝이 지나가는 현재이고, 마음은 항상 미래를 향하여 있는 까닭이다. 우리가 끝에서 경험하는 것은 "딸애들처럼 웃자라서,/내 팔을 빠져나가는 날들."(데렉 월컷)이다. 그 사라진 날들, 잃어버린 시간들의 덧없음이라니! 소년들은 사춘기를 끝내고 성인의 일원으로 사회에 첫발을 내디

딘다. 영원할 것 같던 소년의 순진무구, 그리고 소년의 비밀과 자유와 반항들은 성인의 시기로 접어듦과 함께 끝난다. 성인의 책임과 의무들이 그것을 질식시킨다. 소년은 가장이 되고, 가족 부양의 숭고한 의무를 지게 되는 것이다. 인생의 끝에 다가가며 맞는 노경老境은 슬프다. 노경은 풋풋한 젊음과 젊음의 눈부심, 그리고 "입에 들어온 설탕 같은 키스들"(파블로 네루다)을 이제는 지나가버린 먼 추억으로 만들어버린다. 모든 주체는 덧없이 사라진다. 만개한 꽃들의 눈부심, 과일 향들, 고양이의 미소들도 사라진다. 장 보드리야르는 이렇게 쓴다.

> 실제로 주체―의지의, 자유의, 재현의 기관으로서의 주체, 또한 권력의, 지식의, 역사의 주체―는 사라진다. 그러나 주체는, 정도의 차이는 있지만 고양이가 자신의 미소를 허공에 떠돌도록 남겨 두었듯, 자기 뒤에 자신의 유령을, 자신의 나르시시적 복사판을 남긴다. 주체는 사라진다. 널리 분산되어 있고 유동적이고 실체가 없는 어떤 주체성, 즉 모든 것을 둘러싸고 모든 것을 육체와 분리된 공허한 의식의 거대한 공명판으로 바꾸어 버리는 허깨비에 못 이겨 사라진다.
> ― 장 보드리야르, 《사라짐에 대하여》

끝과 사라짐은 실재가 가진 에너지의 영점零點, 가치의 영점에 이르는 것이다. 제도, 가치, 개인들이 사라진 뒤에는? 아무것도 없다. 그 빈자리는 공허가 채운다. 공허는 위대하다. 그것은 공허가 모든 실재의 확고한 한 본질이기 때문이다. "공기와 바람이 비둘기의 비행에 본질적인 만큼 공허도 인생에서 본질적이다."〔장 보드리야르가 《대화로부터 추방된 자들》(파리, 2005)에서 인용한 칸트의 말〕 비누만 사라지는 게 아니라 비누를 쓰던 사람도 언젠가 사라진다. 하지만 사라짐은 인생의 끝이 아니라 차라리 삶의 총체적 완성이다. 삶은 죽음에 닿아 비로소 둥글어진다. 인생의 끝은 꿈과 희망을 버렸을 때 불길한 파열음과 함께 들이닥친다. 꿈과 희망을 버린 사람에게서는 분발의 욕구에 더해지는 생동감, 도약의 환희를 찾아볼 수가 없다. 그들은 날기를 그친 새와 같다. 어린 시절 대나무숲에서 날기를 그친 채 할딱거리는 새를 본 적이 있다. 이튿날 아침 다시 숲에 갔을 때 새는 죽어서 싸늘하게 굳어 있었다. "그러나 사라짐은 달리 생각될 수 있다. 즉, 독특한 사건으로, 그리고 특수한 욕구의 대상으로 생각될 수 있다. 이 욕구란 더 이상 거기에 있고 싶어 하지 않는 것으로, 결코 부정적이 아니라 오히려 그 반대이다. 사라짐은 우리 없는 세상이 어떠한지를 알고 싶어 하는 욕구일 수 있다."(장 보드리야르, 앞의 책) 닳아지는 비누는 사라짐을 연기演技한다. 사라짐은 존재가 겪는 독특한 사건으로 사물과 존재의 불가피한 운명이다. 끝과 사라짐을 슬퍼하지만은 말자. 사물과 존재와 현실은 거품들 속에서 닳아 없어지는 비누와 마찬가지로 존재하는 순간부터 종말을 향해 내달리는 것들이 아닌가? 왜 아니겠는가? 종말은 삭막한 노동의 의무에서 해방이고 자유이다. 그래서 끝과 사라짐이 품고 있는 무성無性은 은총이고 평안이다. 끝과 사라짐의 은총과 평안을 끝끝내 모르는 사람은 아직 미성숙한 사람이다. 오직 지혜로운 사람만이 끝이 주는 미덕들, 그 달콤함과 휴식을 제 것으로 취한다.

욕조

사사키 아타루

오늘은 11월 들어 세 번째 맞는 목요일. 새벽에 잠이 깨었는데, 비가 온다. 무심코, 더 잃을 것도 없어, 라고 중얼거린다. 11월의 세 번째 목요일에 가을은 끝장난다. 어둠은 더 빨리 오고, 기온이 빙점 아래로 내려가는 밤들이 온다. 무서리와 첫얼음도 몰려오고, 여치들이 부르는 가느다란 노래를 더는 들을 수 없겠지. 더 잃을 것도 없어. 나는 무심코 중얼거린다. 왜 자꾸 우울한 기분이 되는 걸까. "우리는 썩은 과일이고 망가진 제품이야. 우리는 더 잃을 것도 없어."〔라디오헤드, 〈Hail to the Thief〉 가사 중에서(브랜든 포브스 외 지음, 《라디오헤드로 철학하기》에서 인용)〕

괜찮다, 라고 낮게 속삭인다. 숨을 쉬고 있다면 아직은 걱정할 게 없어. 죽지는 않을 테니까. 보들레르의 시와 베토벤의 피아노 소나타들과 쓰디쓴 커피와 달콤한 과일들이 주는 위로가 더 필요한 계절이 돌아온다. 겨울은 음울해서 아름다움을 더 많이 소비하게 되는 것인지도 모른다. 보들레르는 아름다움이 감각의 유일한 야망이자 감각만이 성취할 수 있는 목표라고 말한다. 귀 없는 토끼들은 더 이상 학교에 가지 않는다. 그들이 더 이상 고요한 눈물을 흘리지 않는다는 게 나는 기쁘다. 항상 귀 없는 토끼들을 지지하고 응원해 온 나는 귀 없는 토끼들이 잘 되기를 바란다. 나는 우체국에 가려고 집을 나섰다. 기온은 어제보다 더 떨어져 몸에 한기가 느껴진다. 은행나무들은 길을 따라 일렬로 서 있고, 은행나무의 노란 잎들이 길바닥에 수북하게 쌓여 있다. 11월의 세 번째 목요일 오후의 감정과 더불어 은행나무들이 노란 허물을 벗듯 잎들을 보도블록 위에 떨어뜨린다. 은행잎들과 열매들이 보도블록 위에서 빗물에 속수무책으로 젖는다. 빗물에 젖고 있는 노랑의 종말. 길 위에 일렬로 서 있는 은행나무와 은행나무 사이의 거리는 목본주의木本主義를 반영한 결과인가? 나는 은행나무와 은행나무 사이에 서 있는 귀 없는 토끼들을 본다.

    오후 4시. 사람들로 붐비는 목요일의 우체국에 들어선다. 나는 몇 달 뒤 암스테르담에 있을 것이다. 암스테르담의 지인에게 몇 달 머물 수 있는 숙소를 알아봐달라는 편지를 막 부치고 나온 거리. 초겨울의 차가운 비. 거리는 한 시간 전보다 더 어두웠다. 하늘은 캄캄하고, 기온도 더 떨어졌다. 비를 맞아 식은 몸이 떨려온다. 추위를 느끼는 것은 내가 몸에 갇혀 있기 때문이다. 여름의 많은 해변들은 먼 곳에 있다. 가을의 구석에서 울던 여치들의 노래도 사라졌다. 노래를 부르던 것들이 사라졌으니 여기에 무슨 희망이 있는가? 희망을 탕진한 사람들이 어깨를 웅크리고 걸어간다. 그랬으니 채소 가게들도 일찍 문을 닫았겠지. 11월 세 번째 목요일의 슬픔, 목요일의 우울과 싸우는 것은 야만적인 겨울 초입에서 우리가 치러야 하는 아름다운 윤리적 투쟁이다. 항생제로 범벅된 돼지고기나 먹으며 산다는 것은 슬픈 일이지만 어쩔 수가 없다. 빙하시대가 다시 오지는 않겠지. 집으로 돌아가는 길에 보니, 은행나무와 은행나무 사이에서 귀 없는 토끼들이 여전히 비를 맞고 서 있다. 집에 돌아가면 욕조浴槽에 뜨거운 물을 받고 목욕을 해야지. 욕조에 찰랑이는 뜨거운 물을 상상하자 차츰 기분이 좋아졌다.

욕조는 텅 비어있는 것의 실재이다. 물을 담을 수 있는 용기容器이다. 후각이 발달한 개와 늑대는 냄새로 세계를 인지하고 구축해낸다. 반면에 사람은 시지각視知覺으로 세계를 인지하고 그 바탕에서 세계를 공간으로 나누며 재구축한다. 시지각의 분류법에 따르면, 욕조는 깊이를 가진 사물이다. 욕조의 깊이를 심오하다고 말하는 사람은 없다. 이것은 단순한 삼차원적 사물이다. 가정에서 쓰는 욕조의 재질은 꽤 다양하다. 그 재질에 따라 마블 욕조, 에프알피FRP 욕조, 오닉스 욕조, 법랑 욕조, 스테인리스 욕조, 아크릴 욕조, 히노끼 욕조 따위로 분류할 수 있다. 재질이나 형태가 다양하지만 욕조는 한 가지 공통점을 갖고 있다. 움푹 팬 깊이를 가졌다는 점. 공장에서 대량생산되는 모든 제품들이 그렇듯이 욕조의 깊이는 노골적이다. 진짜로 중요한 깊이는 보이지 않는 법이다. 욕조의 깊이는 "높이의 차원과 너비의 차원에서 파생된 제3의 차원"(모리스 메를로-퐁티,《눈과 마음》)이다. 물론 욕조에 물만 채우라는 법은 없다. 욕조에 우유를 채워 목욕을 해서 유명해진 여자들이 있다. 로마의 저 악명 높은 네로 황제의 아내 포파이아, 나폴레옹의 누이인 폴린 보나파르트 보르게세 같은 여성들이다.(제시카 커윈 젱킨스,《세상의 모든

세계의 종말이란 없다. 단지 '나'의 죽음이
있을 뿐이다. 어처구니없지만, 종말의 순간에
'모든' 사람이 '하나'가 되기를 욕망하는 사람들이
여기저기에 우글우글하다. 종말론자들의 꾐에
넘어가지 않는 방법은 뜨거운 물이 넘치는 욕조에서
목욕을 하는 것이다.

우아함에 대하여》) 우유를 채운 욕조에 몸을 담그는 호사의 극치를 누렸던 그녀들은 우유 목욕을 통해 제 안의 방탕함과 쾌락주의를 마음껏 발산했다. 그다지 건강한 욕망이라고는 할 수가 없다. 이런 나쁜 욕망의 바탕에는 모든 사람은 죽는다, 죽음에 불가피하게 포획된 삶이란 덧없다, 라는 생각이 깃들어 있다. 도를 넘는 사치와 방탕, 쾌락주의는 이 덧없음이 도발시킨 무모함이다. 현대의 배우들 중에도 이들의 우유 목욕을 따라한 예가 있으니, 삶의 덧없음은 여전히 세계에 맹위를 떨치고 있음이 분명하다.

욕조가 사는 데 꼭 필요한 사물은 아니다. 욕조는 있어도 그만이고 없어도 그만인 부류에 속한다. 하지만 11월 세 번째 목요일의 슬픔, 목요일의 우울에 빠진 사람에게는 작은 욕조가 필요하다. 욕조에 뜨거운 물을 받아놓고 그 속에 들어가 쉬고 싶다. 물속에서 언 몸이 녹아드는 안락감을 만끽하는 동안 거기서 오는 위안과 낙관주의가 나를 나쁜 종말론에서 구제한다. 일본이 주목하고 있는 젊은 철학자 사사키 아타루(1973~)는 자기가 살아 있는 동안 세계의 종말이 오기를 바라는 게 바로 나쁜 종말론이라고 말한다. 1992년도에 휴거 소동이 있었다. 당시 다미선교회를 이끌던 이장림이란 목사가 그해 10월 28일에 세상이 망한다는 종말론을 퍼뜨렸는데, 많은 사람들이 여기에 현혹되었다. 종말의 순간 소수만이 구원받는다는 휴거를 철석같이 믿고 따르며 가정과 직장을 버렸던 사람들은 다들 어떻게 되었을까. 2012년 12월 21일의 종말론도 꽤나 널리 퍼졌다. 마야 문명의 예언에 근거를 두었다는 이 종말론은 여러 사람들의 마음을 불편하게 했다. 태양계의 행성들과 은하계의 별들이 직렬로 배치되면서 지구에 대재앙이 닥친다고 했지만, 그날 지구는 평상시와 다름이 없었다. 귀 없는 토끼들은 휴거 소동 때도 마야 문명이 예언했다는 종말론에도 흔들리지 않았다.

귀 없는 토끼들은 하늘이 곧 무너진다고 외치는 열혈 말인 末人들의 전성 시절에 아무런 야망도 없이 소박한 살림을 꾸린다. 그들은 일체의 문명을 거부한 채 근면하고 검소한 자신들만의 생활 방식을 고집한다. 자신이 살고 있는 동안 종말이 오는 것을 바라는 사람의 심리에 도사리고 있는 것은 무엇일까? 아타루에 따르면 "자기만 죽는 것은 싫다, 다른 놈들은 다들 즐겁게 살고 있는데 나와 우리만 죽는 건 싫다, 세계 전체를 끌어들여 다 함께 죽고 싶다는 것입니다. 다시 말해 거기에는 '자신의 죽음과 이 세계 전체의 절대적인 죽음을, 즉 세계의 멸망을 일치시키고 싶다'는 욕망이 있는 것"(사사키 아타루, 《잘라라, 기도하는 그 손을》)이다. 이런 것 따위를 추구하는 욕망은 병든 욕망일 게 틀림없다. "'모든' 사람의 죽음이 '모두' 일치하는 것, '모든' 사람의 죽음이 '한' 종말의 죽음으로 실현"(사사키 아타루, 앞의 책)되기를 바라는 사람은 나쁜 종말론에 감염된 사람이다. 모든 사람의 죽음이 한날한시에 일치하는 것을 아타루는 자크 라캉의 용어를 빌려 '절대적 향락의 순간'이라고 부른다. 자신이 죽은 뒤에도 세상이 아무 일도 없었다는 듯 계속되는 것을 받아들이지 못하는 사람은 그 절대적 향락의 순간을 욕망한다. 일자의 죽음을 세계의 절멸로 바꾸려는 소망은 죽음의 공포에 사로잡힌 자의 병적인 독아론獨我論에 지나지 않는다. 사람들의 죽음에 대한 공포감을 자극해서 제 잇속을 챙기려는 사람들이 종말론을 유포한다. 나쁜 종말론은 '나'의 개별화된 죽음을 세계와 함께 자살하는 것으로 바꾼다. 세계의 종말이란 없다. 단지 '나'의 죽음이 있을 뿐이다. 어처구니없지만, 종말의 순간에 '모든' 사람이 '하나'가 되기를 욕망하는 사람들이 여기저기에 우글우글하다. 종말론자들의 꾐에 넘어가지 않는 방법은 뜨거운 물이 넘치는 욕조에서 목욕을 하는 것이다. 욕조 목욕이 주는 안락과 평화 속에서 관대해지는 것, 그것이 엉뚱한 종말론에의 유혹에서 우리를 구제한다. 귀 없는 토끼들이 욕조 목욕을 즐긴다. 그들은 욕조 속에서 얻은 평화와 위로에 대해 기대어 종말론이라는 허망한 망상 따위에서 벗어날 수 있다고 믿는다.

면도기

막 오제

면도를 숭고한 행위라고는 할 수는 없다. 남자들은 날마다 자라는 수염을 면도기를 이용해서 제거한다. 수염은 그냥 두기에도 그렇고 날마다 깎는 일도 귀찮다. 면도기는 수염이 있는 남성들의 필수품이다. 면도는 원시인류에게는 없었던 것으로 인류가 문명 생활을 하면서 생긴 새로운 습관이다. 수염은 하루치의 갈망과 시간의 용적容積을 보여준다. 수염은 무질서이고 혼란의 기호다. 사람들이 습관적으로 면도를 하는 것은 문명세계에서 몸의 털들은 부끄러움이기 때문이다. 면도날이 미끄러지면서 수염들이 잘려나간다. 면도기의 틈에는 비누 거품과 함께 미세하게 잘린 수염들이 엉겨 있다. 면도기를 세척할 때 비누 거품과 잘린 수염이 세면기의 바닥에 떨어진다. 조금 전까지만 해도 몸의 일부였던 게 사물로 변한다. 면도날에 의해 토막 난 수염들. 나로부터 멀어지는 사물, 나와 무관해진 사물, 결국 버려지고 잊힐 사물. 아무런 신성성도 없는 이것은 세면기 밑바닥의 구멍으로 소용돌이 치는 물과 함께 씻겨 내려간다. 세면기 바닥에 뚫린 구멍은 깊이를 알 수 없는 허虛와 무無로 들어가는 문이다. 몸에서 잘린 수염들은 누추하고 쓸쓸한 시간의 사라짐, 오래 전부터 있어 왔던 사물세계의 고갈과 소멸에 대한 암시이다.

　　왜 면도를 하기 시작했을까? 사람들은 '털'을 밀어냄으로써 보다 말끔한 인상을 가질 수 있다는 사실을 깨달았다. 털로

덮인 안면은 늑대의 것이고, 털 없이 밋밋하고 말끔한 것은 문명의 것이다. 동물에서 유래한 인간은 제 몸에서 동물의 흔적들을 없애고 싶어 했다. '늑대 인간'의 예에서 알 수 있듯 '털'은 동물의 흔적이고 반문명의 표상이다. 수렵이나 농경과 같이 제 노동력만으로 생계를 해결하던 시절에는 굳이 수염을 깎을 이유가 없었다. 사람들은 자본이 자본을 재생산하는 현대로 접어들면서 타자에게 더 좋은 인상을 주는 게 생존 이익에 유리하다는 사실을 알았다. 수염 자르기는 인간이 문화와 상징적 사고를 하게 되면서 습득한 자기 진화의 한 산물이다. 털을 제 몸에서 제거해냄으로써 더 문명의 생존에 이익이 될 것이라는 판단이 면도라는 관습을 정착시켰다. 하지만 자라나는 털을 날마다 밀어내는 일이 그리 쉽지만은 않았다. 사람들은 수염을 더 간편하게 밀기 위해 안전면도기를 고안해냈다.

분명 타자와의 대면이 많아지면서 면도의 유용성에 대한 인식이 커졌을 것이다. 수염이 없는 밋밋한 얼굴은 말끔한 인상을 주는데 반해, 수염이 덥수룩하면 거칠고 지저분한 인상과 함께 그 내면의 불확정성과 아노미를 암시할지도 모른다. 나는 한 달 정도 간격을 두고 수염을 깎는다. 날마다 출근하는 직장이 없으니 수염이 덥수룩하다고 누가 시비를 할 일은 없다. 헌데 나이가 쉰을 넘기면서 갑자기 흰 수염이 돋았다. 흰 수염은 나이가 들어 보이고, 심지어는 쇠약해 보이기까지 한다. 그래서 기분 전환 삼아 날을 잡아 면도를 하는데, 면도한 뒤 거울에 비친 말끔한 얼굴에 기분이 좋아지기도 한다. 수염 기르기는 꾸밈이 아니라 무위無爲의 일이다. 무위는 아무것도 하지 않음을 함으로 일삼는 것. 수염이 자라면 그대로 놔둔다. 수염 기르기는 한마디로 의도된 것이 아니고 방임이고 방치의 결과이다. 그러니 무위일 수밖에! 수염 자르기가 문명의 관습에 속한다면 덥수룩한 수염은 자연주의적 취향이나 이 문명의 주류가 되어버린 억압에서 자유롭고 싶다는 욕망을 암시한다. 뼛속까지 자유정신을 갖고 수염을 기르는 자들에게 수염은 위엄으로써 사회적 구별 짓기이고, 더 나아가 관습적인 권력들에 대한 저항의 징표이다. 예수가 그렇고, 레오나르도 다빈치가 그렇고, 톨스토이가 그렇고, 니체가 그렇고, 체 게바라가 그렇다.

수염이 주류에 속한 사람들과 자신이 다름을 드러내는 상징적 기호라면 수염 자르기는 개인적인 신념, 정치철학, 문명의 수준과 연관이 있을 것이다. 수염을 기르는 자들 중 일부는 노동에 종속되는 삶을 거부한다. 노동 대신에 예술을 선택하는 부류 중에 수염 기르는 사람이 많다는 사실은 수염이 노동의 합목적성에 대한 의도적인 태만이고, 고의적 사보타지임을 말한다. 빈센트 반 고흐를 보라. 수염을 기른 자는 예술가들이 그렇듯이 체제의 질서에 대한 잠재적인 위험군으로 분류된다. 수염을 밀어버린 말끔한 얼굴은 관습적 권력에 대한 순응과 적응의 표지이다. 공무원이나 은행원들 중에는 수염을 기른 자를 찾아보기 어렵다. 그들은 체제의 질서에 고분고분 순응해야만 하기 때문이다. 고객에게 항시적으로 위험하지 않다는 신호를 보내야만 하는 그들이 면도를 하지 않는다는 것은 상상하기 힘들다. 면도를 말끔이 한 자들은 은폐의 차원에서 우리를 기만하기 쉽다. 반면에 예술가들이 그렇듯 위험한 자들은 진실에 기꺼이 투신한다.

수염은 삶과 죽음, 기억과 망각 사이에서 흩어져 사라지는 현재와 찰나들에 대응한다. 사라진 것들은 다시 돌아오지 않으며 기억조차 할 수가 없다. 면도기에 잘려나간 수염들은 어떤 자취들, 부재의 징표들이다. 삶이란 것은 그런 망각의 흔적들 위에 쌓아올린 그 무엇이다. "망각은 기억의 살아 있는 힘이며, 추억은 그것으로부터 나오는 산물"(막 오제,《망각의 형태》)이라고 한 것은 막 오제 Marc Augé라는 프랑스 출신의 인류학자이다. 망각은 일종의 존재 경화증硬化症이고 추억은 망각의 잔여물이다. 우리가 지금 여기에 살아 있다는 것은 망각 위에 꿋꿋하게 서 있다는 것을 뜻한다. "망각은 그것이 모든 시제들과, 이를테면 시작을 체험하기 위해선 미래와, 순간을 즐기기 위해선 현재와, 귀환을 실천하기 위해선 과거와, 반복하지 않기 위해선 그 모든 경우와 결합할지라도 우리를 현재로 귀착시킨다. 그러니 현재에 계속 속해 있으려면 망각해야 하고, 죽어가지 않기 위해선 망각해야 하며, 변함없이 남아 있기 위해선 망각해야 한다."(막 오제, 앞의 책) 부스스 잠 깨인 아침 욕실의 거울 앞에서 코 밑과 턱에 지저분하게 자라난 수염들을 바라본다. 모근毛根에서 뻗어 나온 수염들은 삶의 노역勞役과 시간의 형상들에 대한 불가피한 물증이다. 하루를 살아냈구나! 수염은 하루를 무사하게 살아냈다는 것을 고백한다. 물론 이 고백은 사회적으로 아무에게도 해가 되지 않는다. 수염은 문명화 이전, 길들여지지 않은 야만과 본성의 잔재殘在이다. 내게 수염을 자르라고 명령하지 마라. 그렇다고 수염을 기르라고도 하지 마라. 나는 수염을 기르지도, 혹은 자르지도 않을 것이다. 나는 수염을 자라는 시간을 오롯하게 살 뿐이다.

거울

자크 라캉

거울은 흔한 사물이면서도 다른 사물이 갖지 못한 특이한 기능 때문에 이상한 사물이다. 근대 이후 인류는 어디에나 득시글거리는 거울들과 마주치는 생활세계로 들어온다. 하루에도 몇 번씩 거울을 접하면서 우리는 아무런 감각적 지각없이 이것을 대한다. 이것은 빛을 반사하고, 사물들을 있는 그대로 되비쳐낸다. 거울은 환상들을 낳는 텅 빈 스크린이다. 환영幻影들의 메아리를 만드는 것! 하나를 여럿으로 만들고, 좌우를 교묘하게 전도顚倒시키는 사물. 이것에 비친 나는 정말 나일까?

언제 처음 거울을 보았을까. 정확하게 기억이 나지 않는다. 대여섯 살 무렵 집에 있던 손거울로 얼굴이나 손 따위 신체의 일부를 비춰보며 상상에 빠졌을 것이다. 손거울로 마당에 돌아다니는 닭이나 개에게 햇빛을 반사시키며 그것들이 허둥거리는 놀이에 빠져 한나절을 보내곤 했다. 장난감이나 인형이 없는 시골아이들에게 거울의 백일몽은 유년기의 한 원체험이다. 어린 시절에 접하는 이 광학도구의 신비로움과 경이는 이것이 만드는 환상의 생산으로 이어진다. 거울에서 자기 얼굴을 처음 본 사람은 심리적 아노미에 빠진다. 경대 거울 속의 '나'는 그동안 보지 못했던 낯선 '나'이다. 이렇게 자기 얼굴을 낯선 것의 형식으로 마주칠 때, 사람은 상상의 자아와 거울 속의 자아를 견주면서, 서서히 자기 자아에 익숙해지게 된다. 시인 고은은 거울과 만난 경험을 이렇게 고백한다. "요즘 아이들에게는 지천으로 둘러싸인 장난감이나 인형 따위도 놀이기구 따위도 배치될 처지가 전혀 아니었어. 그래서였을지 모르는데 어머니가 밭에 나가 있거나 할 때 나는 그 수은 일부가 벗겨져 있는 경대 거울 속의 나를 통해서 나라는 것에 점점 익숙해졌지."(고은·김형수 대담집,《두 세기의 달빛》) 시골아이에게 거울은 유일한 장난감이다. 고은의 체험은 자아가 '거울단계'로 진입하면서 어떻게 '나'를 인지하고 그것을 차츰 보강하고 강화하는지를 보여주는 하나의 사례이다.

금속제 거울인 동경銅鏡이 처음 나온 것은 은말殷末 주초周初라 하니, 꽤 오래되었다.(정재서,《도교와 문학 그리고 상상력》) 이 시대에 동경은 사물을 비쳐보는 기능 이상의 신비로운 능력을 부여받은 신물神物이었다. 거울은 사람을 현혹하는 요괴의 정체를 세상에 폭로하고 그것을 물리치는 벽사축귀辟邪逐鬼의 능력을 발휘하는 영물이다. 갈홍이 지은《포박자 내편》은 그런 사정을 다음과 같이 말한다.

> 만물 중의 늙은 것은 그 정령이 사람의 형체를 빌려 사람의 눈을 현혹시키고 항상 사람을 시험할 수 있지만, 다만 거울 속에서만은 그 참 모습을 바꿀 수 없다. 이 때문에 옛날의 입산 수도자는 모두 직경이 아홉 치 이상 되는 밝은 거울을 등에 짊어졌는데, 이렇게 하면 오래 묵은 요물이 감히 접근하

지 못하였다. 혹시 시험하러 오는 자가 있을 것 같으면 거울 속에 비춰보아야 한다. 그것이 신선이거나 산속의 신령님이면 거울에 비추어도 여전히 사람의 형체일 것이고, 만약에 새나 짐승 따위의 삿된 요물이라면 그 모습이 거울 속에 다 드러날 것이다.

― 정재서, 《도교와 문학 그리고 상상력》에서 재인용.

이렇듯 거울에 신통력이 있다고 믿었기에 장사 지낼 때 거울을 함께 부장하는 습속도 생겨났다. 고대인들은 거울이 귀신을 물리치는 능력뿐만 아니라 미래를 예언, 예시한다고 믿었다. 사람들은 거울로 길흉을 점쳤는데, 이것을 '경복鏡卜'이라거나 '경청鏡聽'이라고 했다.(정재서, 앞의 책)

신화에 나오는 나르시스의 비극은 거울상으로서의 자기를 미처 알아보지 못한 데 기인한다. 나르시스는 요정 리리오페의 아들이다. 리리오페는 테베의 예언자 테이레이아스를 찾아가 아들의 운명에 대해 묻고, 그에게서 나르시스가 "자신을 알지 못하면 오래 살 것이다."라는 말을 들었다. 나르시스는 양을 치는 목동이었는데, 빼어난 미소년으로 모든 이들의 사랑을 받는다. 어느 날 나르시스는 산속에서 사냥을 하다가 물을 마시러 갔다가 샘물에 비친 금발에 하얀 얼굴을 한 미소년에 반한다. 나르시스가 그 환영을 움켜쥐면 그것은 일렁이는 물살 사이로 사라지고 물결이 잠잠해지면 다시 나타난다. 샘물에 비친 제 모습에 황홀경을 느낀 채 그곳을 떠나지 못한 나르시스는 결국은 탈진해서 익사한다. 물에 비친 것은 거울상으로서의 자기와 마찬가지로 존재가 없는 허상虛像이다. 나르시스는 허상을 실재로 오인하여 붙잡을 수 없는 것을 붙잡으려고 했다. 그것은 거울상으로서의 자기와 마주치는 순간 자기 내부가 만들어낸 환상에 사로잡힌 까닭이다. 나르시스의 비극은 자기애라는 환상이 만든 블랙홀 속으로 자신을 스스로 밀어 넣은 자의 비극이다.

'거울단계 Le stade du miroir'는 프로이트가 제시한 생후 6개월에서 18개월 사이의 아이들이 겪는 일차적 자기애의 시기에 나타난다. 말로 소통을 하지 못하고, 자기 몸을 스스로 운신할 수도 없는 아이는 거울상의 자기에 빠지고, 처음 만난 자기의 이미지나 신체와의 사랑에 빠진다. 거울상의 자기는 실제 거울에 비친 자기 얼굴이 아니라 모든 반사적 표면을 뜻한다. 이를테면 아이는 어머니의 얼굴을 거울상의 자기로 전유한다. 전적으로 타자의 도움에 의존해야만 하는 유아기의 아이는 거울단계에서 자기에 대한 통합적 감각을 얻는데, 이 감각은 순전히 거울상의 이미지를 통해 얻는 것들이다. 아이는 거울상의 이미지에 매료되어 그럴듯한 자아상을 만들어 갖는데 이것은 실재가 아니라 환영에 불과하다. 거울상과의 동일시를 통해서 얻은 이 자아상(환상)은 실제와 차이를 드러내는 까닭에 존재론적 간극을 야기한다. 이 존재론적 간극은 상상된 자아와 실재 사이에 일어나는 부조화의 심연이다. 자크 라캉Jacques Lacan은 〈정신분석 경험에서 드러난 주체기능 형성모형으로서의 거울단계〉라는 논문에서 이렇게 설명한다.

> 거울단계는 내부의 격정이 불완전함으로부터 예기豫期의 과정으로 나아가고,—이는 공간 안에서 동일시의 매력에 포획된 모든 주체들을 위해 파편화된 신체 이미지를 확장시켜 그 총체성의 형태를 만들어내는 일련의 환상들을 생산해내며 나는 이를 정형외과적 시술이라고 부른다—마지막으로 소외된 정체성이라는 방어갑옷으로 화하는 한 편의 드라마인데 그 견고한 구조는 아이의 정신발달 전반을 결정하게 된다.
>
> — 자크 라캉, 《욕망이론》

'거울단계'는 상상적인 것과 실재적인 것 사이에 있는 갈등과 불화의 지대이다. 거울단계의 아이는 파편화된 신체와 거울상에서 취한 만들어진 자아 사이의 불화를 겪으며 스스로를 자신의 경쟁자로 인식한다. 주목할 것은 "환상은 욕망의 대상이 아니라 그 무대이다"라고 언급한 라캉의 말이다. 환상은 욕망의 근거이지 그 자체는 아니다. 환상은 욕망들을 영사하는 비어 있는 스크린이다. 환상과 실재계 사이에 매개가 되는 개념이 '대상 a'이다. 라캉은 대타자를 가리키는 대문자 A에 대비되는 소문자 a를 써서 소타자의 기표로 삼는다. '대상 a'는 일종의 구멍이고, 대상적으로 아무것도 없는 무를 뜻한다. 그것은 결여된 대상이 아니라 결여 그 자체이다.

> 욕망은 정확히 말하자면 어떠한 대상도 가지지 않는다. 욕망은 항상 사라진 어떤 것에 대한 욕망이므로 상실한 대상에 대한 지속적인 탐색을 수반한다. 주체와 타자 사이의 파열을 통해 아이의 욕망과 어머니의 욕망 사이에 간극이 벌어진다. 이 간극에 의해 욕망이 움직이기 시작하고 대상 a가 도래한다. 환상을 통하여 주체는 타자와 하나가 되는 착각 illusion을 지속시키고 자신의 균열을 외면하려고 노력한다. 타자의 욕망은 항상 주체를 넘어서거나 벗어나지만 그럼에도 불구하고 주체가 되찾아 자신을 지탱할 수 있는 어떤 것이 남겨진다. 그것이 바로 대상 a이다.
> ― 숀 호모, 《라캉 읽기》

라캉은 '거울단계'를 '상상계'라는 다른 용어로 전치시키는데, 이때 상상계는 주체가 자아를 만들어가는 과정에서 겪는 동일시와 거울상의 영역을 가리킨다. 상상계에서 탄생한 자아는 환영적 이미지를 반영하고 그것은 자기가 결여된 그 무엇이다. 아이의 욕망과 어머니의 욕망 사이에 생기는 간극! 이 간극으로 말미암아 욕망이 움직인다. 그러나 욕망은 텅 비어있고, 거기엔 어떤 대상도 없다. 거울 속에서와 마찬가지로 그것은 이미지가 존재를 대신해서 춤추는 영역이다.

3

가죽소파

장 폴 사르트르

사물들은 '이름'에 갇혀 있다. 사물들의 '이름'은 그것들을 가두는 감옥이다. '이름'은 기표들의 감옥이고, 의미의 감옥이기도 하다. 사물들은 '이름'이라는 외피를 뒤집어쓰고 상징계로 들어가는데, 나는 우선 사물들을 가둔 '이름'에서 사물들을 꺼낼 것이다. 사물들은 사물 그 자체로 보아야 마땅하다. 우리가 더듬고 헤집어 살펴보아야 할 것은 사물들의 시작과 끝, 재질과 세포들이다. 사물들의 표면을 가로지르고 심연 안으로 들어가 보라. 한밤중에 사물들이 말하는 소리에 귀를 기울여라. 사물들은 딱딱한 것과 물렁물렁한 것, 속이 훤히 비치는 투명한 것과 속이 들여다보이지 않는 불투명한 것, 가벼운 것과 무거운 것, 견고한 것과 금세 부서지는 것, 오래 쓰는 것과 쓰고 버려지는 것 따위로 나뉜다. 우리는 사물들과 더불어 살며 사물들의 세계 속에서 살다가 죽는다. 사물을 모른다면 사물들 속에서 살과 피와 뼈를 얻는 삶도 안다고 할 수 없다. 사물의 감식가는 사물의 장엄함을 통해 삶을 맛보고 그 삶의 진경珍景을 들여다보려는 자일 것이다.

이것은 무엇을 빨아들이거나 내뱉지 못하고, 무엇을 먹고 소화하는 신진대사를 하지도 않는다. 다만 그 무엇의 하중荷重을 떠받치는 역할에만 충실하다. 이것의 내부에 기억 장치가 있는 것 같지는 않은데 무거운 것이 놓였다가 사라지면 무거움에 눌린 부분은 서서히 원상을 회복한다. 원상으로의 돌아감은 굼

뜨게 이루어진다. 이것이 표면으로 수행하는 눌림과 펴짐을 함몰과 도약 운동의 범주에서 볼 수 있다. 이것은 작용과 반작용의 물리 법칙에 순응하고 철저하게 수동성에 길들여 있는 자폐적 영혼, 자기의식이 없는 노동자, 피동성의 철학자라고 말할 수도 있다. 천연 가죽으로 덮여 있고, 거실에 놓여 있는 이것, 바로 가죽소파이다. 가죽소파는 종종 다산성의 여인처럼 피로로 널브러진 남자들을 잉태한다. 그들은 가죽소파에 무거운 몸을 얹고 책을 읽거나 텔레비전을 시청한다. 일요일 저녁에 그들은 소파에 앉아 '런닝맨'●을 본다. 일요일 저녁엔 몽롱함 속에서 이런 프로그램을 보는 게 정신위생에 좋다. "가장 멍청한 프로가 좋을 것이다. 아, 단지 보기 위해서 시청하는 프로. 아무런 알리바이도, 욕구도, 변명도 없이! 그런 프로그램은 목욕물과 똑같다. 손에 만져지는 편안함으로 당신을 마비시키는 몽롱한 상태."(필립 들레름,《첫 맥주 한 모금 그리고 다른 잔잔한 기쁨들》) 그들은 이 도구적 존재의 안락함에 만족한다. 이것이 베푸는 갖가지 편의와 향락에 대해서 일일이 다 열거할 수는 없다.

하나의 질료적 덩어리로써 존재하는 이것을 보고 만질 수

● '런닝맨'은 에스비에스(SBS)의 텔레비전 프로그램《일요일이 좋다》의 한 코너이다. 다른 리얼 버라이어티 프로그램과 차별화된 미션 도시 버라이어티를 표방하였다. 특정한 장소나 공간을 배경으로 유재석을 비롯한 출연진이 미션을 수행하기 위해 쉴새없이 달리며 대결을 펼친다. 2010년 7월 11일에 첫 방송되었다.

있는 것은 우리가 몸을 가진 존재이기 때문에 가능하다. 몸은 사람이 사물과 만나는 유일한 접점이고, 사물로 가는 유일한 통로이다. 우리는 몸을 가진 존재로써 세계의 일부로 편입하고, 이때 몸은 사물들의 세계와 접속점을 이루는 유일한 실체이다. "나의 몸은 지각되는 사물들 중의 하나로 그치는 것이 아니다. 그것은 모든 사물의 척도, 세계의 모든 차원의 영점零點이다."〔메를로 퐁티,《보이는 것과 보이지 않는 것》(김상환,《철학과 인문적 상상력》에서 재인용)〕 가죽소파의 표면을 손으로 쓰다듬고 만질 때, 이것은 손의 감촉 아래에서 육화 incarnation된다. 육화란 살을 가진 존재의 탄생이다. 보라, 가죽소파는 딱딱한 뼈가 있고, 그 뼈를 감싼 물렁물렁한 살을 가진 존재로 가시화可視化한다. 가죽소파가 그 자체로 하나의 신체이긴 하지만 만짐과 만져짐 사이에는 어떤 정념도 생기지 않는다. 신체 이상의 그 무엇도 아니기에 순수한 자기감응을 갖지 않는다. 따라서 이것과 우리 사이에 어떤 형태의 가학증과 피학증 따위는 있을 수 없다. 가죽소파의 현전은 수동적 타성태惰性態로 굳어지는 '있음'에서 멀리 벗어나지 않는다. 가죽소파 위에 몸뚱이를 가로 눕히고 주말 휴일을 빈둥거릴 때 우리는 가죽소파와 몸뚱이가 하나로 연결된 신체로 변하는 사태를 겪는다.

소파는 어디에서 오는가? 우리는 소파의 기원에 대해서 정확하게 알지 못한다. 소파는 여기저기에서 만들어지고 여러 가

노동과 수고로 지친 몸을 소파에 전적으로
맡길 때, 소파는 이 몸뚱이를 삼켰다가
직립활동에서 생긴 모든 가벼운 피로들과 경미한
우울들을 빨아먹고 다시 뱉어낸다.

정의 거실로 배달된다. 꽃이 아름답다는 사실을 굳이 배울 필요가 없는 것과 마찬가지로 소파의 기원과 피동성에 대해, 이것이 심연이라는 사실을 굳이 알 필요는 없다. 노동과 수고로 지친 몸을 소파에 전적으로 맡길 때, 소파는 이 몸뚱이를 삼켰다가 직립활동에서 생긴 모든 가벼운 피로들과 경미한 우울들을 빨아먹고 다시 뱉어낸다. 우울과 포만의 표정을 짓고 거실 한가운데에서 버티고 있는 소파에 대해 간과하는 중대한 사실은 이것의 피동성이 곧 은폐된 능동성이라는 점이다. 소파 역시 사물의 운명에서 비켜서지 못한다. 사물들은 생겨나는 순간부터 소실점을 향해 달려가는데, 소파 역시 닳고 찢기고 사라지고 말 운명에 저를 맡긴다. 소파와 더불어 우리의 삶은 풍성하고 강렬해질 것이다. 소파는 우리의 물렁물렁한 몸뚱이의 연장延長이고, 동시에 흐르는 시간의 연장이다. 따라서 저 살찐 소파가 외시外示하는 권태와 환멸은 우리 몸의 그것이고 우리가 살아내야 할 시간의 그것이다.

가죽소파에 한 남자가 앉아 있다. 기진맥진한 채 소파에 널브러진 그와 소파는 한 몸이다. 그는 자칭 역사학자인데, 카페에 드나들고 글을 쓰며 산다. 로캉텡이라고 부르는 그는 사르트르의 《구토》에 나오는 주인공이다. 《구토》는 세계의 가장자리에서 평범하게 살아가던 한 인물이 겪는 심리적 혼란을 그려낸다. 그의 지각이 관습적인 이해를 벗어나 왜곡되는 이상한 현상들과 마주친다. 악수를 하려고 친구의 손을 잡는데, 그 손이 뚱뚱한 벌레처럼 느껴져 손을 뿌리친다든가, 문의 손잡이를 잡자 그것이 마치 인격을 가진 존재처럼 그의 손을 잡고 관심을 끌려고 한다. 전차에서 의자 쿠션이 눈앞에서 죽은 동물의 부푼 배의 모습으로 변한다. 로캉뎅은 주변의 사물들이 괴상망측한 모습으로 일그러지고 변형되는 지각의 왜곡 속에서 혼란에 빠진다. 이 자명한 것들 앞에서 겪는 분열은 자명한 것들의 분열이 아니라 의식 주체의 분열이다. "사물들이 자기의 이름들에서 이탈한다. 그들은 기괴하고 고집스럽고 거대하게 존재한다. 그리고 그들에 대해 무언가를 말하는 것은…… 우스꽝스러워 보인다. 나는 사물들, 이름 없는 사물들의 한가운데 있다. 무방비 상태로……"(사르트르,《구토》) 사르트르는 시각 망상이라고 부를 수 있는 병리적 상태에 빠진 로캉텡이 드러내는 갖가지 반응들에 대한 임상의학적 관찰을 적어나간다. 이 왜곡되고 변형되는 사물들의 세계란 무엇인가? 로캉텡은 미친 게 아니다. 그가 광기에 빠졌기 때문에 사물들의 질서가 제멋대로 움직이는 게 아니다. 실은 사물들에 내재한다고 믿어 왔던 질서와 가치들이 불변적 진실이 아니라 한낱 표면에 불과하고, 그것은 언제라도 변할 수 있는 불확실성과 가변성으로 뭉쳐진 것이었음을 보여 준다. 로캉뎅은 그 가변성을 넘어 선 사물과 세계의 벌거벗은 진실을 향해 다가가고 있었던 셈이다. 그가 겪는 현실 역시 본래적인 것이 아니라 의식이 조작한 하나의 거대한 허상이라는 것을 말한다. 그의 불안은 이성의 세계와 존재의 세계의 균열 속에서 나타난다. 그가 존재의 본질에 다가갈수록 고통이 심해진 것은 자신의 삶이 본질에서 도망치는 삶이었다는 자각이 또렷해졌기 때문이다. 그는 "구역질나고 부조리한 존재에 대한 분노"로 헐떡거린다.

탁자

에밀 시오랑

탁자는 네 개의 다리를 지지대 삼아 바닥 위에 균형을 잡고 의연하게 서 있다. 다리 네 개는 땅에서 수직으로 솟고, 상판은 땅과 떨어져 공중에서 수평을 이룬다. 삶이 고통의 심연이라고 느꼈을 때 탁자 역시 그 상판 아래 심연을 갖고 있을 거라고 상상했다. 허나 이 가시적 실체의 단순함은 의심할 여지가 없다. 이 단순한 구조물이 세상에서 가장 중요한 사물이라고는 못한다. 영원과 도덕에 대한 모든 숙고가 탁자 위에서 이루어지는 것은 아니니까. 평소에는 탁자에 대한 고마움을 전혀 느끼지 못한다. 막 이사하고 난 뒤 탁자 없이 바닥에 신문지를 깔고 자장면을 먹을 때, 허리와 다리 관절들이 겪는 불편을 통해 탁자의 고마움을 실감한다. 식탁 위에 놓인 밥과 국, 몇 가지 반찬들이 그려내는 성좌星座는 태초의 혼돈과 불균형을 뚫고 나와 질서와 균형을 찾았다. 이것은 우주의 질서를 고스란히 반영한다. 이 조촐한 음식들은 소박한 식욕을 가진 사람들의 것이다. 식구들은 끼니 때 밥을 먹으려고 주방의 한 영역을 차지하고 있는 식탁 앞으로 모인다.

　　드잡이를 했던 식구들이 다시 온순한 마음을 갖고 탁자 앞에 모여서 화해를 도모한다. 탁자 위에서는 말과 담론들, 불만과 투덜거림이 함께 오간다. 탁자가 없다면 식구들은 뿔뿔이 흩어져 살게 될 것이고, 그 많은 말들도 갈 곳을 잃게 될 것이다. 실존철학에서는 사람을 세계-내-존재라고 말하는데, 이때 세계는 말-언어로 이루어진 세계이다. 따라서 사람은 언어-내-존재라고 할 수 있다. 탁자 위에서 말들은 풍성해지고, 덩달아 삶도 풍성해진다. 계약과 협의를 위해서나, 각종 위원회가 이마를 맞대고 토의하기 위해서 모이는 곳이 탁자이다. "둥근 탁자는 모든 제단의 원형인 예수의 성묘석을 상기시킨다. 영적 중심을 표상하는 이 원탁이 그려내는 이상적인 황도대의 원둘레에서, 열두 사도는 점성술의 열두 성좌를 대신하는데, 훗날 그 자리에 다시 성배의 열두 기사가 둘러앉게 된다."(뤽 브노아,《기호·상징·신화》) 원탁에 둘러앉은 열두 사도는 점성술의 열두 성좌를 상징한다. 혼자 사는 사람이 탁자 위에 밀린 신문을 펼쳐놓고 읽는다. 덧없이 지나가는 10월의 어느 저녁, 소금을 한 숟가락 삼킨 채 고개를 처박고 울기에 좋은 곳도 바로 탁자이다.

  나를 이끌어 중화반점에서 자장면炸醬麵을 먹인 사람이 누구인지 또렷하게 기억한다. 열여덟, 혹은 열아홉 살 때이다. 탁자 위에 자장면과 춘장과 단무지가 나왔다. 이 색다른 음식을 접했을 때 두개골에 우레가 치는 듯 강렬했던 미각의 충격이 생생하다. 자장면: 빛과 그늘의 이중주. 돼지고기와 함께 볶은 춘장의 고소한 맛, 아삭한 양배추와 달큰한 양파, 쫄깃한 면발…… 자장면은 입에 달았다. 가난한 문학청년은 그 뒤로 자주 자장면으로 끼니를 때우곤 했다. "서리는 꽃이 되고,/이슬은 별이 되는"(실비아 플라스) 날이 저 먼 데서 반짝거린다고 믿던 시절이다. 자장면을 우적우적 씹을 때 이상하게 이틀 전에 실연당한 철도원 같이 깊은 슬픔이 나를 덮친다. 나는 그 까닭을 알지 못한다. 궂은 날에는 느닷없이 중화반점에 나가 자장면을 먹고 싶어진다. 볼이 미어지도록 면발을 입에 넣고 씹을 때 왜 묽은 슬픔이 가슴을 채우는 것일까.

아직 식탁이 없던 시절, 스무 살의 나는 시립도서관이나 음악감상실에서 많은 시간을 보냈다. 그때 고전음악에 빠져 자주 서울 명동에 있던 '전원'이나 '필하모니'라는 음악감상실에 나갔는데, 입장료를 내면 밥값이 없어 점심은 굶는 게 예사였다. 어쩌다가 푼돈이라도 생긴 날에나 겨우 끼니를 챙긴다. 1970년대의 명동은 가장 비싼 음식과 가장 싼 음식이 공존하는 곳이었다. 한적한 골목 깊은 곳 건물 지하에 자장면과 막걸리를 파는 식당이 있었다. 간혹 와이셔츠에 넥타이를 맨 직장인들도 드나들었지만, 청소부나 잡역부들이 주로 찾는 음식점이다. 다른 중화반점의 반값이면 자장면 한 그릇을 먹을 수 있었다. 점심 끼니를 잇는 날보다 건너뛰는 날이 더 많았지만, 자장면 한 그릇을 먹고 난 뒤의 황홀한 포만감이라니! 아직 나는 무명인無名人이고, 자장면은 무명인에게 맞춤한 끼니였다. 그 무명인은 자장면을 씹으며, 살자, 그래 열심히 살아보자고 결의를 하곤 했다.

아직도 식탁이 없었던 시절, 스물셋에 결혼을 하고 이듬해 첫 아들을 얻었다. 문단 말석에 이름을 올린 시인이었지만 사글셋방을 면치 못하는 가난한 가장이었다. 아무런 희망도 품지 못한 채 시립도서관에 나가 앉아 종일 책을 읽었다. 굶주린 매가 새를 잡아채는 기세로 시립도서관 서가의 책들을 읽어나갔다. 미래에 대한 불안이 가슴 한 구석에 없지 않았지만 책을 읽는 동안은 불안과 시름을 잊었다. 아이는 쑥쑥 자랐다. 어쩌다가 작은 원고료라도 손에 쥐는 날 아내와 아이를 데리고 중화반점에서 자장면을 먹었다. 아이가 입가에 춘장을 묻히며 자장면을 먹는 걸 바라보며 열심히 살자고 젊은 가장은 혼자 다짐을 하곤 했다. 몇 해 전 우연히 방송에 나오는 노래를 듣고 놀랐다. "어려서부터 우리 집은 가난했었고/남들 다하는 외식 몇 번 한 적이 없었고/일터에 나가신 어머니 집에 없으면/언제나 혼자서 끓여 먹었던 라면/그러다 라면이 너무 지겨워서/맛있는 것 좀 먹자고 대들었어/그러자 어머님은 마지못해 꺼내신/숨겨두신 비상금으로 시켜주신/자장면 하나에 너무나 행복했었어/하지만 어머니는 왠지 드시질 않았어/어머님은 자장면이 싫다고 하셨어"(지오디 노래, 〈어머님께〉) 아, 가난의 풍경이란 다 엇비슷하구나. 비상금으로 자식에게 자장면을 사주고 당신은 자장면이 싫다고 뒷전으로 물러나 앉은 어머니라니! 자장면이 싫다는 어머니의 새빨간 거짓말이라니! 별식에 달려들어 아귀처럼 먹어대는 오남매를 위해 어머니는 늘 입맛이 없다고 뒷전으로 물러났다. 어머니의 거짓말을 알아채지 못했던 것을 우리가 제 배

채우기에만 허겁지겁 바빴던 탓이다. 그 오남매는 제 가정을 꾸려 흩어지고 곱던 어머니는 이제는 팔순 노인이다.

자장면은 중국식 된장을 기름에 볶아 국수에 얹어 먹는 음식이다. 19세기 말 무렵 중국 산둥성 출신의 노동자들이 제물포가 개항되면서 들어왔는데, 이들이 춘장에 야채와 고기를 함께 넣고 볶아 국수와 비벼 먹던 게 그 효시다. 1905년에 제물포에 문을 연 '공화춘'에서 자장면을 처음 만들어 팔았다. 그 뒤로 자장면은 서민들의 별식으로 사랑을 받는다. 이사한 뒤 이삿짐을 풀고 먹는 음식도 자장면이요, 초등학교 졸업식을 마치고 중화반점에 몰려간 식구들이 먹는 음식도 자장면이다.

자, 한 시인이 그려내는 자장면이 있는 풍경을 보라.

아래층에서 물 틀면 단수가 되는
좁은 계단을 올라야 하는 전세방에서
만학을 하는 나의 등록금을 위해
사글셋방으로 이사를 떠나는 형님네
달그락거리던 밥그릇들
베니어판으로 된 농짝을 리어카로 나르고
집안 형편을 적나라하게 까보이던 이삿짐
가슴이 한참 덜컹거리고 이사가 끝났다

형은 시장 골목에서 짜장면을 시켜주고
쉽게 정리될 살림살이를 정리하러 갔다
나는 전날 친구들과 깡소주를 마신 대가로
냉수 한 대접으로 조갈증을 풀면서
짜장면을 앞에 놓고
이상한 중국집 젊은 부부를 보았다
바쁜 점심시간 맞춰 잠 자주는 아기를 고마워하며
젊은 부부는 밀가루, 그 연약한 반죽으로
튼튼한 미래를 꿈꾸듯 명랑하게 전화를 받고
서둘러 배달을 나갔다
나는 그 모습이 눈물처럼 아름다워
물배가 부른데도 짜장면을 남기기 미안하여
마지막 면발까지 다 먹고 나니
더부룩하게 배가 불렀다, 살아간다는 게

그날 나는 분명 슬픔도 배불렀다

— 함민복, 〈그날 나는 슬픔도 배불렀다〉

나는 마치 만학도 동생을 둔 형 같다는 부질없는 공상에 빠진다. 과거에는 가난에 '불행'이라는 낙인을 찍었지만 오늘날엔 '패배'라는 낙인을 찍는다. 진실을 말하자면, 가난은 불행도 아니고 패배도 아니다. 가난한 신혼 시절 열댓 번쯤 셋방을 옮기며 이삿짐을 싸고 풀고를 반복했다. 만사를 제쳐두고 와서 이사를 도운 친구들과 함께 방바닥에 신문지를 깔아놓고 자장면을 먹었다. 우리는 금세 배가 부르는 자장면을 한 그릇씩 비우며 나이를 한 살씩 더 먹고 철이 들어갔다. 자장면을 먹을 때마다 오늘보다는 내일이 더 나아질 거라고 믿었다. 그때 나는 순진무구했고, 내 영혼은 순정했다.

아직 탁자를 갖지 못했을 때, 나는 루마니아 출신의 염세주의 철학자도 몰랐다. 서른 넘어 에밀 시오랑의 책을 처음 읽게 되었는데, 그가 가난의 파괴성에 대해 말할 때 나는 체험으로 그 사실을 알고 있었기에 공감했다. "빈곤은 삶에서 모든 것을 파괴한다. 삶을 불결하고 추악하고 겁나는 것으로 만든다."(에밀 시오랑, 《절망의 끝에서》) 가난은 사람을 유령으로, 그림자로, 그리고 짐승으로 만든다. 하지만 가난도 파괴할 수 없는 영혼의 순정함은 여전히 남아 있다. 나는 종종 탁자 위에서 사람들과 마주 보며 무언가를 먹을 때 그것을 느낀다. 에밀 시오랑은 가난은 물론이거니와 삶의 모순과 부조리를 꿰뚫어 보고 지독히도 염세적인 철학에 감염되어 버렸다.

내가 존재한다는 사실은 이 세상이 의미 없다는 것을 증명한다. 모든 것은 결국 무로 귀착되며, 세상의 법칙은 고통이라고 생각하면서 끝없이 번민하는 인간의 불행 속에서 나는 어떤 의미를 찾을 수 있겠는가? 나 같은 인간이 있다는 것은 삶이라는 태양 위를 덮고 있는 어둠이 너무 커서 결국 빛을 가리게 되리라는 것을 의미한다. 삶의 동물적인 측면은 나를 짓밟고 억눌렀으며, 한창 날아오르는 나의 날개를 꺾어버리고, 내가 누릴 기쁨을 앗아갔다. 터무니없는 나의 열정, 속세에서 뛰어난 인간이 되려고 퍼부은 미친 듯한 에너지, 미래의 후광에 느꼈던 매력, 정신적으로 다시 태어나기 위하여 허비한 나의 힘, 그 모든 것들은 부정적이고 해로운 에너지를 내게 퍼부어댔던 이 세상의 부조리에 비하면 차라리 나약한 것이었다. 높은 온도에서는 삶이 거의 불가능하다. 내적인 활기가 충만하여 일상적 미지근함에 적응하지 못하는, 번민에 찬 사람들의 삶은 파멸할 수밖에 없다는 것을 나는 깨달았다. 특이한 삶을 사는 사람들이 겪는 혼란을 통해서 삶이 얼마나 저주받았으며 무가치한가를 알 수 있다. 삶이란 졸렬한 자들의 특권이다. 그들만이 정상적인 온도에서 살 수 있으며, 나머지는 격렬한 불로 소진된다. 나는 세상에 아무런 기여도 하지 못한다. 내 삶의 방식은 단 하나, 죽음의 고통뿐이니까. 인간이란 악하고 앙심을 잘 품고 배은망덕하고 위선적이라고 당신들은 불평하는가? 나는 당신들에게 죽음의 고통을 경험할 것을 제안한다. 그것은 일시적이나마 그 모든 결점에서 벗어나게 해줄 것이다.

— 에밀 시오랑, 앞의 책

그는 자신이 살아있다는 사실 자체가 이 세상이 아무 뜻도 없다는 점을 증명한다고 말한다. 이 지독한 염세주의자! 불과 스물셋에 첫 책을 출판하고 장래가 촉망된다는 평가를 받았지만 그는 염세주의에 빠져 허우적거렸다. 그는 세상의 고통을 독점한듯 괴로워하고 이 괴로움으로 가득 찬 삶에는 아무 뜻도 없다고 믿었다. 삶에 단 하나의 의미가 있다면, 그건 죽음이라고 말한다. 정상적인 온도에서 아무 살 수 있는 사람은 졸렬한 사람들뿐이라고 말하는 그에게 아무 말도 하고 싶지 않다. 다만 한 탁자에서 자장면을 먹자고 권하고 싶다. 탁자가 있다는 것과 그 위에서 얼굴을 마주 보며 자장면 한 그릇을 따뜻하게 나누는 것만으로도 인생은 의미를 가질 수 있다는 것을 가르쳐주고 싶다.

침대

에마뉘엘 레비나스

집필실을 옮기며 쓰던 침대를 버리고 새것을 마련했다. 새 침대를 들이고 새 시트를 깔은 뒤에 등을 대고 다리를 쭉 뻗고 누워 보니, 등에 와 닿는 느낌이 안락했다. 수평으로 뉘인 머리, 등, 엉덩이, 다리를 침대가 적당한 탄력으로 받아주는 느낌이다. 편안한 잠자리를 위해 돈을 들였지만 잘한 일이다. 나는 스무 살 이전에는 주로 온돌방에서 살았다. 아파트를 주거지로 삼은 뒤에야 비로소 침대 위에서 잠을 자고 침대 위에서 깨어났다. 침대 위에서 아침을 맞을 때 나는 공허함의 저편에 있는 세계를 바라보았다. 그런 아침에 나는 단 한 번도 눈물을 흘리지 않았다. 슬프지 않기 때문이 아니라 항상 슬펐기 때문이다. 내가 강했기 때문이 아니라 죽을 만큼 약하지는 않았기 때문이다. "삶의 단편들을 놓고 흐느껴봐야 무슨 소용이 있겠는가?/온 삶이 눈물을 요구하는 것을."(세네카, 《마르키아에게 보내는 위로문》) 아침마다 조난당하는 자, 그 난감함으로 나는 이미 온 삶이 눈물을 요구한다는 것을 알았다. 그러므로 나는 울지 않는다. 창으로 들어온 햇빛이 환하다. 공기 속에 떠도는 먼지 입자들이 선명하게 보인다. 빛으로 둘러싸인 아침의 세계, 소음과 함께 밀려오는 그 세계를 무연한 눈길로 응시한다. 침대는 바닥이 없는 심연이고, 우연히 탑승한 배다. 나는 저 시끄럽고 복잡하고 어딘가 모르게 불균형함으로 기우뚱거리는 바깥-세계로 나가기 위해 이 심연을 박차고 일어나야 한다. 나는 오늘이라는 항구에 정박한 배에서 내려서서 빛으로 넘치는 대지 위에 첫발을 내딛는다.

침대는 나무나 철로 만들어진 받침대, 탄력이 있는 스프링을 내장한 매트리스, 매트리스를 감싼 시트로 구성된다. 하루 8시간 수면을 취하는 사람이라면 제 인생의 삼분의 일은 이 단순한 구조물에서 보내는 셈이다. 잠을 잔다는 것은 무엇인가? 잠은 밤의 장막 속에서 나의 '있음'을 온전히 내려놓고 쉬는 일이다. 침대에 몸을 들이미는 자는 제 존재를 침대에 의탁하는 자이다. 침대에 누워 잠을 청하기 위해 눈을 감는 것은 몸을 눕히는 그 사물을 하나의 처소이자 존재의 기반으로 신뢰하고 의심 없이 받아들인다는 뜻이다. 그 '있음'의 주체인 의식을 접자 소외되었던 신체가 출현한다. 침대는 존재의 '있음'을 대신 하는 사물의 거기 '있음'이다. 침대는 존재의 기반이자 조건일 뿐만 아니라 존재 그 자체다. 잠자는 동안 존재의 '있음'은 침대 속으로 서서히 가라앉으며 그것 속으로 녹아든다. 그 '있음'이 녹아서 사라진다는 점에서 잠은 평화로운 무無와 죽지 않는 죽음이다. 현재는 언제나 현재 뒤로 숨고 현재와 함께 하던 존재의 '있음' 역시 사라진다. 이때 침대는 잠이라는 현상에 투항한 신체를 싣고 무한의 강을 흘러가는 배이다.

침대는 잠만 자는 곳이 아니다. 나는 침대 위에서 당신에게 키스를 하고 당신을 애무한다. 애무, 그것은 만질 수 없는 것을 만지는 것이고, 닿을 수 없는 것에 가 닿으려는 불가능한 몸짓이다. 그래서 애무는 서럽고 안타까운 몸짓이다. 달리 보면 애무는 나의 외부인 타자를 내 몸 가까이로 끌어당겨 새롭게 발견하고 빚는 행위이다. 당신은 본성과 비밀로 이루어진 몸을 가진 존재다. 당신은 여기에 있지 않고 에로티시즘 저 너머에 있다. 애무는 저 너머에 있는 당신의 삶에 기꺼이 참여하겠다는 약속이다. 사르트르에 따르면 애무는 타자의 육체를 빚는 모종의 은밀하고 사사로운 행위이다. "애무는 단순한 접촉이 아니다. 인간만이 오직 애무를 하나의 접촉으로 환원시킬 수 있다. 그러나 그렇게 되고 보면 애무의 본래적인 의미는 사라진다. 애무는 그저 단순히 스치는 일이 아니기 때문이다. 그것은 '가공'이다. 타자를 애무할 때 나는 내 손가락 밑에서 타자의 육체를 탄생시킨다. 애무는 타자를 육체화하는 의식들의 총체이다."〔장 폴 사르트르(변광배,《장 폴 사르트르》에서 재인용)〕 당신은 애무라는 다리를 타고 내게 건너온다. 애무는 자유의 제한이고, 무상의 헌납이다. 그 사실에 전적으로 동의하지 않을 때 애무는 이루어지지 않는다. 전적인 동의와 함께 손길을 받아들이고 육체의 '가공'을 허락할 때 애무가 시작된다. 애무는 육체적 관능이 아니라 그것 속에 숨은 본성과 비밀을 탐색하는 일이다. 애무가 최후로 목적하는 바는 사랑의 기쁨이고, 각기 떨어져 있는 육체가 아니라 영혼과 존재의 합일이다. 애무는 소음과 분주함을 동반하는데, 두 사람의 입술과 입술, 팔과 팔, 배와 배, 다리와 다리가 부딪고 미끄러지고 비벼지는 사이에 시끄러운 소리들이 나는 것이다. 애무가 끝나고 당신은 하나의 객체로 분리되어 떨어져나간다.

그 순간 시끄러움과 혼란도 멈춘다. 애무가 애초에 기획했던 것은 반만 이루어지고 반은 실패로 귀결된다. 아무리 사랑한다 해도 남자와 여자의 두 신체는 사랑 안에서 다 허용되지 않는 잉여를 갖기 때문이다. 그 육체의 잉여 속에 있었던 것은 무엇인가? 그것은 사랑이라는 가림막에 의해 은폐되어 있던 무관심이고 증오이다. 어둠 속에 놓여있는 침대. 침대가 품은 공허. 당연한 일이지만, 이제 거기에 당신은 없다.

때로는 침대 위에서 무언가를 끼적이기도 했다. 침대에서 씌어진 것들 중에서 가치가 있는 것은 드물다. 침대에서 게으르게 뒹굴며 책을 읽거나, 아무 짝에도 쓸모없는 잡념에 잠기기도 했다. 침대는 나태와 잡념들이 번성하는 장소다. 무엇보다도 잠과 휴식을 위한 사물인 침대는 수평을 유지한다. 직립인류인 우리는 침대의 수평성을 아무 이견 없이 받아들이고 척추를 수평으로 뉘인다. 우리는 잠시 존재의 여행을 멈추고 존재의 하중을 침대에게 맡긴다. 마침내, 나는, 쉰다. 세계의 유일성과 지속가능성을 전적으로 믿고 있듯이 나는 침대에 대해 어떤 의심도 품지 않는다. 침대는 전 존재의 비밀과 공허를 지탱하는 그 무엇이다. 우리는 거기에서 잠을 자고 아침에 깨어날 것이다. 우리는 그것에게 존재라는 짐, 노동이라는 수고, 혹은 존재에 불가피하게 달라붙는 피로들을 의탁한다. 침대 위에서 밤을 보내는 인류의 일원인 우리가 침대를 피로와 관련된 맥락에서 사유하는 것은 아주 생뚱맞은 짓은 아니다. 인류가 침대를 고안한 것은 낮의 노동으로 지친 육체에서 일어나는 추구의 불가능성, 몸과 의식 사이에 일어나는 괴리를 극복하고, 수고와 노동을 내려놓고 더 잘 쉬게 하기 위해서니까.

피로, 특히 우리가 경솔하게 신체적이라 일컫는 피로 같은 것도 우선은 어떤 경직, 어떤 둔감해지는 마비, 어떤 식의 오그라듦으로 나타난다. 심리학자와 생리학자의 주제인 근육 쇠약 또는 근육 중독은 완전히 다른 명목으로 철학자의 관심을 끈다. 철학자는 피로의 순간을 겪어보고 피로의 사건을 발견해야 한다. 그것은 어떤 참조할 수 있는 체계와 관련된 피로의 의미가 아니다. 그것은 이 (피로의) 순간이 화농처럼 터져 나오고 달성되는 비밀스러운 사건이다. 게다가 아직까지 생각도 못 해본 하나의 차원 속에서 일어나는 변증법을 발견하기 위해 순간을 깊이 연구하는 것, 그런 것이 우리가 사용하는 방법의 본질적 원리이다. 우리의 탐구 전체는 이 원리의 적용을 통해서 이 원리를 반드시 명료화할 것이다.

피로에서 오는 마비는 매우 특징적이다. 그 특징이란 존재가 결부되어 있는 것에 대한 그 존재의 추구의 불가능함, 계속적으로 커나가는 괴리이다. 이는 마치 쥐고 있는 것을 조금씩 놓아버리는 그런 손과 같다. 피로는 느슨해짐의 원인이라기보다는 느슨해짐 그 자체이다. 피로는 이런 것이다. 피로하게 들어 올리던 짐을 놓아버리는 손안에 피로가 진을 치고 있을 뿐 아니라, 느슨하게 빠져나가 버리는 것을 부여잡는 손안에도 피로가 있는 한 말이다. 그리고 심지어 잡고 있던 것을 이미 포기하고서도 여전히 그것 때문에 (긴장하여) 손이 발작적으로 수축되어 있는 그런 상태일 때조차 마찬가지이다. 그야말로 수고와 노동 속에만 피로가 있다. 권태에서 오는 부드러운 나른함이 있다는 것은 틀림없지만, 그 나른함은 이미 잠이다. 잠 속에서 행위는 피로 자체로부터 벗어난다. 우리는 후에 존재가 그 자신에 대해 가지는 이 괴리에 대해서 확실하게 다룰 것이다. 우리가 피로의 주된 특성으로 내세우는 이 괴리는 의식의 출현을, 즉 잠과 무의식을 통해서 존재를 '중지시키는' 힘의 출현을 구성한다.

— 에마뉘엘 레비나스,《존재에서 존재자로》

피로가 경직과 마비, 오그라듦, 초췌해짐, 원천과의 단절이라고 말한 것은 에마뉘엘 레비나스이다. 그는 수고와 노동속에서 발견하는 피로를 존재에게 내려지는 "유죄 판결"이라고 말한다. 피로는 존재를 느슨하게 만드는데, 이때 피로는 느슨해짐의 원인이 아니라 "느슨해짐 그 자체"이다. 침대가 존재와 피로를 나누는 원심분리기이다. 침대는 단단한 것들의 무게를 받아주고 피로로 뭉친 존재를 말랑말랑하게 풀어준다. 존재 저편에서 이편으로 귀환할 때 그 귀환의 장소가 바로 침대이다. 우리는 침대에서 흐트러진 잠과 휴식의 리듬을 회복한다. 침대 위에서 우리는 더 이상 피로 속에 내팽개쳐진 존재가 아니다. 침대는 피로로 인해 몸과 의식 사이에 생긴 괴리, 그리고 상처들을 봉합한다.

장 자크 루소

아주 평범한 사물이다. 그 평범함 때문에 아무도 눈여겨보지 않는다. 정말 자명하고 평범한 물건인가? 따지고 살펴보니, 의외로 복잡한 구조를 가졌다. 우리가 날마다 만나는 이것, 바로 오줌과 똥, 그 악취와 불결함을 처리하는 변기이다. 오늘날 도기陶器로 된 좌식변기는 문명화된 가정의 화장실마다 쉽게 찾아볼 수 있다. 공공건물들은 물론이고 비행기 안에도 있다. 변기는 인류의 생활 습관을 문명화하는 데 기여한 기적의 사물 중에 하나다. 몸에서 배출되는 오물들을 처리하는 것은 인류의 해묵은 숙제였다. 인류가 쪼그리고 똥을 누다가 앉은 자세로 배변 자세를 바꾼 것은 실내용 좌식변기의 발명과 관련이 있다. 1885년경에 이미 수세 장치가 달린 영국식 변기가 보급되었다. 남자들이 소변을 볼 때 이용하는 소변기와 남녀 공용으로 쓰는 좌식변기로 나뉜다. 그것을 통틀어 그저 변기라고 하자. "오늘날 우리가 쓰는 흰색 사기로 된 변기는 1, 2차대전 사이에 널리 보급되었다. 1945년 이후 유럽 재건 시대는 위생 산업에 종사하는 사업가들에게 행복을 가져다주었다. 변기의 형태도 다양해져 원형, 계란형, 타원형, 심지어 사각형이나 높은형, 낮은형, 땅붙박이형, 벽붙박이형도 선보였다. 더불어 어린이용 변기, 장애인용 변기, 작은 사람을 위한 변기, 뚱뚱한 사람을 위한 변기 등이 등장하면서 새로운 시장을 공략하고 있다."(마르탱 모네스티에,《똥오줌의 역사》) 주로 집 바깥이나 후미진 곳에 있던 이것이 위생공학 시스템으로 진화한 뒤 실내로 들어오는 데 오랜 시간이 걸렸다. 하

수도 시설의 확산과 함께 도관술導管術과 배설물 처리의 공학에 대한 깊은 이해, '사이펀'이라고 하는 변기 아래에 딸린 배수용 U자관의 발명 따위가 먼저 있어야 했다. 변기 아래쪽에 구부러진 U자관은 물이 채워져 있어 악취가 역류하는 것을 막아준다. 그리하여 화장실은 방과 가까운 곳에 자리를 차지할 수 있었다. 뚜껑, 변기, 수세기, 배관 등으로 이루어진 이것이 실내에 자리 잡았다고 해서 숭고하다고 할 수는 없다. 숭고함은 무한성을 전제로 한다. 여름밤 하늘에 펼쳐진 별자리들에서 숭고함의 기미를 찾을 수 있는 것은 우주의 무한성을 배경으로 하고 있기 때문이다. 이보다 더 자명할 수 없는 사물로써 변기는 제 실재를 숨김없이 드러낸다. 이것은 공장에서 대량생산되는 것이다. 유일하지도 않고, 어떤 무한성이나 신비를 품지 않고 있는 그대로의 자명함을 드러낸 기성품을 밤하늘의 별자리와 견줄 수는 없다.

 사람의 생물학적 생존에 먹는 게 중요한 일이라면 배설 역시 중요하다. 입안으로 들어온 음식물은 똥과 오줌으로 나온다. 먼저 오줌에 대해서 말하자. 오줌은 용연향을 내는 맑은 황색으로 지린내라고 불리는 특유의 냄새가 있다. 일반적으로 여성은 앉아서 일을 보고 남성은 서서 일을 본다. 이것의 양은 사람마다 다른데, 물을 얼마나 자주 많이 마시느냐에 따라, 건강 상태에 따라 차이가 있다. 오줌의 성분은 주로 물이고, 소량의 요소尿素, 요산尿酸, 요산염, 염화나트륨, 소다, 석회, 마그네슘이 섞인 인산염을 함유한다. 때때로 오줌은 숨기고 싶은 비밀들을 발설한다. 마리화나나 코카인 같은 마약을 복용한 경우 오줌에 그 흔적이 나타난다. 스포츠 경기에서 일부 선수들은 신체 능력을 극대화하려고 금지 약물을 투약한다. 그것을 가려내기 위해 선수들은 시합이 끝난 뒤 도핑테스트를 의무적으로 받아야 한다. 똥은 어떤가? 고형 음식물을이 입-식도-위-소장-대장을 거치며 소화되고 남은 찌꺼기가 뭉쳐 항문을 통해 똥으로 나온다. 신체의 여러 기관을 거쳐 직장直腸에 도착한 고형물은 직장이 수축과 팽창 운동을 할 때 그 내부 압력과 무게 때문에 밖으로 밀려나간다. 소화된 찌꺼기들이 직장에 도착할 때 사람들은 배설 욕구를 강하게 느끼고 급하게 화장실을 찾는다. 좌식변기에 앉으면 아랫배의 근육에 힘을 넣어 수축하면 곧 횡격막이 닫히고 항문 괄약근이 느슨하게 열리며 성숙한 똥이 밀려나온다. 똥, 당신의 몸에서 나온 이 잉여 물질, 당신의 분신, 당신의 소화된 자아!

당신의 똥을 보여다오, 그러면 당신이 어떤 사람인가를 말해주겠다. 똥은 소화의 마지막 결과물이고, 따라서 그것은 신체의 내부 역량이 뭉쳐 만든 노작勞作이다. 똥은 우리가 무엇을 먹고 사는가를 보여주고, 신체 내부의 건강 상태를 증언하며, 결국 우리가 어떤 존재인가를 말해주는 물증이다. 똥은 사람마다 다른 형태와 농도를 갖는데 그것을 결정하는 것은 나이, 체격, 식생활 습관, 질병의 유무 따위의 요인들이다. 섬유질이 풍부한 식품을 주로 섭취하고 소화기능이 좋은 건강한 젊은 사람이 누는 근사한 똥은 굵은 가래떡 같은 형태를 갖고 황금색을 띠며 역한 냄새도 없다. "막똥, 찰똥, 묽은똥"(마르탱 모네스티에, 앞의 책)을 구별하지 않고 온갖 배설물을 끝으로 처리하는 곳이 변기이다. 그 용도가 배설과 상관되는 것이기 때문에 사람들은 변기를 더럽다고 여긴다. 이것은 정말 더러운 것일까? 똥보다 더 악취가 나고 불결한 것은 많다. 때때로 인간 내면에 깃든 사악함, 염치없음과 잔인함, 가식과 위선은 똥보다 더한 악취를 풍긴다. 어쨌든 배설 행위는 사람에게 불가결한 행위임으로 이것을 위생적으로 처리하는 시설은 문명생활을 하는 데 꼭 필요한 것이다. 한 일본작가는 이 세상의 가장 아름다운 변소로 일본의 교토나 나라의 사원에 딸린 것들을 꼽는다.

> 나는 교토(京都)나 나라(奈良)의 사원에 가서, 고풍스럽게 어둑어둑한 그러면서도 깨끗이 청소된 변소로 안내될 때마다, 정말로 일본 건축에 고마움을 느낀다. 다실도 좋기는 하지만, 일본의 변소는 참으로 정신이 편안해지도록 만들어져 있다. 그것들은 반드시 안채에서 떨어져, 신록의 냄새나 이끼 냄새가 나는 듯한 정원의 나무와 수풀 뒤에 마련되어 있고, 복도를 지나서 가게 되는데, 그 어둑어둑한 광선속에 웅크리고 앉아, 희미하게 빛나는 장지의 반사를 받으면서 명상

에 잠기고, 또는 창밖 정원의 경치를 바라보는 기분은 뭐라 말할 수 없다. 나쓰메 소세키 선생은 매일 아침 변을 보러 가는 것을 하나의 즐거움으로 꼽고, 그것은 차라리 생물학적 쾌감이라 말했다는데, 그 쾌감을 맛보는 이외에도 한적한 벽과 청초한 나뭇결에 둘러싸여, 푸른 하늘이나 신록의 색을 볼 수 있는 곳은 일본의 변소만큼 알맞은 장소가 없다. 그리고 그곳에는, 거듭 말하지만, 어느 정도의 옅은 어두움과, 철저히 청결한 것과, 모기 소리조차 들릴 듯한 고요함이 필수조건인 것이다. 나는 그런 변소에서 부슬부슬 내리는 빗소리 듣는 것을 좋아한다. 특히 간토〔關東〕의 변소에는 벽면 맨 밑바닥에 길고 가는 창문이 붙어 있어, 처마 끝이나 나뭇잎에 방울방울 떨어지는 물방울이, 석등의 지붕을 씻고 징검돌의 이끼를 적시면서 땅에 스며드는 촉촉한 소리를 한결 실감나게 들을 수 있다. 실로 변소는 벌레 소리에 새소리에 잘 어울리고, 달밤에도 또 어울리게, 사계절의 때마다 사물이 드러내는 것을 맛보는 데 가장 적당한 장소이고, 아마도 예로부터 시인은 이곳에서 무수한 소재를 얻었을 것이다. 그렇다면 일본 건축 중에서 가장 운치 있게 만들어져 있는 정취를 변소라고 말하지 않을 수 없는 것이다.

― 다니자키 준이치로,《그늘에 대하여》

똥을 분뇨의학이나 배변학의 장에서만 다루어야 한다는

것은 편견이다. 이 사물이 예술 작품이 될 수도 있다고 생각한 최초의 사람이 나타난다. 바로 마르셀 뒤샹이다. 뒤샹은 자전거 바퀴, 여행가방, 삽, 머리빗 따위를 전시대에 올려놓고 예술이라고 주장했던 인물이다. 그는 남성용 소변기를 떼내 거꾸로 엎어놓고, 거기에 〈샘〉이라고 제목을 붙였다. 뒤샹은 이 변기에 '무트 R. Mutt 1917'라고 가공의 이름을 적은 뒤 1917년 뉴욕 독립미술가협회 Society of Independent Artists의 전시회에 출품하는데 작품 '샘'은 도록에도 없었고, 다른 작품과는 달리 전시장 안쪽이 아니라 칸막이벽 뒤에 방치되었다. 사람들이 이 변기를 거들떠 보지 않았던 것은 공장에서 대량생산되는 제품을 예술 작품으로 여기지 않았던 관습 탓이다. 예술 작품이라면 작가의 번뜩이는 발상, 독창성과 창조가 있어야 하는데, 이 변기는 누구나 어디서나 살 수 있는 기성 제품이었던 것이다. 이 '변기'는 뒤샹에게 반환되지도 않은 채 방치되다가 1963년 패서디나 회고전에서 다시 대중에게 공개되었다. 뒤샹은 "흔한 물건 하나를 구입해 새로운 제목과 관점을 부여하고, 그것이 원래 가지고 있던 실용적인 특성을 상실시키는 장소에 가져다 놓은 것이다. 결국 이 오브제로 '새로운 개념'을 창조한 것이다."라고 주장한다. 뒤샹은 변기-화장실에서 변기-전시장으로 그 배치를 바꾸는 것만으로 익숙한 것을 낯선 것으로, 대량생산된 기성 제품을 예술로 바꿀 수 있다는 것을 증명해냈다. 전시회에 출품했던 '샘'의 구매자는 원작을 잃어버렸고, 뒤샹은 8개의 복제품을 선보였다.

사실 원작과 복제품 사이에 아무 차이가 없었을 뿐만 아니라 그것을 따지는 일 자체가 무의미했다. 모두 공장에서 대량생산된 제품들이었으니까. 8개의 '샘' 중 하나가 190만 달러에 팔렸다. '변기'가 '샘'으로 변신한 것은 기존의 미학 개념을 완전히 뒤집은 예술사의 발칙한 사건이다. 뒤샹은 레디메이드 오브제의 탄생 시대를 선언하고 그 시대를 힘차게 열어젖힌 작가이다. 그가 길을 열었기에 백남준도, 앤디 워홀도, 데미안 허스트도 잇달아 나올 수 있었다.

당신은 화장실에서 무엇을 하는가? 좌식변기에 앉아 배변을 하는 동안 많은 사람들이 신문이나 책을 읽으며 혼자만의 생각에 오롯하게 빠져든다. 배변 행위를 하는 동안 사람은 누구나 혼자이다. 똥을 눌 때마다 외롭다, 라고 외치지는 않았지만 나는 늘 외로웠다. 배변 행위는 누구의 도움도 얻을 수 없는, 혼자 감당해야만 하는 사건이다. 사람은 똥을 누면서 모든 사회적 관계나 우정에서 벗어나 자유로운 벌거벗음의 상태, 즉 가장 순수한 자연적인 상태로 돌아간다. 장 자크 루소는 "순수한 자연 상태란 지상에서 대다수의 인간이 가장 덜 사악하고, 가장 행복한 상태를 말한다."라고 썼다. 현대사회 속에서 바쁜 사람들은 밀폐된 공간의 좌식변기에 앉는 순간 비로소 고독한 사유 주체로서의 자신에게로 돌아간다. 어쩌면 그들은 루소와 마찬가지로 고독 속에서 자기를 향유하는 자의 행복을 발견할지도 모른다.

디도로라는 작가가 《사생아》의 서문에서 "악인은 오로지 혼자 사는 인간뿐이다."라고 썼을 때 마음이 불편했던 루소는 그것에 정면으로 반박했다. "어떤 유명한 작가는 악인만이 혼자 살 수 있다고 말한다. 하지만 나는 선한 사람만이 혼자 살 수 있다고 말하고 싶다. 이 명제는 비록 격언까지는 아니었지만, 앞의 것보다 더 진실하고 이치에 맞다. 만약 악인이 혼자 있다면, 그는 어떤 짓을 할 수 있을 것인가? 악인이 타인에게 해를 끼치기 위해 그의 계략을 꾸미는 것은 다름 아닌 사회 속에서인 것이다."(장 자크 루소,《에밀》) 당신은 누구의 말에 더 공감하는가? 루소는 악인을 타인에게 해를 끼치고 희생자를 만드는 사람으로 이해했다. 악인은 항상 타인을 필요로 한다면 악인이 되려면 먼저 타인들과 연루되는 사회적 인간이 되어야 한다. 고독 속에 고립되어 혼자 있는 사람은 그러고 싶어도 그럴 수가 없다. "악인이 되기 위해서는 희생자들이 있어야 한다. 즉 고독 속에서가 아니라 사회 속에서 살아야 한다. 만약 내가 혼자라면 설령 그러기를 바란다 하더라도 타인에게 해를 끼칠 수 없다. 바로 그렇기 때문에 고독한 인간은 선량하다."(장 자크 루소, 앞의 책) 사람은 사회적 존재이지만 배변 행위가 이루어지는 동안만은 혼자이고, 혼자로서의 고독을 기꺼이 견뎌낸다. 똥을 눌 때 나는 늘 혼자였고, 고독은 불가피하다. 똥을 눈다고 해서 똥에 대해서만 관조할 수는 없다. 우리는 혼자 있을 때 인생에 대해 관조하고, 식물학과 인생의 공허에 대해 몽상하면서 사유가 풍부해질 수 있었다. 고독이 늘 나쁜 것만은 아니다. 어떤 사람에게 혼자 있는 시간은 나 자신과 만나고 우주에 대해 사유할 수 있는 자기충족적인 시간이고, 그래서 고독이 감미롭고 사랑스러워질 수도 있는 것이다.

카메라

롤랑 바르트와 수전 손택

사진첩에 꽂힌 그 많은 사진들. 사진들 속에서 웃고 있는 사람들은 그때 그 장소에 '그것이-존재-했음'을 말한다. 사진이 실재의 재현이라면 이것은 우연성의 기계적 재생이다. 한 명민한 철학자는 이렇게 말한다. "사진이 재현시키는 무수한 것들은 단 한 번밖에 일어나지 않았던 현상이다. 즉 사진은 실존적으로 다시는 되풀이될 수 없는 것을 기계적으로 재생시킨다."(롤랑 바르트,《카메라 루시다》) 카메라로 찍은 것은 우리가 본 것, 찰나의 세계, 우연의 세계들이다. 그것들은 우리가 감각으로부터, 혹은 감각을 통하여 받아들인 것이고, 그래서 참되다고 믿은 것들이다. 하지만 이것들은 이내 사라지고, 우리는 이 대상들과 멀어진다. 그 대상들이 완전히 사라진 뒤에 우리는 감각이 우리를 속인 것이 아닌가 하는 회의에 사로잡힌다. 저 회의주의 철학자 데카르트는 말한다. 단 한 번이라도 속인 것은 믿지 마라! 우리는 그것들을 참이라고 받아들인 감각을 의심하고, 그것들이 실재했었다는 사실을 의심한다. 대상의 잔상殘像이 불러일으키는 그리움이 그 의심과 뒤섞일 때 우리는 슬퍼진다.

색 바랜 사진들은 불현듯 슬픔을 불러온다. 이 슬픔은 어디에서 오는 것인가? 사진으로 확인할 수 있는 존재와 사물들의 윤곽, 기억에서 이미 희미해진 그것들의 생생함을 되새길 때 우리는 슬퍼진다. 더구나 그 사진 속에 찍힌 인물이 오래 전에 죽은 사람일 때, 그 죽은 사람과 관련된 애잔한 추억이 있을 때 그 슬픔은 농도가 진해진다. 왜 사진을 찍었을까? 우리는 어떤 덧없는 순간들을 기록하고 기념하기 위해 사진을 찍는다. 그 순간들은 곧 사라질 것이고, 사라진 것은 다시는 돌아오지 않는다. 사라지는 피사체와 피사체를 둘러싼 빛과 순간들. 다시는 돌아오지 않는 그 피사체와 피사체를 둘러싼 빛과 순간들이 어우러져 만든 아름다움의 덧없음! 우리는 그것을 붙잡고자 한다. 붙잡을 수 없다면 어떤 형태로든지 그것을 기록하고자 한다. 왜냐하면 우리의 기억은 곧 그것을 잊어버릴 것이기 때문이다.

사진의 본질은 더도 덜도 아닌 멈춤, 시간의 얼어붙음, 죽음이다. 사진을 들여다본다는 것은 현실의 시간에서 뒷걸음질쳐서 과거 속으로 들어가는 행위이다. 이때 과거란 다시 되풀이할 수 없다는 점에서 죽음이다. 과연 죽음뿐일까? 사진은 시간과 존재의 정지라는 맥락에서 죽음이다. 동시에 살아 돌아올 수 없는 존재의 회귀로서의 생생한 삶을 겪게 한다. 롤랑 바르트는 죽은 어머니의 사진을 들여다보며 겪은 심리적 경험을 이렇게 말한다. "나도 나 자신의 삶이 아닌, 내가 사랑했던 어머니의 삶을 거슬러 올라갔다. 어머니가 돌아가시던 그해 여름에(그렇게도 피로한 얼굴에 그러나 기품 있는 자태로 우리 집 문 앞에 앉아, 나의 친구들에게 둘러싸인 채) 찍은 어머니의 마지막 영상으로부터 시작하여, 사분의 삼 세기를 거슬러 올라가, 한 소녀의 영상에 도달했다. 즉 나는 어린아이였던 어머니의 어린 시절의 '지선至善'한 모습을 강렬하게 바라본다. 분명히 나는 그때에 두 번, 어머니를 잃었다. 인생 최후의 피로에 지친 어머니와 최초의 사진, 물론 나에게는 최후의 사진으로 남아 있는 어머니를. 그럼에도 불구하고 바로 그때 모든 것이 뒤바뀌어 흡사 '어머니 자신 속에 선 듯', 어머니의 진정한 모습을 되찾은 것도 또한 그때였다."(롤랑 바르트, 앞의 책) 바르트는 한 소녀의 영상과 마주친다. 어머니의 소녀 시절 모습을 찍은 사진이다. 바르트는 그 소녀의 시간을 자신의 유년 시절로 동일시하면서 소녀를 자신의 소녀로 전유한다. 그렇게 함으로써 바르트는 어머니를 소녀로 재생시키고, 시간을 뛰어넘어서 어머니의 소녀 시대에 자신의 시간대를 일치시킨다. 그 경험으로 개체적 실존 사건인 죽음을 해결했다고 말한다. 바르트의 경험에서 볼 수 있듯, 사진은 죽음이면서 동시에 죽음에서 살아 돌아오는 삶이다.

"카메라(는) 사용할수록 중독되는 환상-기계이다."(수전 손택,《사진에 관하여》) 카메라는 사라지는 것들을 찍는다. "사진을 찍는다는 것은 사진에 찍힌 대상을 전유한다는 것이다."(수전 손택, 앞의 책) 카메라는 3차원의 현실을 2차원으로 축약하면서 그 대상을 기록한다. 사진은 대상을 전유하는 것일 뿐만 아니라 망각에 대비한 일종의 보험이다. 사람을 포함한 모든 사물은 생겨나는 순간부터 소실점을 향해 달려간다. 소실점에 가 닿는 순간 사물은 사라진다. 사진은 그 사라짐의 운명에 대한 미약한 저항

사진은 대상을 전유하는 것일 뿐만 아니라
망각에 대비한 일종의 보험이다.
사람을 포함한 모든 사물은 생겨나는 순간부터
소실점을 향해 달려간다. 소실점에 가 닿는 순간
사물은 사라진다. 사진은 그 사라짐의 운명에
대한 미약한 저항이다.

이다.

빛과 어둠, 사물, 어떤 풍경, 사람들, 순간들, 일상의 아름다움이 사진으로 남지만, 사진에 찍힌 대상들은 사라진다. 그래서 "사진은 유사-존재이자 부재의 징표이다."(수전 손택, 앞의 책) 카메라의 렌즈 안으로 들어와 있는 세계만이 존엄하고 아름답다. 렌즈 바깥으로 밀려나간 부분은 사진으로 인화할 수 없다. 사진으로 남길 만한 가치가 없이 사소하고 조잡하고 무의미하다고 내렸던 그 판단은 나중에 부주의한 것이거나 자의적인 것이라는 게 밝혀진다. 사진을 찍는 그 찰나를 스쳐가는 갈망과 취향이 판단의 핵심이다. 사진으로 남은 것과 남지 않은 것의 차이는 없다. 사진은 말한다. 어떤 순간들을, 그 순간들의 피사체들에 대하여. 하지만 카메라의 렌즈 바깥으로 밀려나간 세계는 영구 부재의 세계다. 우리는 사진을 찍음으로서 사진으로 특정한 존재와 순간들에 대한 존재 증명의 수단이 될 수도 있지만, 사진으로 남기지 못한 더 많은 시간들과 세계를 부재의 징표로 방치한다.

카메라는 총이 그렇듯 피사체를 겨냥한다. 카메라를 쥔 사람은 피사체에 조심스럽게 초점을 맞춘 뒤 방아쇠를 당기듯 셔터를 누른다. 찰칵. 그 찰나 피사체는 필름 속에서 영구적으로 정지된다. 총에 맞아 죽는 것과 같이 피사체는 필름 속에서 영구 정지되면서 죽음을 맞는다. 롤랑 바르트는 사진을 찍을 때

나는 이 셔터 소리를 유일하게 좋아했다고 고백한다. "사진가의 대표적인 기관은 눈이 아니라(눈은 나에게 두려움을 준다), 손가락이다. 손가락은 렌즈의 방아쇠, 건판乾板의 금속성의 미끄러짐과 (카메라가 건판을 사용하고 있을 때) 연결되어 있다. 나는 이 기계적인 소리를 거의 관능적으로 사랑한다."(롤랑 바르트, 앞의 책) 카메라는 아주 짧은 순간의 찰각거림으로 대상을 포획한다. 카메라는 소리를 낸다는 점에서 소리를 내는 종·괘종시계·목관악기 같은 종에 속한다. 다시 롤랑 바르트는 말한다. "카메라는 무엇인가를 보게 하는 괘종시계였으며, 나의 내부에 있는 어떤 구식 사람은 아직도 카메라에서 목관악기의 생생한 소리를 듣는다." (롤랑 바르트, 앞의 책) 카메라가 시간을 나누는 그 셔터 소리는 목관악기의 생생한 소리와 같이 매혹적이다. 카메라의 셔터가 움직이는 속도는 125분의 1초, 혹은 250분의 1초이다. 가장 빠른 셔터 속도는 8,000분의 1초라고 한다. 카메라는 그렇게 시간을 잘게 나누고, 대상에게 그 찰나를 분배한다.

예전에는 카메라가 몹시 귀했다. 전문가들이나 쓰던 물건이었던 카메라는 이제 아주 흔한 사물이다. 오늘날은 누구나 이 환상-기계를 쓰는 시대다. 디지털 카메라가 나오고 휴대전화에 카메라 기능이 장착됨으로써 사진 찍기는 거의 비용이 들지 않는다. 사람들은 아무 데서나 아무 장면이나 마구 셔터를 눌러댄다. 더러는 카페에서 자신의 얼굴을 찍기도 하고 그 영상을 재생하며 들여다본다. 우리가 보는 것은 친구, 음식, 거리의 이미지들이다. 우리는 저마다 얼마간씩은 이미지의 중독자들이다. 그저 이미지로 남아 있다가 이미지로 사라지는 사진들. 이미지의 남용은 심미적 소비주의의 확산을 조장한다. "사진을 통해서 현실을 확인하고 사진을 통해서 경험을 고양하려는 욕구, 그것은 오늘날의 모든 이들이 중독되어 있는 심미적 소비주의의 일종이다. 산업화된 사회는 시민들을 이미지 중독자로 만들어버린다. 이것이야말로 불가항력적인 정신적 오염이다. 아름다움, 표면 아래에서 무엇인가를 찾아내려는 목적, 이 세계를 구원하고 찬양하려는 태도 등을 절절히 갈망한다는 것—우리는 사진을 찍는 기쁨 속에서 에로틱하기 그지없는 이런 감정을 확인하는 것이다."(수전 손택, 앞의 책) 사진을 찍으며 경험을 고양하는 욕구가 "심미적 소비주의"에 닿아 있다는 지적은 날카롭다. 우리는 걸핏하면 사진을 찍는다. 휴대전화의 카메라 기능을 이용해서 친구를 찍기도 하고, 음식을 찍기도 하고, 거리의 모습을 찍기도 하지만 그 행위 뒤에 어떤 욕망이 움직이는가에 대해서는 무관심하다. 사진을 찍을 때, 우리의 마음에는 아름다움을 찾고 누리며, 아름다움으로 가득찬 세계를 찬양하려는 무의식의 욕망이 움직이고 있는 것이다.

텔레비전

올리비에 라작

남한강의 돌밭에서 채집한 수석壽石과는 전혀 다른 물성을 가진 사물이다. 사색의 벗도 아니다. 취향의 숭고함이나 삶의 역동성에 전혀 기여하는 바도 없다. 사람의 미적 욕망에 헌신하지도 않으며 삶을 윤택하게 만드는 데 어떤 도움도 주지 않는다. 이것은 물질문명이 낳은 생활필수품이지만 다른 한편으로 가장 비효율적인 도구이다. 그럼에도 대부분의 가정에서 이것을 사들이고 거실에 모신다. 당신의 거실 한쪽에 놓인 SAMSUNG이나 LG의 로고가 반짝거리는 텔레비전 수상기를 말하는 것이다. 이것을 잘 볼 수 있는 방향으로 거실의 가구들은 재배치된다. 이것은 거실 한쪽 벽면을 차지한다. 작동하지 않을 때 화면은 잿빛을 머금은 채 긴 침묵을 취한다. 사람들은 소파에 앉으면서 리모콘을 들고 텔레비전을 켠다. 이 잿빛을 머금은 판도라의 상자가 순간 빛으로 가득 찬 사물로 변신한다. 누군가 조명 속에서 마이크를 붙잡고 노래를 하거나, 드라마 속 어느 집 거실 풍경을 보여준다. 판도라의 상자가 빛으로 가득 찰 때 이것을 응시하는 눈동자들은 그 빛을 반사한다. "그 자체로는 아무것도 아닌, 그저 동물의 신체 일부에 지나지 않는 것이 빛을 만나 빛과 같은 신체 기관이 된다."라고 괴테는 말한다. 이 암흑의 입방체가 살아있는 신체 기관 같이 빛과 소리를 방출하자마자 마술이 일어난다. 죽어있던 사물들이 살아나고, 침묵하던 세계는 아연 활기를 띈다.

거실, 병실, 음식점, 기차역, 공항 대합실, 군부대, 절간에서도 사람들은 텔레비전을 들여다본다. 이미 문명사회 속에서 삶의 일부지만 이것의 무용함이 우리를 놀라게 한다. 이 무용함에 대해 불평하는 사람이 단 하나도 없다는 사실이 우리를 더욱 놀라게 한다. 이것을 지배하는 것은 포퓰리즘, 영웅주의, 공리론, 가짜 위안들, 식탐, 뻔뻔한 사생활 폭로, 사소한 악덕과 오류들이라는 것을 모르는 것일까? 아니면 알면서도 까발리지 않는 것일까? 이것은 "인류사를 통틀어 가장 위대한 소통 시스템"(니콜라스 존스)이지만, 인류를 생각이 없는 바보로 길들이는 상자이기도 하다. 그럼에도 우리는 여전히 이것의 충성스런 지지자다. 우리는 이것에서 먼 나라들의 이국적 풍물, 자연 생태계의 보고서, 남과 다른 삶을 산 인물의 다큐멘터리, 야구나 축구, 마라톤과 같은 스포츠 게임 중계, 가벼운 오락거리 따위에서 즐거움을 찾는다. 하지만 텔레비전은 인류에게 해악이 되는 소비를 부추기고, 자원의 낭비와 물질주의라는 악덕을 퍼뜨린다.

경제와 생활 방식이 근본적인 변화를 요청하는 이 긴급 상황에서 텔레비전은 무엇을 하는가? 텔레비전은 인류사를 통틀어 가장 위대한 소통 시스템이다. 모든 가정마다 텔레비전이 있으며, 보통 사람들은 매일 여섯 시간은 텔레비전 앞에 앉는다. 무엇을 위해서? 설탕과 고기, 술과 커피, 그리고 중독성 발암 물질에 대한 소비를 부추기기 위해서. 자동차를 비롯하여 엄청난 에너지를 삼키는 제품들을 구입하고, 모든 면에서 건강을 해치기 위해 고안한 듯한 생활 방식을 권장하고, 소중한 자원을 급격하게 낭비하고, 물질주의라는 정신병을 부추기고, 엄청난 양의 오염 물질과 쓰레기를 생산하고, 자국 내의 불공평한 부의 분배와 그 바깥에서의 비도덕적인 분배를 촉진하는 것, 이것이 텔레비전을 통해 우리가 하는 일이다.

— 니콜라스 존스(E. F. 슈마허, 《자발적 가난》)

텔레비전이 시청자들을 계도하는 숭고한 소명의식을 가져야 한다고 말하고 싶지는 않다. 이것이 참다운 인생의 길과 지표를 제시해 줄 것이라고 믿지도 않는다. 이것에서 취할 것은 약간의 오락적 즐거움과 유쾌한 유머, 휴식, 이국적 풍물, 공익 캠페인 따위 정도이다. 가능성은 무궁무진하지만 이것은 언제나 자기 역량을 엉뚱한 데 소모하고, 공공적 책임을 아무런 도덕적 고뇌 없이 쉽게 방기한다. 이것은 현대적인 의미에서 "쉬운 것, 유명한 것, 잊히지 않는 것"을 보여줘야 한다. 구체적으로는 사람과 역사, 세상의 온갖 심미적인 것들과 기분을 화창하게 해주는 것들, 즉 문학, 책, 풍속, 음식, 스포츠, 시각예술, 연극, 영화, 음악, 춤, 건축, 종교, 외국, 뇌과학, 심리학, 생물학…… 따위이다.

사생활과 스캔들을 화제 삼아 떠들 때, 그리고 자신들의 생각의 얕음, 야비함, 천박함을 폭로하는 그 하찮은 얘기들과 낄낄거림을 하염없이 들여다 볼 때 우리는 왜소해지고 비루해진다. 어쩌자고 이것을 보고 있었단 말인가? 우리는 후회를 하며 맥락 없음의 세계 속에 하나의 파편으로 흘러가는 듯 깊은 자괴감에 빠져든다. 지금 텔레비전을 지배하는 것은 시청률이다. 이것은 눈에 보이지 않는 유령이고, 반이성적인 괴물이다. "시청률, 그것은 시장과 경제의 제재방식, 즉 순전히 상업적이고 외적인 합법적 제재방식입니다. 그리고 이 마케팅 도구의 요구에 복종하는 것은, 정치에서 여론에 의한 대중 선동정치와 똑같은 문화형식입니다. 시청률에 의해 지배되는 텔레비전은 자유롭고 현명하다고 가정된 소비자들이 시장의 구속을 받도록 영향을 미치는 데 기여합니다. 시장에는 냉소적인 대중 선동가들이 믿게 하려는 현명하고 이성적인 집단 의견, 공중이 이성의 민주적인 표현이 없습니다."(피에르 부르드외,《텔레비전에 대하여》) 시청률이 절대적인 가치 척도가 되어버리니 프로그램을 만드는 사람들은 시청률을 높이려고 자극적인 아이디어를 짜낸다. 시청률이라는 우상이 나타나자 방송의 윤리적 함의나 공공적 가치의 고양 따위를 천박한 볼거리와 그 재미가 압도한다. 텔레비전은 우리가 시장의 구속을 받도록 끊임없이 영향을 미친다. 이것에서 오는 나쁜 영향을 차단하기 위해 이 시청률이라는 유령과 싸워야 한다. 우리는 거실에서 텔레비전을 치우거나, 공영방송의 시청료 징수에도 저항해야 한다.

자신들의 생각의 얕음, 야비함, 천박함을
폭로하는 그 하찮은 얘기들과 낄낄거림을 하염없이
들여다 볼 때 우리는 왜소해지고 비루해진다.
어쩌자고 이것을 보고 있었단 말인가?

우리나라의 텔레비전에서 퍼져나오는 야비하고 어리석은 웃음들이 문 닫는 자영업자들과 노동쟁의와 청년 실업과 북한 주민의 굶주림과 '88만원 세대'가 표상하는 현실의 피눈물 나는 비극들을 대체한다. 이 미디어는 웃음의 강박증에 들려 있는 게 분명하다. 웃는 것은 텔레비전 화면이다. 더 정확하게는, '1박 2일' 속의 '강호동'이었거나 '런닝맨' 속의 '유재석'이다. 이 어리석은 웃음들은 현실의 잔혹함을 가리는 가림막이다. 우리는 '강호동'이나 '유재석'의 웃음 앞에서 망연자실한 채 앉아있다. 이미지와 미디어가 지배하는 세상에 대해 남다른 통찰력을 보여준 포스트구조주의를 대표하는 문화이론가이자 탈현대적 사유의 거장으로 꼽는 장 보드리야르는 이렇게 쓴다. "미국 텔레비전에서 웃음은 그리스 비극의 합창을 대체했다. 그것은 가차 없는 것이며, 뉴스, 증권 거래 보도, 그리고 일기예보 외에는 웃음을 아끼지 않는다. 그러나 웃음은 그 강박증의 힘에 의해 레이건의 목소리나 베이루트에서의 해상 재난 뒤에서, 심지어 광고 뒤에서도 계속 들린다. 그것은 우주선의 복도를 배회하는 〈에일리언Alien〉의 괴물이다. 그것은 청교도적 문화의 빈정거리는 유쾌함이다. 다른 나라에서는, 웃는 배려는 시청자들의 몫이다. 이곳에서는, 그들의 웃음은 볼거리에 통합되어 화면 위에 운반되어 있다. 웃고 있는 것은 화면이고, 즐기고 있는 것은 화면이다. 당신은 망연자실한 채 있을 뿐이다."(장 보드리야르, 《아메리카》) 그리스 비극의 합창을 대체해버린 미국 텔레비전의 웃음들. 웃고 있는 것도 화면이고, 그 웃음을 즐기고 있는 것도 화면이다. 그 웃음소리가 모든 프로그램과 광고들의 뒤쪽에서 계속 들린다. 웃고 있는 자본과 시장의 유령들! 가난하고 힘없는 자들의 목덜미를 물어뜯고 흡혈하는 이 유령들은 노숙자와 실업자들, 굶주리는 인류, 분쟁 지역에서 죽어가는 어린애와 여자들, 지진과 태풍으로 집을 잃고 길에 나앉은 사람들, 이런 다양한 현실의 비극들과 현실의 재앙들을 비웃고 조롱한다.

동물원과 텔레비전을 견줘 그 공통점을 일일이 지적한 이는 올리비에 라작이다. 라작이 동물원과 견준 것은 리얼리티 프로그램이다.

동물원은 리얼리티 스펙터클의 가능한 모델로서 예속된 몸과 정체성과 인격을 통제하고, 생산하고, 전파하는 장치다. 그것은 감옥과 연구소와 극장을 섞어놓은 복합장치요, 다중기구다. 감옥으로서 그것은 전시된 몸들의 생활과 환경을, 공간과 시간을 제어함으로써 그들의 성향을 형성한다. 하지만 그것은 자유를 모방하면서 뒤로 감금상태를 감추고 있는 기이한 감옥이다. 감옥의 성향은 가능한 한 야성의 에토스와 가까운 제2의 자연이 되어야만 한다. 연구소로서 동물원은 생물학과 심리학과 표본들의 관계에 대한 지식을 산출한다. 동시에 그것은 다양한 기능을 가진 혼합된 지식이기도 하다. 그것은 관리 규율에 관한 지식이요, 표본들의 삶의 관리에 관한 학문적이고 수의학적이며 동물행동학적인 지식이다.

— 올리비에 라작, 《텔레비전과 동물원》

동물원은 야생을 흉내 낸 모조 자연에 동물을 풀어놓고 '전시'한다. 이것은 "감옥과 연구소와 극장"이 뒤섞인 복합장치이고 다중기구이다. 사람들은 동물원에서 "현실 스펙터클, 혹은 스펙터클 현실"(올리비에 라작, 앞의 책)을 보고 소비한다. 예를 들면 에스비에스 방송국의 '정글의 법칙'은 리얼리티 프로그램이다. 김병만과 일단의 연기자들은 아마존 정글로 떠난다. 그들은 낯선 야생의 환경에서 살아남기 위해 어떤 모험을 하는가를 생생하게 보여준다. 리얼리티 프로그램을 볼 때 우리는 동물원 스펙터클을 보는 것과 같은 정서를 체화한다. 아마존은 '전시된 자연', 곧 동물원이 그렇듯이 일종의 무대다. 아마존에서 사투를 벌이는 연기자들은 그저 동물원 스펙터클을 연기하는 것에 지나지 않는다. "동물원 스펙터클의 매력은 이질성과 야수성과 이국성의 전시에 있다."(올리비에 라작, 앞의 책) 우리는 리얼리티 프로그램에서 밋밋한 일상성에 가려진 이질성·야수성·이국성들을 엿보고 그것을 취한다. 동물원과 리얼리티 프로그램은 "보면서 보이기"라는 같은 원리로 움직인다. '정글의 법칙'을 보는 시청자들은 아마존과 멀리 떨어진 아파트 거실에서 편안하게 이것을 즐긴다. 정글은 자연이 아니라 일종의 무대장치일 뿐이다. 텔레비전이라는 미디어가 제공하는 스펙터클과 직접적이고 즉각적인 접촉은 일어나지 않는다. 우리는 안전한 곳에서 위험한 정글과 그 정글이 만드는 스펙터클을 소비하는 주체다. 이 스펙터클을 보면서 이것에 한없이 길들여지는 우리들. 이제 가려져 있던 진실을 폭로하자! 우리가 텔레비전의 주인이 아니라 거꾸로 텔레비전이 우리를 포획하고 길들이는 권력의 대리인이자 능수능란한 조련사였다는 것을!

4

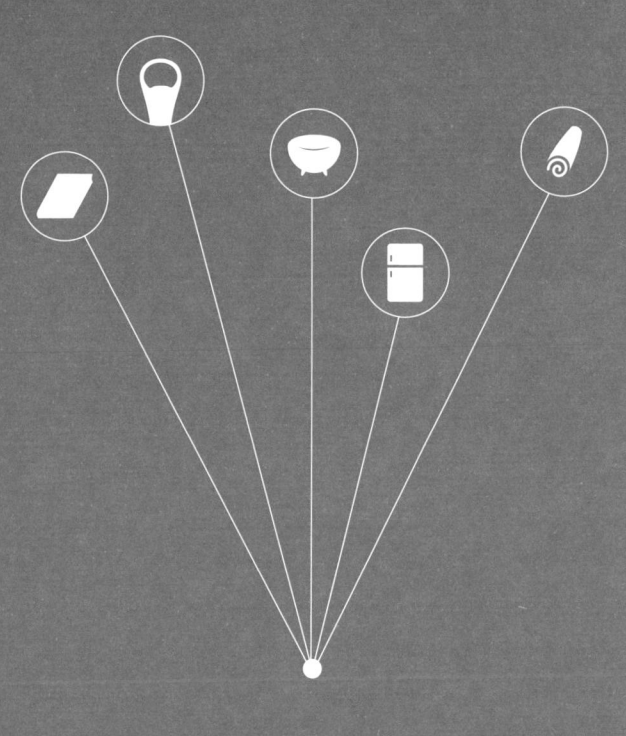

책

움베르토 에코

토트*는 고대 이집트에서 문자의 신, 지혜의 신으로 섬김을 받았다. 파라오는 토트에게 문자가 인간의 기억을 무디게 하고 결국은 없애는 악마 같은 장치가 아니냐고 따진다. 파라오의 기우는 지나친 것이었다. 인류 역사를 일별하면, 문자는 인류의 기억을 감소시키는 대신에 기억과 공존하며 풍요롭게 만드는 데 힘을 보탰다. 책은 문자로 이루어진 인류 기억의 집적체이다. 책이 나온 이래 인류의 기억과 지식은 엄청나게 확장되고, 비례하여 인류 문명은 **빠른** 속도로 번성했다.

책은 사물이고, 그 재료는 종이이다. 전지全紙 한 장을 세 번 접으면 16쪽이 되고, 다섯 번을 접으면 64쪽이 된다. 이렇게 접은 종이 여러 묶음을 하나로 묶어 실로 철하고, 여기에 표지를 씌우면 한 권의 책이 탄생한다. 책은 종이의 여러 묶음으로 두께를 갖고 입체로 변신하며, 물성物性을 갖는다. 물론 그 종이의 표면에는 문자나 그림으로 된 지식이나 기억들이 인쇄되는 것이다. 책은 표지, 속표지, 차례, 본문으로 이루어진 구조를 가진 형태이고, 그 자체로 시간과 공간을 품은 작은 우주이다. 책을 우주로 상상하는 일은 드물지 않다. 그것은 보르헤스가 처음

● 고대 이집트 종교에서 달의 신이다가 나중에 계산의 신, 학문의 신이 되었다. 문자와 필기법을 발명하고 사회질서를 만들었으며, 언어·서기(書記)·해석법을 창안했다. 아울러 여러 신들의 자문 역할도 했다. 그리스 사람들은 토트를 자신들의 신 헤르메스와 동일시했다.

으로 발견하고 퍼뜨린 보르헤스만의 독창적인 생각이 아니다. 비트겐슈타인은 《논리철학수고》에서 "세계가 존재하느냐가 신비스러운 것이 아니라 세계가 존재한다는 그 사실이 신비한 것이다."라고 쓴다. 책은 신비한 것들의 문자적 누설이다. 그것은 문자로 구현된 신비기도 한데, 왜 신비인가 하면, 책이 언표言表로서 언표 불가능한 것을 말하고 드러내는 까닭이다. 들뢰즈와 가타리는 책들은 그 안에 "갖가지 형식을 부여받은 질료들과 다양한 날짜와 속도들"을 갖고 있는 "하나의 다양체"(질 들뢰즈 · 펠릭스 가타리, 《천 개의 고원》)라고 말한다. 책, 인류의 부실한 기억력의 대체재. 이것의 세계는 《인문우주론》에서 이쑤시개에 대한 논문에 이르기까지 실로 잡다하고 조밀하다.

책의 전생은 종이이고, 종이는 나무에서 나온다. 종이는 서기 105년 후 원흥元興 원년에 중국 왕실의 관리인이던 채륜이 처음 발명한다. 채륜은 뽕나무 껍질, 삼, 넝마, 어망 등을 써서 종이를 만들었다. 이 재료들을 짓이겨 가느다란 실을 분리해내고 물과 함께 반죽하여 평평한 막 위에 펼쳐 건져 내는 방식을 썼다. 이것을 말리면 원재료의 섬유질이 촘촘하게 뒤엉킨 얇고 부드러운 종이가 되었다. 중국 왕실은 이 종이 제지술을 국가 기밀로 보호했다. 채륜 이후 2000년 동안 제지업자들은 이와 비슷한 방식으로 섬유질 성분으로 이루어진 종이들을 만들어냈다. 제지 업자들이 종이를 얻기 위해 쓴 재료들은 솔방울, 감자, 엉겅퀴, 개구리 침, 늪 이끼, 사탕수수, 조류藻類, 아스파라거스, 옥수수 껍질, 양배추 밑동, 바나나, 거름, 상아 부스러기, 생선, 먼지 따위로 실로 다양했다. 종이가 나온 뒤 책은 더 다양하고 정교한 형태를 얻게 되었다.

— 리아 코헨,《탁자 위의 세계》

다시 책으로 돌아가자. 표지는 두껍고 질긴 종이를 쓴다. 얇고 부드러운 종이를 쓰는 본문을 보호하고 책의 내구성을 높이기 위해서다. 책을 신체로 보자면 본문은 내장內臟 기관이고, 겉표지는 내장을 감싼 피부이다. 표지는 내장의 건강과 밀도가 드러나는 표면이다. 표지는 그 책이 지향하는 철학과 저자의 취향과 교양 정도를 드러낸다. 내가 책의 표지 장정裝幀을 눈여겨 보는 이유이다. 책의 표지는 그것이 감당해야 할 운명의 외시外示이다. 가장 좋은 표지는 책의 내용을 가장 덜 표현한 책, 일체의 장식성을 배제하고 단순함의 미학에 도달한 것들이다.

책을 펼쳐 보라. 책은 새처럼 좌우 양면을 날개 삼아 펼친다. 책의 펼쳐진 양면은 하늘과 땅, 남자와 여자, 물과 불, 우레와 바람이다. 아울러 책의 양면은 음양인데, 그 음양 위에 인간들이 이성과 감성이 만든 성채城砦가 세워진다. "책은 작은 존재이다. 하지만 책을 손바닥 안에 멈춘 채 정지되어 있는 것으로 생각하지 않고 움직이고 서로 대립하며 유동하고 확장하는 역동적인 그릇(容器)으로 생각한다. 그리고 풍양력豊穣力으로 가득 찬 모태母胎라고 생각한다. 다양한 힘을 삼키고 내뱉은 커다란 그릇, 커다란 항아리라고 생각한다."(스기우라 고헤이, 《형태의 탄생》) 놀랍게도 책은 고형물이 아니다. 제 안에 흐르고, 유동하고, 확장하는 역동성을 품은 말랑말랑한 사물-도구이다. 책은 커다랗고 동시에 아주 작다. 책은 팽창과 수축 운동을 하는 존재인 것이다.

책의 안쪽으로 하나의 선線이 흐른다. 하나의 흐름. 이야기와 지식이 흘러가는 선. 본문의 흐름을 보여주는 선. 문자로 기술된 것이 만들어낸 긴 선. 그보다 훨씬 더 다양한 선들. "다른 모든 것들처럼 책에도 분절선, 분할선, 지층, 영토성 등이 있다. 하지만 책에는 도주선, 탈영토화 운동, 지각 변동(=탈지층화) 운동들도 있다. 이 선들을 좇는 흐름이 갖는 서로 다른 속도들 때문에, 책은 상대적으로 느려지고 엉겨 붙거나 아니면 반대로 가속되거나 단절된다."(질 들뢰즈·펠릭스 가타리, 앞의 책) 우리가 책을 읽는다는 것은 그 선과 운동들을 따라 여행을 한다는 것이다. 놀라운 다독가이자 "마를 줄 모르는 백과사전적 지식의 창고"라고 평가를 받는 움베르토 에코는 "오늘날 책은 바로 우리의 노인이다. 우리는 미처 고려하지 않지만, 문맹인 사람(또는 문맹은 아니지만 책을 읽지 않는 사람)과 비교해 볼 때 우리가 더 풍요로운 이유는, 그 사람은 단지 자신의 삶만 살아가고 또 앞으로도 그럴 테지만 우리는 아주 많은 삶들을 살았다는 데 있다."(움베르토 에코,《책으로 천년을 사는 방법》) 누구나 책을 통해 더 많은 시간, 더 많은 삶을 살 수가 있다. 그 시간을 연장하다 보면 결국은 불사에 이를 것이다. 그래서 에코는 이렇게 썼다. "책은 생명보험이며, 불사不死를 위한 약간의 선금이다."(움베르토 에코, 앞의 책) 책읽기가 생명 보험이라니! 영원히 죽지 않으려고 지불하는 선금이라니!

책은 어떻게 지금 우리가 보고 있는 것과 같은 형태를 갖게 되었을까? 왜 책은 더 크거나 작지 않을까? 에코는 그것이 인류의 해부학적 구조와 연관이 있다는 것을 지적한다. "책의 형식은 우리의 해부학적 구조에 의해 결정되었다. 아주 커다란 크기가 될 수도 있지만, 대부분 자료나 장식 기능을 가진 것들이다. 표준 책은 담뱃갑보다 작아서도 안 되고 '신문'보다 더 커서도 안 된다. 책의 크기는 우리 손의 크기에 달려 있으며, 그 크기는 최소한 지금으로서는 변하지 않았다."(움베르토 에코, 앞의 책) 책의 형태와 크기가 오늘날과 같이 된 것은 인간의 손이 가진 크기와 구조가 결정적인 영향을 미친 결과이다. 책은 기억과 지식의 연장延長이고, 동시에 신체의 진화적 형태이다. 따라서 사람의 몸이 지금과 같은 해부학적 구조가 아니었다면 책 역시 지금과는 다른 형태가 되었을 것이다.

나는 개인 장서치고는 꽤 많은 책을 갖고 있다. 이게 자랑할 만한 일인지는 모르겠으나, 어쨌든 서가에 꽂힌 책들은 나를 뿌듯하게 만든다. 책 모으기에 아무 보람이나 기쁨이 없었더라도 그 많은 책들을 위해 돈과 시간을 물 쓰듯 썼을까? 앞으로도 나는 많은 책들을 사서 서가를 채우려고 한다. 나이가 들어 내 곁에 아무도 없을 때 이 서가의 책들을 느릿느릿 읽어나갈 것이다. 그런 상상만으로도 내 얼굴에 미소가 떠오른다. 나는 이렇게 썼다. "책읽기는 밥을 구하는 노동과 관련이 있으며, 고루함과 독단에서 벗어나는 영혼을 위한 장엄미사, 번뇌를 끊고 열반정적에 나아가기 위한 참선이기도 하다. 먼저 책읽기는 다른 무엇으로 대체할 수 없는 지적인 흥분과 열락감을 준다. 책읽기가 즐겁지 않다면, 기분을 화창하게 하지 않는다면 나는 기꺼이 책읽기를 그만둘 것이다."(장석주,《비주류 본능》, 영림카디널) 장엄미사, 참선 따위의 말들을 굳이 골라 쓴 걸 보면, 이 무렵 나는 책읽기에 어떤 종교적 신성성을 느꼈나 보다. 저 유년기에서 장년기에 이른 오늘날까지 내 무의식에 꿈틀거리는 죽음에의 두려움이 번쩍 하고 떠오른다. 책읽기는 그 두려움에서 벗어나려는 무의식의 욕망이 추동한 것은 아닐까? 유년기에 나는 이미 죽음이라는 형이상학적 사유에서 촉발된 물음의 연쇄 속에 있었다. 생명은 어디에서 와서 어디로 가는 것인가? 왜 나는 저기가 아니고 지금 여기에 있는가? 왜 나는 무無가 아니고 말하며 생각하는 존재인가? 우주는 지적 설계로 나온 것인가? 우주는 오메가 순간, 즉 거대한 종말을 향해 가고 있는가? 우주 종말 뒤에 나는 여기가 아니라 어디에 있을까? 무로 돌아간다면 무란 무엇인가? 그 물음의 연쇄들이 거센 힘으로 등을 떠밀어 책을 향하게 했다. 실제로 나는 여러 도서관과 무수히 많은 서점들을 떠돌며 책들을 섭렵했다. 일찍이 책이 삶의 시간들을 겹으로 살게 하고, 삶의 시간을 연장한다는 사실을 나는 깨달았다. 이 조숙과 영악함은 불행일까, 행복일까?

화로

가스통 바슐라르

시골 집에 무쇠로 된 화로火爐가 하나 있었다. 겨울에는 그 화로에 불이 붙은 벌건 숯을 담아서 난방기구로 썼다. 그 화로 앞에서 나는 편안했다. 나는 얼마나 자주 화로의 불이 초대하는 몽상에 빠져들곤 했던가. "화로 안에 갇힌 불은 아마 인간에게 몽상의 첫 주제이고 휴식의 상징이며 휴식으로 부르는 초대였다. 불타오르는 장작을 앞에 둔 몽상 없이는 휴식의 철학을 이해할 수 없을 것이다. 따라서 우리가 생각하기에 불을 앞에 둔 몽상을 빼는 것은 불의 진실로 인간적인, 그리고 최초의 효용을 잃는 것이다."(가스통 바슐라르,《불의 정신분석》) 화로는 이동식 아궁이다. 아궁이는 취사와 난방을 위한 장치이다. 붙박이 화로이고, 화덕인 아궁이는 전통적인 부엌의 구심점이다. 아궁이는 어린 시절을 시골에서 지낸 사람에게는 매우 친숙한 곳이다. 시골의 집들은 어느 집이나 빠짐없이 부엌에 아궁이들을 두고 있었다. 아궁이 안쪽으로 짚이나 나무를 밀어 넣으면 선홍색의 탐스러운 불꽃이 타오르고, 그 불에서 나오는 열기로 솥에서는 밥물이 끓어 넘치며 밥이 익어갔다. 불길은 고래를 타고 늠름하게 흘러가며 구들을 뜨겁게 달군다. 외할머니는 다른 볼 일을 보기 위해서 아궁이의 불을 내게 맡기곤 했다. 불꽃은 짚을 한 단씩이나 삼키고 난 뒤 마른 장작을 야멸차게 거머쥔다. 동백꽃보다 더 붉은 선홍색 불꽃은 탈 수 있는 것이라면 무엇이든지 집어삼킨다. 불은 열기의 확장인 동시에 고요의 범람이다. 불은 타오르며 갖가지 형상으로 변신한다. 때로는 만개한 꽃으로, 때로는 포효하는 동물로. 하지만 불꽃은 벙어리이고 귀머거리다. 불꽃은 오직 타오르는 것에만 집중한다. 나는 아궁이 앞에 앉아 너울대며 춤을 추는 불꽃을 바라볼 때 행복했다.

소년의 눈동자 속 홍채에서 불꽃이 비친다. 어둑한 부엌을 밝히는 것은 아궁이 속의 불꽃이다. 불꽃 앞에서 나는 마음이 고요해지고, 그 고요 속에서 알 수 없는 기쁨이 차오르곤 했다. 불꽃이 준 기쁨은 내가 아직 경험하지 않은 은밀한 쾌락과 희열에 대한 기대에서 비롯되었다.

> 불꽃의 관조는 하나의 근원적인 몽상을 영속화시킨다. 그것은 우리를 세계로부터 떼어놓으며 몽상가의 세계를 확장시킨다. 불꽃은 그 자체만으로도 위대한 현전現前이지만, 그것의 옆에 있으면 우리는 멀리, 너무도 멀리 꿈꾸게 된다. '우리는 몽상 속에서 길을 잃는다.' 불꽃은 자신의 존재를 유지하기 위해 투쟁하면서 작고 연약한 모습으로 거기 있다. 그래서 몽상가는 자신의 존재를 상실하고 크게, 너무도 크게 꿈꾸면서—세계에 대해 꿈꾸면서— 다른 곳으로 꿈꾸러 간다.
>
> ― 가스통 바슐라르, 《촛불의 미학》

불꽃 앞에 있던 소년에게는 부와 물질에 대한 욕망도, 그 욕망이 일으키는 공포도 없었다. 다만 지금 사는 곳 너머에 또 다른 세상이 펼쳐질 것이란 기대로 가슴을 설레는 소년의 순수 영혼만이 있었다. 불꽃이 미치는 영향의 범주 안에서 자아의 범주도 경계가 그어진다. 불꽃은 우리를 따뜻하게 감싸며 환대하고 갖가지 몽상으로 인도한다. 불꽃은 전생과 현생 사이에서 타오른다. 그런 까닭에 불꽃은 몽상의 깃털이라고 할 수 있겠다. 지금 생각해보니 몽상은 철학적 사유의 씨앗이다. 아궁이 속에서 나오는 불의 온기와 따뜻한 빛은 삶에 대한 낙관주의로 이끈다. 불꽃은 불쏘시개를 더 이상 넣지 않으면 서서히 기세를 죽이고 꺼져간다. 먼저 식은 쪽은 잿더미가 되고, 잿더미 안쪽에서는 여전히 불꽃이 남아 있다. 가을에는 불꽃을 품은 잿더미 속에 감자나 고구마 따위를 넣어 굽는다. 구들장 밑으로 낸 고랑으로 불길과 연기가 흘러간다. 그것들은 바깥에 있는 굴뚝으로 빠져나간다. 방고래로 흘러가는 불길이 방구들을 뜨겁게 달군다.

야생에서 온 불은 사람의 손길에 붙잡혀서 길들여진다. 사람을 불을 장악하고 지배하기 시작했다. 집 안으로 들어온 불이 자연을 바깥으로 밀어냈다. 불은 집을 공동생활의 중심으로 만드는 매개체가 되었다. 집안에서의 휴식과 노동, 놀이는 불이 있는 곳을 중심으로 이루어진다. 150만 년 전에 출현한 호모 에렉투스는 최초로 불을 썼다는 고고학적 증거를 남겼다. 불은 빛과 열기의 근원이다. 처음 인류는 추위와 어둠을 피해 불 주위에 모였을 것이다. 불은 인간들을 끌어당기는 중심이 되고, 인간 생활에서 새로운 구심점이 되었다. 불로 요리하기는 인류의 삶과 의식을 바꾼 놀라운 전환의 변곡점이 된 사건이다. 날것의 것들을 불로 조리해서 먹기 시작하자 인류 내부에서 여러 의미 있는 변화가 생겨났다. "조리를 통해 음식물의 가치가 높아지자 음식물은 단순한 영양원이 아니었고, 훌륭한 가능성이 새로 열렸다. 식사는 희생의 공유·친목·의식의 장이 되고, 불이 가져오는 신비한 변화의 계기가 되기도 한 것이다."(Felipe Fernandez-Armesto, 《Near a Thousand Tables: A History of Food》) 오로지 인간만이 불을 피우고 쓸 줄을 안다. 인간이 불을 자유자재로 다루는 기술을 익히자 문명진화의 속도는 빨라졌다. 불로 익힌 음식들은 인체 내에서 에너지 섭취 효율을 획기적으로 드높였다. 불이 먼저 음식을 익혀냄으로써 인간은 소화라는 중노동에 대한 부담을 어느 정도 줄일 수 있었다. 불로 익힌 음식들이 일으킨 변화는 그뿐만이 아니다.

여기에서 빠지지 않는 것은 재료들을 용해시키거나 응고시키고 결합시키거나 분리시켜 프라이팬 바닥에 제 모습을 드러내도록 만드는 불의 요소다. 재료들의 결합과 분리는 연금술, 화학, 요리 기술에서뿐만 아니라 앞으로 살펴보겠지만 철학의 본질적인 특징이기도 하다. 부엌의 초보자들에게 스튜 요리가 언제 완성되는지 설명하는 매우 간단한 방법이 있다. 그것은 식용유와 토마토(당연히 생과일이 아니라 통조림에서 꺼내 잘게 자른 것이거나 으깬 것이다)를 먼저 냄비에 집어넣고 끓이는 과정에서 이것들이 합쳐졌다가 다시 분리되는 신비로운 순간이다. 식용유와 토마토가 서로 분리되면 나는 부엌의 마술을 배우는 아들에게 요리가 다 되었으니 불을 끄라고 말한다. 이와 반대로 재료들이 결합하는 예는 아들이 특별히 잘 만드는 크레이프를 위한 반죽이다. 아들은 열 살이 채 되기도 전에 얇고 부드러운 팬케이크를 구워낼 줄 알았다. 하지만 아들은 달걀, 밀가루, 우유가 들어간 반죽을 적어도 두 시간 동안 가만히 내버려두지 않으면 크레이프 요리가 실패하게 되리라는 것을 알고 있다. '요리 기술은 마술과 연금술에서 직접적으로 유래한 것이다. 그리고 굴뚝을 타고 올라가는 연기, 불, 증기 등은 세계의 재료가 부글부글 끓고, 응고되거나 풀어져서 변신을 통해 세계를 변화시키는 현장인 동굴과의 연결을 위한 상징이다.'(프랑코 라 체클라,《파스타와 피자》) 다시 말해서 부엌은 음식이 끓고 음료가 발효하며 연금술과 같은 기능을 지닌 요리사가 이것들을 손으로 매만지는 연금술사의 동굴이다. 요리를 하는 것은 사물들을 값진 물질, 즉 현자들의 돌인 금 또는 정선된 음식으로 변신시키는 꿈의 실현이다.

— 프랑체스카 리고티,《부엌의 철학》

부엌이 연금술사의 동굴이 될 수 있었던 것은 불을 품었기 때문이다. 인류는 불로 음식들을 끓이고 익혀 먹으면서 야생의 때를 벗고 문명화의 국면으로 접어든다. 인류가는 불을 독점적으로 지배하게 되자 다른 동물과의 경쟁에서 확실한 우위에 설 수 있었다. "토지의 개간과 요리와 불이 가져다주는 안전성과 쾌적성, 이 세 요소는 인류가 불을 독점하게 한 계기가 되었다고 볼 수 있다. 그리고 이 세 요소야말로 불이 인간의 보편적 속성이라는 것의 의미를 가장 잘 말해 준다."(오쓰카 노부카즈,《호모 이그나스, 불을 찾아서》) 아궁이는 불의 모태, 불의 자궁이다. 아궁이가 자궁이라면 불은 자궁을 채운 양수에 떠 있는 아기와 같이 평화스럽다. 산업화 이후 주거공간이 아파트로 바뀌며 아궁이들이 사라진다. 이제 아궁이들은 멸종 위기에 몰린 동물이나 마찬가지로 찾아보기 힘들다. 대부분의 사람들은 아궁이들과 아무 상관이 없는 삶을 산다. 그로부터 불은 다른 사물 속으로 숨고 우리에게서 아주 멀어졌다. 아궁이가 사라짐으로써 더 이상 불은 우리의 정서생활에 예전만큼 깊이 관여하지 않는다.

일본의 화로는 오래 전 옛날에 한반도에서 건너간 대륙인들이 가져간 부뚜막과 아궁이에서 비롯된 것이다. 화로는 집안사람을 결속하게 할 뿐만 아니라 집안의 취사·조명·난방 문제를 해결했다. 일본인의 민속에서 불은 양의성을 띤다. "불은 그 자체가 광명과 연소·정신과 물질·창조와 파괴·결합과 분리 등 양의성을 띤 것이고, 새로운 것과 낡은 것·깨끗함과 불결함·신과 인간·이계와 현세 등 서로 다른 두 항 사이의 매개 작용을 하는 것이다."(오쓰카 노부카즈, 앞의 책) 불은 전혀 다른 두 세계 사이에서 매개 작용을 한다. 아궁이가 없는 부엌들은 아가미가 없는 물고기들이다. 부엌의 불들은 차가운 시스템 속에 갇혀 관리된다. 아궁이는 가스레인지로, 호롱불은 형광등으로 대체되고, 불은 열기가 없는 차가운 불이 되었다. "극히 격렬한 불이 겉보기에 더없이 차갑게 보이는 물체들의 마찰에 의해 한순간 탄생할 수 있다는 사실이야말로 '자연'의 가장 위대한 기적들 가운데 하나임이 분명하다."(가스통 바슐라르, 앞의 책) 기적에서 멀어지자 내 몽상의 부피는 현저하게 줄고, 세계를 더 이상 깊이 신뢰할 수도 없게 되었다. 아궁이가 없는 부엌들에 기대어 살게 되면서 소년시절의 행복은 마침표를 찍었다. 나는 세상의 아름다움을, 우정을, 사람들이 진실이라고 주장하는 것들을 더는 믿지 않았다. 내 영혼이 급격히 퇴락하기 시작했던 것도 그 무렵이다.

사과

스티브 잡스

일요일 저녁의 우울함에 대해 어떻게 설명할 수 있을까. 오후 4시까지는 괜찮았다. 모든 사물들은 제자리에 있었고, 내 주변에 모호한 낙관주의가 여전히 남아 있었다. 오후 6시가 되자 그 모든 것은 사라졌다. 나는 평생을 회교 성지의 관리인으로 덧없이 늙어버린 사람 같은 기분이 되었다. 내 얼어붙은 영혼은 어떤 신도, 심지어는 평생을 바쳐 봉사한 회교의 신조차도 더는 나를 감싸지 않는다고 느꼈던 것이다. 사위는 어두워졌다. 어디로도 도망갈 수 없고, 삶을 다른 무엇으로 바꿀 수 없다는 사실이 명백해졌다. 나는 사방에서 부풀어 오르는 무無에 포위되었다. 어쩔 수 없는 일이었다. 아주 오래된 나무에 머리를 기댄 적이 있는 사람이 할 수 있는 것은 한껏 우울해지는 수밖에 없다. 책을 읽는 것도, 텔레비전의 개그 프로그램을 시청하는 것도 내키지 않는다. 영혼을 잠식하는 진퇴양난은 인생이 흔히 부닥치는 난관이 아닌가!

이럴 수도 없고 저럴 수도 없을 때 나는 사과를 먹는다. 냉장고의 청과물 박스에 있는 사과를 꺼내 깎는다. 붉은 껍질이 벗겨져나가며 사과의 껍질에 가려져 있던 탐스러운 미색의 과육이 드러난다. 그 과육을 한입 베어 문다. 씨방을 중심으로 살이 붙은 과육은 차고 단맛이 깊다. 이 과육이 이빨에 으깨질 때 아삭하는 소리가 우울감을 경미하게나마 경감시켜 준다. 바닷물을 스푼으로 떠낸 만큼이나 극소의 양이지만, 중요한 건 양이 아니라 우울감이 감소로 돌아서며 흐름이 반전되었다는 사실이다. 나는 안심한다. 내게 사과는 기분을 즐겁게 만드는 화조풍월花鳥風月과 같은 사물이다.

　　소백산맥을 끼고 있는 지역에서 나는 사과들이 맛이 좋다. 대표적으로 영주 사과들이 과육이 단단하고 당도도 높은 편이다. 지난 가을 충주에 사는 박등 씨가 충주 사과 한 박스를 선물로 보냈는데, 아껴가며 달게 먹었다. 그 풍미가 영주 사과보다 뒤지지 않았다. 충주 사과의 재발견이라고 할 만한 사건이었다. 겨울철이 뚜렷한 지역에서 나오는 사과의 풍미가 좋지만 추위가 심하면 사과가 냉해를 입어 익기 전에 떨어진다. 지구에서 가장 널리 재배되는 과수 중의 하나인 사과나무의 원산지는 남·북반구 온대지역이고, 여기에서 각각의 대륙으로 퍼져나갔다. 유럽인이 아메리카 대륙을 발견하기 이전에 이미 유럽에는 사과 품종이 수백 종에 이르렀다. 유럽인들이 북아메리카로 이민을 가면서 사과도 함께 따라갔다. 사과는 품종이 수천 가지나 되니 그 품종과 생육 환경에 따라 크기나 색깔, 신맛이나 단맛의 정도도 달라진다. 사과는 구형球形이고, 크기는 야구공 만하다. 표면 색상은 노란색도 있지만 붉은 게 많다. 사과 과육의 주성분은 탄수화물이다. 단백질과 지방은 미량이고, 비타민 씨와 무기염류는 풍부하다.

사과는 인류학적으로 여러 상징성을 가진 과일이다. 오래된 신화에서 사과는 금지된 것과 욕망 사이에 있다. 금지된 것을 위반함으로써 영생불멸의 삶은 반몽半夢이 되고, 반몽 속을 헤매다가 그 존재는 영원히 검은 밤과 하계下界로 전락한다는 신화는 인류 공통의 것이다. 아담스 애플은 목울대가 있는 목구멍의 한 가운데 방패연골(갑상연골이라고도 한다)이 바깥으로 튀어나온 신체 부위를 가리킨다. 사춘기를 넘은 남자들의 목에 융기하는 이것이 신체 내에서 어떤 기능을 수행하는지를 알지 못한다. 남자들에게만 나타나는 2차 성징性徵의 한 편극偏極이지만 수컷들의 성적 취향과 무관하다. 아담이 이브가 건넨 사과(선악과)를 먹다가 목에 걸렸고, 이것이 고착되어 아담스 애플이 생겼다고 한다. 이 창세기의 신화에 따르면 사과는 금지된 것이다. 이 금지를 위반함으로써 인류는 씻을 수 없는 죄를 지었고, 이 원죄에는 형벌이 따랐다. 사람은 평생을 땀 흘려 수고해야 하는 노동의 짐을 지게 되고, 결국은 소멸하여 흙으로 돌아가게 되었다. 신은 독생자를 저 중동 지방에 사는 한 목수의 아들로 태어나게 해서 대속代贖의 의례를 치르도록 했다. 아담스 애플은 신이 만든 것인가, 아니면 금지된 것을 위반한 자의 후회와 비탄이 굳어진 것일까? 인류는 사과 하나를 잘못 삼킴으로써 삶과 죽음 사이에서 영원히 억류된 운명에서 벗어나지 못하게 되었다. 아담스 애플은 평생 노동과 죽음의 형벌 앞에서 절망으로 비탄하면서 몸부림치는 인간들이 신에게 바치는 상소上疏로 인해 생긴 상처가 그대로 굳어서 남은 흔적은 아닐까?

사과는 물리학과 동화, 회화와 현대 기업의 브랜드 이미지 속에서도 독특한 자리를 차지한다. 아이작 뉴턴Isac Newton의 사과가 있고, 폴 세잔Paul Cezanne의 사과가 있고, 스티브 잡스Steven Paul Jops의 사과가 있다. 뉴턴은 정원을 산책하다가 사과가 떨어지는 것을 보고 만유인력에 대한 착상을 떠올렸다. 사과가 땅으로 떨어지는 것은 당연한 일이지만 뉴턴은 그 당연한 사실을 당연하게 여기지 않고 사과는 왜 항상 땅으로만 떨어지는가 라고 질문을 던졌다. 그 질문을 스스로에게 던져놓고 생각하는 도중에 '중력의 개념'을 떠올렸다. "사과는 왜 항상 땅으로만 떨어지는가? 왜 그것은 옆으로 혹은 위로는 가지 않는가? 아마도 땅이 그것을 끌어 잡아당기기 때문일 것이다. 그리고 그 끌어 잡아당기는 힘[引力]의 총화는 아마도 지구의 중심에 있을 것이다. 사과가 항상 수직으로 중심을 향해 떨어지는 것에서 그것을 알 수 있다. 그것이 사실이라면 떨어지는 속도는 물질의 양에 비례할 것이다. 그러므로 땅이 사과를 끌어당기는 만큼 사과도 또한 땅을 끌어당긴다."(윌리엄 스터클리, 박정자의 《이것은 Apple이 아니다》에서 재인용) 뉴턴의 예에서 알 수 있듯이 모든 물음은 이미 그 물음 속에 대답을 품는다. 세잔은 사과를 그린 여러 점의 그림을 남겼다. 접시 위에 담겨 포개져 있는 사과들은 일견 평범해 보인다. 세잔의 정물화 속 사과는 선과 색채의 가시물可視物로서 꿋꿋하고 의연하다. 세잔은 빛에 의해 일그러지고 찰나에 따라 수시로 여러 인상으로 바뀌는 이 가변적 사물에 확고한 형태를 부여하고 구형球形의 형태가 갖는 본질적 아름다움을 끌어낸다.

사과는 도구-사물일까? 이것은 도구-사물이기보다는 식물계에 속하는 현존에 더 가깝다. 스티브 잡스가 설립한 기업 '애플'의 사과 심벌을 보고 누군가는 '썩은 사과'라고 했고, 애플은 '썩은 부분을 도려낸 사과'라고 반박한다. 잡스가 '애플'을 창업할 무렵 사과 농장에서 일한 적이 있는데, 그때 사과 심벌을 기업의 로고로 쓸 착상을 했다고 한다. 잡스는 미혼모의 아들로 태어나 입양아로 자라났고, 히피 세대의 방랑을 거쳤다. 대학을 중퇴하고 선불교에 빠지고 채식주의를 실천했다. 장발에 맨발, 그리고 샤워를 하지 않아 악취가 났던 잡스는 괴팍하고 고집스러운 사람이었다. 1974년 가을 실리콘밸리로 돌아온 잡스는 고등학교 친구 스티브 워즈니악을 다시 만난다. 컴퓨터회사에 다니던 워즈니악은 컴퓨터 연산제어장치(로직 보드)를 설계하고 있었다. 잡스는 워즈니악에게 사업을 시작해 보자고 제안했다. 개인용 컴퓨터 시대가 열릴 것을 미리 내다보는 혜안을 가졌던 잡스에 의해 '애플'이 탄생한다. 1981년 '애플'은 주식 공모에서 신기록을 세우고, 1983년 가장 짧은 시간 내에 《포춘Fortune》지가 뽑는 미국의 500대 기업에 든다. '애플 신드롬'은 잡스의 뛰어난 인문학적 통찰력이 그 시작점이다. 그는 인문학에 바탕을 둔 직관과 예지, 그리고 크리에이티브로 사물에 새 미학적 가치를 불어넣는다. 손 안에 들어오는 스마트한 디지털 기기 하나로 멀티미디어 시대의 인류의 생활양식과 문화 패턴을 바꾸는 혁명을 불러온 것이다. 그가 "다른 사람의 소리가 여러분 내면의 진정한 목소리를 방해하게 하지 못하게 하세요. 그리고 가장 중요한 것은 당신의 마음과 직관의 목소리를 따르는 용기를 갖는 것입니다. 이미 마음과 직관은 당신이 무엇을 원하는지 알고 있습니다. 나머지 것들은 부차적인 것일 뿐입니다."라고 말할 때 그는 물건을 제조해서 파는 기업인을 넘어선다. 그는 현대 물질 사회에서 인간의 욕망과 무의식을 꿰뚫어보는 영적 통찰을 가진 구루에 가깝다. "묘지에서 가장 부유한 사람이 되는 것은 나에게 중요하지 않습니다. 잠자리에 들면서, 우리가 뭔가 멋진 일을 해냈다고 이야기하는 것, 그것이 나에게 중요합니다. 당신이 하는 일은 삶의 큰 부분을 차지할 것입니다. 진심으로 만족하는 길은 자신이 생각하기에 멋지다고 생각하는 그 일을 하는 것입니다. 아직 못 찾았다면 계속 찾으십시오. 찾고 나면 깨닫게 됩니다. 그때까지 멈추지 마십시오." 그는 좋은 삶이란 끝없이 갈망하는 것, 자신이 만족하고 멋지다고 생각하는 그 일에 매진하는 것이라고 말한다. 그것을 아직 못 찾았다면 계속 찾으라고 독려한다. "내가 곧 죽을 것임을 기억하는 것은, 내가 중요한 결정을 내릴 때 가장 도움이 되었던 도구입니다. 왜냐하면 외부의 기대, 프라이드, 부끄러움, 실패 등은 죽음 앞에서 모두 무의미해지기 때문입니다. 언젠가 당신이 죽을 것이라는 걸 기억하면 무언가를 잃을까봐 두려워하는 덫에 빠지지 않습니다. 이미 당신은 발가벗었습니다. 당신의 마음을 따르지 않을 이유가 없습니다." 죽음이란 삶이 만든 최고의 발명품이고, 선택을 위한 도구라고 말할 때 스티브 잡스는 기업가가 아니라 철학자의 모습을 드러낸다. 이전에는 볼 수 없었던 새로운 유형의 기업인인 그는 제품의 디자인과 모티브에 혁신을 불어넣으며 아이티IT의 역사를 새로 썼다. 그는 기업가를 넘어서서 어떻게 살아야 할지에 대한 진지한 탐색을 보여준 인문학자, 방황하는 영혼에게 가야 할 길을 가리키는 현대의 구루가 아니었을까?

병따개

에피쿠로스

사물의 범주는 넓다. 사르트르는 사물의 범주를 한껏 넓혀 베토벤의 제7교향곡을 가리켜 "그것은 하나의 사물이다"(장 폴 사르트르,《상상적인 것: 상상력에 관한 현상학적 연구》(한국어판《사르트르의 상상계》))라고 말하였다. 사물의 개념을 물성을 구현한 물건들로 축소한다면, 사르트르의 말은 수정되어야 마땅하다. 사물과 사물이 아닌 것의 범주와 그 경계는 모호하다. 사물들은 관념과 추상이 아닌 것들, 즉 볼 수 있고 만질 수 있는 것들, 자연적인 것과 인공적인 것들, 무생물, 다양한 물건과 도구들을 포괄한다. 사물들은 도구적 성질을 갖고 있다. 따라서 세계 안에 있는 거의 모든 사물들은 사물-도구들이다. 사물들은 삶의 세계 속으로 들어와 자아의 일부가 되고, 삶의 바깥에서 심오함을 뽐내기도 한다. 셰리 터클은 삶에 관여하는 정도와 형식, 시간의 지속성 여부에 따라 사물을 디자인과 연주의 사물들, 훈련과 욕망의 사물들, 역사와 교류의 사물들, 변화와 이동의 사물들, 애도와 추억의 사물들로 가른다.(셰리 터클,《내 인생의 의미 있는 사물들》) 이 분류는 타당하다. 사물들은 삶을 공간으로 확장한 것이고, 자아를 시간적으로 연장한 것이기 때문이다.

자, 이 사물은 무엇일까? 쇠붙이로 된 작은 지렛대. 아무리 뜯어봐도 포식자의 무기는 아니다. 병의 주둥이를 막은 금속 뚜껑을 따는 것으로 용도가 한정되어 있는 이것. 그다지 존재감이 없으니 종종 사라진다. 존재감이 없기 때문일까? 이것이 사라진다고 슬퍼할 사람은 없다. 사람들은 꼭 필요한 순간에 사라진 이것을 찾느라고 허둥댄다. 싱크대의 서랍 밑바닥에서 이것을 겨우 찾아냈을 때의 안도감이라니! 이것은 선량하지도 않지만 인간 내면의 악과 어떤 관련도 없다. 이것은 익숙한 관습 속에서 제 기량을 뽐낸다. 일체의 기능적 잉여를 생략해버린 견고한 단순함은 여러 기능들의 낭비적 나열에 대해 거두는 찬란한 승리의 징표이다. 나는 보건 관리 목적을 위한 표준 분류 따위에서 성큼 벗어나 있는 이것의 도구적 단순성이 정말 마음에 든다. 본질의 단순함에서 금욕주의와 한통속이다. 그 형태적 단순함은 항상 잉여를 절제할 수 있다는 신뢰를 얻는다. 이 단순함 때문에 아종·변종·이형의 출현 가능성도 그만큼 적다. 지금 나는 병따개에 대해서 말하고 있다.

갑자기 날이 더워진다. 땀이 났다. 외출에서 돌아와 냉장고에 들어 있던 병에 담긴 맥주를 꺼낸다. 맥주가 가득 든 병의 뚜껑을 따야 한다. 병따개가 보이지 않는다. 싱크대의 서랍 속에 없다. 분명히 어딘가에 있을 것이지만 아무리 찾아도 병따개는 나타나지 않는다. 그토록 흔한 것, 하찮은 것이 눈에 띄지 않는다는 사실에 화가 치민다. 결국 나는 의외의 장소에서 병따개를 찾아냈다. 그것은 아이의 방에서 나왔다. 아마 아이가 쓰고 제 방에 그대로 두었을 것이다. 병에 든 음료수를 마시려고 주둥이를 막은 뚜껑을 분리하는 일은 병의 목을 따는 것이다. 피도 눈물도 없는 자객刺客의 일이다. 병의 주둥이를 꽉 물고 있는 금속 뚜껑을 여는 일은 순식간에 이루어진다. 퍽, 하는 소리와 동시에 병의 뚜껑은 몸통에서 분리되고, 병의 몸통 속에 밀봉되어 있던 액체와 비밀이 거품을 뿜어낸다. 이 분리의 찰나에 무두인無頭人이 탄생한다. 아무 데나 함부로 나뒹구는 저 금속조각들. 저 뚜껑들이 무두인의 머리들이다. 해결사들은 서둘러 돌아간다. 병의 따개와 뚜껑의 세계는 엽낭게와 사생활과는 어딘가 다를 것이다.

이 투명한 황금빛을 띤 액체, 차고 씁쓸하고 약간의 알콜이 함유된 액체가 몸 안으로 흘러든다. 맥주의 첫잔은 놀라운 쾌락으로 더위에 지친 몸을 깨운다. 갈증으로 지친 세포들이 입술을 벌린 채 제 내부에서 울려나오는 그르렁거리는 소리를 들려준다. 목구멍으로 넘긴 액체는 우리의 본능적인 욕망에 즉각적으로 응답하는 "가짜 꿀, 차가운 태양"(필립 들레름, 《첫 맥주 한 모금 그리고 다른 잔잔한 기쁨들》)이다. 액체로 변신한 식물, 발효라는 화학을 거쳐 꽃으로 활짝 피어나는 물. 무게를 전혀 갖지 못한 거품이 입술에 달라붙는다. 하얀 거품들은 이 액체가 만든 꽃잎들이다. 입술을 적시고 입천장을 차갑게 스쳐 목구멍으로 넘어간 맥주 첫잔은 넘치는 기쁨을 일군다. 맥주를 마신 것은 잘한 일이다. 이것이 일군 기쁨은 권태로움의 고통을 삼키고, 고뇌가 만든 동요들을 가라앉힌다. 그러나 맥주 첫잔이 만든 기적은 금

병의 주둥이를 꽉 물고 있는 금속 뚜껑을 여는 일은
순식간에 이루어진다. 퍽, 하는 소리와 동시에
병의 뚜껑은 몸통에서 분리되고, 병의 몸통 속에
밀봉되어 있던 액체와 비밀이 거품을 뿜어낸다.
이 분리의 찰나에 무두인無頭人이 탄생한다.

방 사라진다. 몸 안에서는 새 몇 마리가 날개를 퍼덕거린다. 맥주는 몸 안으로 들어와서 피와 뒤섞이고 체온으로 덥혀져서 새로 변신한 것이다. 새들의 날갯짓은 죽어가는 사람의 맥동처럼 희미하다. 우리는 이 모든 기적이 병따개로부터 시작되었다는 사실조차 어느새 잊는다.

병따개를 손에 들고 들여다본다. 1억 5000만 킬로미터 떨어진 위치에서 태양 둘레를 도는 지구라는 푸른별에서 사는 삶은 도구들의 세계 속에서 비로소 완전해진다. 물론 병따개가 없다고 맥주를 마실 수 없는 것은 아니다. 보라, 이것은 먹고 마시는 쾌락의 오묘한 세계로 가는 데 필요한 열쇠다. 먹고 마시라! 그 기쁨에 취하라! 병따개를 들여다보다가 한 철학자를 떠올린다. 대체로 철학자들은 금욕주의를 강조하고 쾌락을 멀리 하라고 가르쳤지만, 기원전 341년 소아시아 서쪽 해안에서 몇 킬로미터 떨어진 사모스라는 섬에서 태어난 철학자는 달랐다. 에피쿠로스는 행복에 필요한 것들을 세 개의 범주로 나눈다. 자연스럽고도 필요한 것으로 우정, 자유, 사색, 의식주를 들고, 자연스럽기는 하지만 필요하지 않은 것으로 좋은 집, 개인용 목욕 시설, 연회, 하인, 생선·육류를 들고, 자연스럽지도 않고 필요치도 않은 것으로 명성과 권력을 들었다. 행복은 물질의 많고 적음에 상관이 없고, 낮은 수입이 비참함과 동일시 될 수 없다. 다만 따뜻한 옷 몇 벌과 음식, 거처할 만한 집만으로도 충분히 행복할 수 있다. 에피쿠로스는 "먹거나 마시기 전에, 무엇을 먹고 마실지를 생각하기보다는 누구와 먹고 마실 것인가를 조심스레 고려해보라. 왜냐하면 친구 없이 식사를 하는 것은 사자나 늑대의 삶이기 때문이다."라고 말한다. 자유, 사색과 더불어 우정이 삶의 기초이고, 행복한 삶의 필수적인 요소임을 강조한 것이다.

　　기원전 306년, 에피쿠로스는 서른다섯의 나이에 아테네로 돌아온다. 자신의 뜻을 따르는 한 무리의 친구들과 공동생활을 하며 본격적으로 독자적인 철학을 펼쳐나간다. 에피쿠로스는 집 근처의 정원을 사들이고 찬거리로 쓸 채소들을 직접 재배했다. 거기서 나오는 채소들로 에피쿠로스와 동료들의 식탁은 풍성하게 채워졌다. 이 공동체가 점점 소문이 나고 널리 알려지자 찾아오는 사람도 많았다. 그들은 에피쿠로스의 정원에서 사색하고 토론하고, 끼니때가 되면 함께 음식을 나누었다. 에피쿠로스는 "모든 행복의 시작과 뿌리는 위胃의 쾌락이다. 심지어 지혜와 문화까지도 여기에 귀착된다."라고 썼다. 그는 행복이 위의 쾌락과 연관된다고 믿었기에 먹고 마시는 것의 기쁨을 마다하지 않았고, 친구들과 제자들에게 감각적 쾌락을 추구하라고 독려한다. 더욱 놀라운 것은 아테네에서 남녀 모두가 입학할 수 있는 철학 학교를 열었는데, 여기서 남녀가 어울려 먹고 마시는 것은 물론이고 행복을 위해서라면 성적 열락에 빠지는 일조차 용인했다는 점이다. 에피쿠로스와 그의 추종자들은 쾌락이 행복의 본질이라는 믿었기 때문에 젊은 남녀들이 성적인 자유를 누리는 것은 매우 자연스러운 일로 받아들였다. 다른 한편에서는 에피쿠로스의 철학이 반윤리적이라는 비난이 들끓었다. 일부의 비난에도 불구하고 에피쿠로스의 쾌락 철학은 지중해를 넘어서서 인근 국가로 퍼졌다. 그 후로도 500년 동안이나 생명력을 유지하다가 로마 제국 쇠퇴기에 기독교의 분노와 공격으로 이 쾌락 철학은 사그라든다. 꽃이 피면 반드시 지는 법이다. 에피쿠로스의 철학은 옥스퍼드 영어사전에 '에피큐리언 Epicurean'이라는 형용사로 그 흔적을 희미하게 남겼다.

냉장고

질 들뢰즈

누가 처음 고안하고 만들었을까? 피라미드, 타지마할, 파르테논신전, 파르마대성당, 에펠탑, 자유의 여신상, 점보여객기 따위와 마찬가지로 이것은 놀라운 인공물들 중의 하나다. 흰색 에나멜 칠로 매끈하게 마감된 외부와 전기적 기술 시스템의 표본들로 장악된 내부를 가진 이것. 하얀 것으로 도포塗布된 이 사물의 매끈한 표면을 손으로 더듬는다. 이것은 한때 소수의 사람만이 누리던 부의 상징이기도 했지만 지금은 도시건 시골이건 집집마다 주방 한쪽에 직립해 있는 아주 흔한 물건이다. 누구나 다 소유할 수 있게 됨으로써 이것에 덧씌워졌던 특권적 부의 상징은 해제가 되었다.

현자의 삶은 가방과 단벌 옷, 물에 적신 보리빵, 땅에 꽂은 막대기 하나로 족하겠지만, 먹고 마시는 걸 즐기는 보통 사람에겐 이것이 없는 생활이란 상상하기 어렵다. 이것은 실은 문명사회의 사치품이다. 사치와 낭비를 금하는 수행자들의 공간인 산중 절간에도 놓인 이 사물은 어떻게 사치와 욕망의 잉여에 따르는 죄에 대해 면죄부를 얻은 것일까? 사회적으로 책임 있는 생태주의를 지향하고 그것에 맞는 삶을 살려는 사람에게서조차 이것을 통해 얻는 쾌적함을 배제한 생활방식은 견딜 수 없게 되었다. 이 세상의 어떤 물건보다 더 아름다운 이것! 온갖 미각의 쾌락 속에서 불순한 행위의 죄의식을 느끼게 하는 이것! 나는 냉장고에 대해 말하고 있다.

냉장고의 내부 공간은 칸칸으로 나뉘어져 있고, 그 칸칸마다 냉장 보관해야 할 식품들로 채워진다. 냉장고는 식품들을 위생과 신선도를 유지하며 관리하는데 그 기능에는 논란의 여지가 없다. 아울러 그 기능에 기대어 우리가 누리는 편리함에 대해서도 두말 할 게 없다. 채소, 과일, 육류, 생선류, 물, 맥주, 음료수들, 양념들, 먹다 남은 음식물들로 냉장고는 가득 채워진다. 놀라워라, 이것들은 다 우리들의 입과 혀를 거쳐서 위胃로 들어갈 것들이다. 상온常溫에서 상할 수 있는 모든 것들을 냉장고 속에 보관한다. 욕망은 속박이요 버림은 자유라고 한다면, 냉장고 속에 보관되는 식품들은 우리를 속박하는 쾌락에의 욕망에 연결된 그 무엇이다. 냉동실의 붉은 살코기는 딱딱하게 굳어 마치 깨지지 않는 벽돌 같다. 말랑말랑했던 식빵도 냉동실 속에서 얼어붙어 빳빳하다. 마치 냉동고에 넣어둔 동물 사체와 다를 바가 없다. 냉장고는 죽은 것들이 얼어붙은 채 견디는 얼음지옥, 혹은 영구보존하려는 사체 보관함이기도 하다. 어떤 식품들은 딱딱하게 냉동된 상태에서 몇 주, 몇 달, 몇 년을 부패하지 않고 너끈히 견뎌낸다.

냉장고는 차갑게 식은 상태로 보관해야 할 물건들의 저장소다. 이 냉기로 가득 찬 상자는 하나의 수수께끼다. 나는 이 냉기가 어떤 공학 속에서 만들어지는지 자세히 알지 못한다. 어쨌든 분명한 것은 이 상자가 금욕이나 검소한 삶과는 멀리 떨어져 있다는 사실이다. 이 상자는 바깥의 상온보다 낮은 차가운 공기로 가득 찬 냉기들의 천국이다. 이 상자가 신을 위한 경배와 아무 상관이 없고, 영혼의 지속적인 성장을 위해 도움이 되거나 고귀한 이상을 정화시키는 것도 아니라는 것쯤은 안다. 한시도 쉬지 않고 냉기를 내뿜는 이 상자 내부는 사물들, 특히 입안으로 들어오는 음식물들의 부패와 죽음에 대한 차가운 승리를 담보한다. 그 승리를 위해서 냉장고는 자기의 내부 영토에 냉기의 철권통치, 냉기의 전제주의專制主義를 펼친다. 그렇다고 냉장고가 쌓은 냉기의 정의正義라는 이미지가 손상되는 것은 아니다. 냉장고는 우리 삶을 복잡하게 만들거나 타락에 기여한 바도 전혀 없다. 합법에 따르는 복지재단의 운영과 마찬가지로 냉장고가 공동체적 평화와 형제애를 쌓는 데 아무 도움이 되지 않는다고 해도 냉기의 정의에 대해서 추호도 의심할 바가 없다.

한편으로 냉장고는 식품들의 얼음묘지이다. 여기 낭비하는 사회의 생태계가 고스란히 얼음지옥을 견디고 있는 것이다. 이 얼음묘지에 모여 있는 것들은 탐욕과 포만에의 욕망에서 잠시 유예된 것들이다. 다음을 기약하고 냉장고 속에 처넣은 어떤 것들은 그대로 잊힌다. 그것은 다만 망각의 결과일 뿐이지 부패와 죽음에 대한 차가운 승리라는 신화는 과장된 것이다. 진실을 말하자면 냉장고 안에서도 부패는 진행된다. 부패의 진행 속도가 상온에 견줘 늦을 뿐이다. 냉장고 안에 오래 두었던 식품에서

이 얼음묘지에 모여 있는 것들은
탐욕과 포만에의 욕망에서 잠시 유예된 것들이다.
다음을 기약하고 냉장고 속에 처넣은
어떤 것들은 그대로 잊힌다.

수분이 빠져나가고 메마른 채 곰팡이가 슬기도 한다.

가끔 냉장고가 인공물이라는 사실을 망각할 때도 없지 않다. 때때로 나는 냉장고를 공기와 빛, 물과 태양, 하늘과 지구, 편백나무, 현무암 같은 자연물과 동렬에 놓는다. 그러나 냉장고는 사람의 기술로 만들어진 인공물이 분명하지만 기원을 잃어버린 것들의 계열에 속한다. 냉장고는 우리 안에서 그르렁거리는 욕망에게 명령한다. "흰토끼를 따라가라!" 냉장고가 바로 《이상한 나라의 앨리스》에 나오는 그 흰토끼가 아닌가! 흰토끼를 따라가면 어떤 세계가 나오는가? '매트릭스'는 헛것, 유령들의 세계, 즉 시뮬라크르이다. 영화 〈매트릭스〉에서 한 인물을 이렇게 외친다. "나는 이 사람들에게 너희들이 그들에게 보여 주고 싶어 하지 않는 것을 보여줄 것이다. 나는 그들에게, 너희들이 없는 세계를 보여줄 것이다. 규칙과 통제가 없는 세계, 경계나 한계가 없는 세계, 어떤 것이든 가능한 세계."(슬라보예 지젝 외, 《매트릭스로 철학하기》) 흰토끼가 안내하는 삶은 자연의 법칙을 거스르면서 인간의 욕망과 선택을 기술화로 드러낸 인공낙원, 꿈의 세계, 매트릭스의 삶이다. 고달픈 세상에서 지치고 외로움에 찌든 사람에게 전기적 소음을 자장가처럼 들려주는 이것은 어떤 원본과 이데아에 복제와 인용으로 가득 찬 인공낙원, 즉 시뮬라크르라고 할 수 있다. 시뮬라크르를 철학 안으로 가져와서 포스트구조주의 주요 개념으로 정립한 질 들뢰즈는 이렇게 쓴다. "신은 그 자신의 형상에 따라 인간을 만들었으나, 인간은 죄로 인해 신과의 그 유사성을 잃어버리고 타락했으며, 우리는 시뮬라크르가 되었고 감성적 실존 속으로 들어감으로써 도덕적 실존을 상실했노라고. 이러한 설교는 시뮬라크르의 악마적인 속성을 강조하고 있다."(질 들뢰즈,《의미의 논리》) 시뮬라크르는 그 의미 맥락에서 나타났다가 곧 사라져버리는 것, 사건, 이마주 등을 포괄한다. 파열하듯이 일어났다가 곧 사라지는 것, 지속하지도 않고 자기 동일성도 없지만 삶에 의미 있는 변화를 줄 수 있는 모든 사건들. 시뮬라크르의 기원은 철학의 태초인 플라톤에까지 이른다. 플라톤은 현실 세계가 가치의 원형인 이데아의 복제물이라고 여겼다. 복제의 복제물이라는 의미로 쓰이는 시뮬라크르는 구조주의와 포스트구조주의를 가르는 중요한 개념 중의 하나다. 냉장고의 구성 요소 중에 마음은 없다.● 마음이 없는 것은 시뮬라크르이다. 사람이 신의 형상에 따라 지어진 시뮬라크르라면, 피조물의 피조물, 즉 냉장고 역시 기원의 신화가 지워진 시뮬라크르가 분명할 것이다. 흥청망청 먹고 마시

● 한 책은 이렇게 말한다. "객체의 모든 특징들은 객체 쪽에서 발견되는 것이지 주체 쪽에서 발견되는 것은 아니다. 세계는 마음이라는 한계 안에 있으므로 마음은 세계의 구성 성분이 아니다. 마음은 세계의 세계성의 토대이자 세계의 구성 요소가 되는 것이 무엇인지를 가늠하는 척도이다. 그렇기 때문에 마음은 스스로 그 토대에 의거할 수 없고 그 스스로의 척도가 될 수 없다. 마음이 세계에 대해 초월적인 특성을 갖는 것은 바로 이런 의미에서다. 제이슨 홀트,《매트릭스로 철학하기》(슬라보예 지젝 외 지음, 이운경 옮김, 한문화, 2003.)

는 생활공간 속에 없어서는 안 될 것으로 존재하는 이것은 감성적 실존과 '창자' 경제의 총아가 되었다. '창자'경제의 세계 속에서 냉장고는 돌아갈 기원과의 탯줄이 끊긴 채 끝없이 부유하는 물건들 중의 하나다. 모든 시뮬라크르의 운명을 가진 것들이 그렇듯이 사람도 냉장고도 탐욕의 거품 속에서 도덕적 실존을 잃었다.

조간신문

마샬 맥루한

동장군이 한반도를 가로질러 가고 있다. 한강 하류에 북극의 유빙遊氷들이 떠다니고 그 위로 천연기념물 제243호인 흰꼬리수리가 난다. 동지冬至가 지난 지는 얼마 되지 않고, 하지夏至는 아직 멀었다. 2013년 1월, 서울의 기온은 영하 16도까지 내려갔다. 노숙자들이 밤을 나기가 힘들겠다. 조간신문은 새벽 3시쯤에 도착한다. 검은 광목을 친 듯 세상은 어둡지만 나는 이미 깨어 있다. 겨울 새벽의 삼엄함을 뚫고 달려온 신문배달부가 현관문 앞에 신문을 떨어뜨리는 소리에 귀를 기울인다. 계단을 쿵쿵거리며 뛰어올라온 사람이 현관문 앞에 종이 한 뭉치를 던져놓고 도망치듯 사라진다. 방금 온 신문을 살펴보는 걸로 내 하루의 일과는 열린다. 신문이 늦으면 초조해진다. 그만큼 하루의 일과가 늦게 시작되기 때문이다. 신문은 그 본질에서 세상 모든 것의 그림자와 중력들의 누설漏泄이다. 다양한 삶과 사건들의 모자이크. 이 모자이크는 선택적이다. 신문은 아무것이나 함부로 누설하지는 않는다. 누설에도 일정한 원칙이 따른다. 그 원칙은 인간적 흥미와 공공적 정보라는 가치다. 두 가지 원칙이 항상 일치하는 것은 아니다. 한 젊은 여배우가 한 영화제 레드카펫 위에서 걷다가 넘어진 것은 신문에 나오지만, 이발사 은퇴자들의 모임 같은 것은 신문에 나오지 않는다.

독자들은 끊임없이 새로운 소식을 갈망한다. 독자들은 먹이를 기다리는 양어장의 물고기들 같다. 그들은 정말 무엇을 갈망하는가? "새로운 소식에 대한 갈망은 진실한 이야기에 대한 갈망이다. 이미지들이 결합하여 거대하고 생생한 초상화가 완성되고 그것이 이 세계를 향해 점차로 강한 빛을 발산하면서 우리는 이 세상에서 살아간다는 것이 무엇을 의미하는가를 좀더 완전하게 이해하게 된다. 그것은 공동체적 유대감과 모두가 공감하는 여론에 대한 갈망이기도 하다."(리아 코헨,《탁자 위의 세계》) 사람들이 갈망하는 소식은 숨은/숨기려는 이야기들이다. 숨은/숨기려는 이야기들은 대개는 사회의 어두운 이면을 반영한다. 신문이 미담보다 어두운 범죄 소식을 더 많이 싣는 것은 그 때문이다. 신문은 "공동체의 활동과 상호 작용에 관한 숨은 이야기"(마샬 맥루한,《미디어의 이해》)를 채집하고 기사로 풀어낸다. 세상에서 만들어지는 소식들은 그 자체로 환금적인 가치를 지니는데, 그 가치는 발신자와 수신자 양쪽 모두가 공감하고 만족하는 "교환과 나눔"(리아 코헨, 앞의 책)의 균형에서 나온다. 일간지는 발행한 그날을 넘기면 신문은 구문舊聞으로 전락한다. 신문은 하루의 생명, 하루의 운명을 산다. 사건과 사고들 사이사이로 유행, 소비, 스캔들, 프로야구, 축구, 주식시세, 각종 지표들, 논설, 칼럼, 만평, 부고, 광고들이 먼지와 같이 부유한다. 그것들이 한데 어우러져 오늘의 풍경을 이룬다. 신문은 무거움 속에 뿌리를 내린 현재를 가볍게 떠올리게 하는 부력을 가졌다.

신문은 사물인가? 아마도 그럴 것이다. 신문을 구성하는 질료성은 그다지 중요하지 않다. 신문은 그 질료성의 표면에 각인된 활자 정보가 신문의 중요한 성분이다. 그렇다면 신문은 사물보다는 도구적 존재라는 게 맞다. 사물-도구로서 신문은 형태적으로 얇고 납작한 종이에 지나지 않는다. 전화/라디오, 말/인쇄, 만화/사진, 텔레비전/영화, 세미나/강의에서 전자는 차가운 매체, 후자는 뜨거운 매체이다. 맥루한의 분류법에 따르면 신문은 두 겹에서 뜨거운 미디어이다. 우선 인쇄라는 형식을 빌린다는 점에서 그렇고, 종이를 도구로 쓴다는 점에서 그렇다. 인쇄라는 한 항목에 묶이는 책과 신문이 "공중에 대한 공적인 고백의 특성을 갖도록 만드는 것은, 바로 반복이라는 정확한 획일성으로 대중에게 강도 높게 외치는 인쇄라는 형태"(마샬 맥루한, 앞의 책,)를 공유하기 때문이다. 아울러 종이 자체가 "정치의 제국과 오락의 제국 모두에게 공간을 횡적으로 통합하는 데 기여하는"(마샬 맥루한, 앞의 책) 뜨거운 미디어라는 것이다. 이 차가움과 뜨거움을 분류하는 기본적인 원칙은 무엇인가. 커뮤니케이션과 미디어 연구에서 독보적인 위치에 있는 마샬 맥루한 Herpert Marshall McLuhan은 이렇게 말한다. "뜨거운 미디어란 단일한 감각을 '고밀도'로 확장시키는 미디어다. 여기서 고밀도란 데이터로 가득 찬 상태를 말한다. 사진은 시각적인 면에서 고밀도다. 반면 만화는 제공되는 시각적인 정보가 극히 적다는 점에서 저밀도다. 전화는 차가운 미디어, 혹은 저밀도의 미디어다. 왜냐하면 귀에 주어지는 정보량이 빈약하기 때문이다. 주어지는 정보량이 적어서 듣는 사람이 보충해야 하는 연설은 저밀도의 차가운 미디어다. 반면에 뜨거운 미디어는 이용자가 채워 넣거나 완성해야 할 것이 별로 없다. 뜨거운 미디어는 이용자의 참여도가 낮고, 차가운 미디어는 참여도가 높다. 당연히 라디오 같은 뜨거운 미디어는 전화 같은 차가운 미디어와는 매우 다른 영향을 미치게 된다."(마셜 맥루한, 앞의 책) 신문은 단일한 감각을 '고밀도'로 확장시키는 매체, 즉 뜨거운 미디어이다. 단일한 감각을 '고밀도'로 확장시킨다는 점에서 도시는 뜨거운 곳이고, 반면에 정보가 저밀도로 존재하는 시골은 차가운 곳이다. 정보가 저밀도로 존재하는 시골에서는 신문이 없어도 불편하지 않다. 시골보다는 도시에 신문 구독자가 많은 것은 사회적 기회와 이익의 창출에 예민한 사람들이 더 많이 살기 때문이다.

코끝으로 들어오는 커피향에는 나른함을 부르는 감미로움이 있다. 아침 햇빛이 비치는 카페의 한 탁자를 차지하고 앉아 신문을 뒤적일 때 우리와 세계 사이는 평화스럽다. 침묵의 언어들로 이루어진 신문을 읽는 일은 침묵을 한 조각씩 떼어먹는 것과 같다. 우리는 신문의 패턴과 논조가 아니라 이 미디어의 정적을 소비하는 독자이다. 이것을 한가롭게 읽는 동안은 무슨 일로도 방해받고 싶지 않은 사치의 순간이다. "그것은 역설적인 사치이다. 가장 완벽한 평화 속에서, 커피 향기 속에서 세계와 의사소통한다는 것. 특히 신문에는 공포, 전쟁, 사고들이 등장한

신문은 그 본질에서 세상 모든 것의
그림자와 중력들의 누설漏泄이다. 다양한 삶과
사건들의 모자이크. 이 모자이크는 선택적이다.
한 젊은 여배우가 한 영화제 레드카펫 위에서
걷다가 넘어진 것은 신문에 나오지만, 이발사
은퇴자들의 모임 같은 것은 신문에 나오지 않는다.

다. 똑같은 뉴스를 라디오로 들었다면, 마치 주먹으로 쾅쾅 내리치는 것 같은, 말이 주는 스트레스 속으로 빨려 들어가는 것 같았으리라. 신문은 전혀 다르다. 우리는 부엌 식탁 위에, 토스트와 버터 그릇 사이에 신문을 겨우 펼쳐놓는다. 우리는 세상에서 일어나고 있는 폭력을 막연히 훑어본다. 그러나 그 폭력에서는 까치밥나무 열매 잼과 코코아, 그리고 구운 빵 냄새가 난다. 신문은 그 자체가 벌써 평화주의적이다."(필립 들레름,《첫 맥주 한 모금 그리고 다른 잔잔한 기쁨들》) 신문은 소리 매체가 아니라 문자 매체다. 당연히 조용할 수밖에 없다. 아울러 신문에 보도된 공포, 전쟁, 사고들, 잔혹한 사건, 끔찍한 자연재해 기사들은 이미 지나간 것들이다. 이것의 시끄러움과 잔혹함은 이미 경감된 상태이다. 이익과 가치가 충돌하는 집단 사이의 소란과 적대감도 신문에서는 평면화될 수밖에 없다. 이 경감과 평면화가 신문의 평화주의에 기여한다.

세계가 엄청나게 시끄럽더라도 신문은 조용하다. 현실에서는 끊임없이 사고와 사건들이 터지지만, 신문에서는 아무 일도 일어나지 않기 때문이다. "아침 식사 때 읽는 조간신문 안에서는 아무 일도 일어나지 않는다. 그 때문에 우리는 신문에 얼른 덤벼드는 것이다. 우리는 조간신문 속에서 뜨거운 커피와 구운 빵의 맛을 연장시킨다. 우리는 신문 속에서 세계가 서로 닮았다는 것을, 그리고 하루를 굳이 서둘러 시작할 필요가 없다는 것을 읽는다."(필립 들레름, 앞의 책) 커피와 구운 빵의 맛을 한가로움과 쾌적한 평화로 바꾸는 아침! 환한 햇빛, 방금 끓인 커피, 조간신문은 행복한 아침을 맞는 데 필요한 최상의 조합이다. 조간신문은 일요일 아침에 배달된 파이 상자와 같다. 달콤한 파이의 향내에 코를 킁킁거리며 신문을 조급하게 펼쳐든다. 신문을 넘기는 손동작은 느긋하고 여유롭다. 하루 일과를 서둘러 시작할 만큼 바쁜 일은 없다. 신문에서 리얼리티는 중요하게 취할 만한 요소가 아니다. 그보다 더 중요한 것은 조간신문을 읽는 이 시간에 서리는 유유자적, 햇빛의 기쁨, 멜랑콜리의 안온함이다. 조간신문은 멜랑콜리의 안온함으로 우리의 들끓는 욕망을 다독인다. 조간신문을 읽는 이 시간에 꽃잎 내려앉듯 쌓이는 정밀한 고요와 잔잔한 기쁨을 속속들이 맛보려 한다.

5

시계

발터 벤야민

그날 나는 자주 시간을 물었다. 지금 몇 시예요? 1970년대 중반 어느 날 늦은 가을 아니면 초겨울이었을 것이다. 절기는 추분이 지나고 동지로 향해 가고 있었다. 나는 서울 청계천의 헌 책방 거리에 서성거리고 있었다. 흐렸거나 맑았거나 바람이 불었거나 안 불었거나, 아무 특별할 것도 없는 오후에 나는 지나가는 사람을 붙잡고 시간을 물었다. 왜 그렇게 자주 시간을 물었는지 기억할 수가 없다. 날은 흐렸고, 바람이 불었다. 가로수의 마른 잎들이 길 위에 떨어져서 펄럭거리며 달려갔다. 온몸을 죄는 으슬으슬한 마른 추위 때문에 마음이 불안했었는지도 모른다. 나는 청계천 일대에 줄지어 있는 100여 군데 남짓하는 헌책방을 빠짐없이 들락날락하면서 서가들을 꼼꼼하게 뒤지고 다녔다. 어떤 중요한 책을 찾고 있었던 것인지도 기억이 나지 않는다. 날이 저물고, 거리엔 가로등이 켜졌다. 점심을 건너뛴 터라 뱃가죽이 등에 달라붙은 듯 맹렬한 허기가 몰려왔다. 그래서였겠지만, 처지가 참담했다. 그 참담함 속에서도 따뜻한 국물이 있는 음식을 먹고 싶다는 욕구가 내 안에서 꿈틀거렸다. 이미 호주머니에 있는 돈을 다 털어 책 몇 권을 산 터라 수중에는 한 푼도 남아 있지 않았다. 내게는 집으로 돌아갈 차비조차 없었다. 어둑어둑해진 거리에서 나는 다시 누군가에게 "지금 몇 시예요?"라고 시간을 물었다.

봉건 사회의 사람들은 시간을 한 방향으로 향하는 연속적인 직선이 아니라 별개의 순간들로 이루어진 반복 가능한 분절들이라고 생각하였으며 이들이 계절의 순환과 황도 12궁의 신비로운 상징들을 이어주는 연결 고리로 작용한다고 보았다. 시간은 사건들이나 탄생, 죽음, 비, 달, 석양 등과 관련하여 측정되었다. 그리하여 시간과 대지는 순환적이며 영속적인 불변의 성질을 공유하게 되었다. 이러한 관점의 바탕에는 영원한 동일성에 대한 갈망이 깔려 있다.

— 리아 코헨,《탁자 위의 세계》

애초에 시간은 태양이나 달의 뜨고 짐, 그리고 누군가 중요한 사람의 탄생과 죽음을 기점으로 삼아 측정되었다. 그것은 낮과 밤을 잇고, 계절의 순환들을 잇고, 황도 12궁의 상징들을 잇는 연결 고리이다. 시간과 대지는 분리된 무엇이 아니라 하나다. 그것들이 순환적이고 영속적인 불변의 성질을 공유하기 때문이다. 마침내 시계가 나왔고, 사람들은 시계를 통해 시간을 인지했다. 과연 시계란 무엇인가?

시계는 단순히 시간을 나타내는 수단이 아니라 사람들의 행동에 동시성을 부여하는 수단이기도 하다. 시계탑의 종소리는 도시의 삶을 규정하다시피 했다. 시간 지키기는 시간의 절약과 시간의 계산과 시간의 배분으로 변화되어갔다. 또한 시계는 분과 초라는 산물을 만들어내는 기계이다. 시계는 그

근본적인 속성을 통해 인간사에서 시간이라는 요소를 분리시켜 사고하게 했고, 수학적으로 측정 가능한 사건들로 이루어진 독립된 세계, 다시 말해 과학이라는 특별한 세계가 존재한다는 믿음을 생성하는 데 기여했다. 그러나 인간이 흔히 겪는 경험 속에는 이러한 세계에 대한 믿음을 뒷받침하는 근거가 상대적으로 희박하다. 낮의 길이는 일 년 내내 고르지 않고, 밤과 낮 사이의 관계 역시 일정하게 변화되지 않는다. 더욱이 인간이라는 유기체 안에서 기계적인 시간은 더더욱 낯설기만 하다. 인간의 생명을 유지하는 맥박이나 폐의 호흡은 나름의 규칙적인 패턴들이 있지만 기분 상태와 활동 정도에 따라 시시각각 변한다. 뿐만 아니라 장기적인 기간에서 보면 우리는 시간을 달력이 아닌, 그 기간에 일어난 주된 사건들로 가늠한다. 시계처럼 규칙적인 사람이 된다는 것은 부르주아적인 이상이었고, 시계를 갖는 것은 오랫동안 성공의 확실한 상징이었다. 이제 서양인들은 너무도 철저하게 시계의 통제를 받고 있어서, 시계는 제2의 천성이나 다름없고 그들은 시간을 지키는 일을 당연한 사실이라고 여긴다.

— 루이스 멈퍼드, 《기술과 문명》(셰리 터클 엮음, 《내 인생의 의미 있는 사물들》에서 재인용)

사람은 시계와 더불어 일상과 미래의 기획들을 기계적으로 분절하고 배분하면서 살아낼 수 있게 되었다. 근대사회에서 시계는 "규칙적인 사람이 된다는 것"을 의미하고, 그것은 "부르주아적인 이상"이고, "성공의 확실한 상징"이 될 것이다.

왜 그토록 시각이 궁금했던 것일까? 누구와 시간 약속을 한 것도 아니요, 시간을 안다는 것과 내 허기와는 아무 연관이 없었을 텐데 말이다. 나는 청년 백수였고, 딱히 살아가는 데 시계가 필요 없는 사람이었다. 출근과 퇴근해야 할 직장이 없고, 누군가를 만날 시간 약속도 거의 없는 내게 시계는 무용지물이다. 내게 시간은 낮과 밤의 구분 정도만 겨우 의미를 만들 뿐이다. 나는 하루를 시간 단위로 잘라서 배분하고, 분과 초를 만들어내는 시계가 필요 없는 인간이다. 그날 추위가 밀려오는 거리에서 내가 무가치한 인간이 아닌가 하는 불안과 초조함에 감싸였다. 그 불안과 초조함은 내가 시계를 갖지 않은 인간이라는 자각에서 시작된 것이었을까? 시계가 없었기 때문에 사회적 성공에 대한 꿈이나 야망도 없이, 그저 책이나 읽고 몽상을 하며 살 내 미래의 암울함에 대해 몸이 반응했던 것일까? 나는 헌책방 순례를 마친 뒤 꽤 먼 거리를 걸어서 집으로 돌아왔다. 뼛속까지 한기가 찬 듯 온몸이 떨려왔다. 저녁을 먹는 둥 마는 둥 하고 이불을 뒤집어쓰고 누웠다. 언제까지 책이나 끼고 살 것인가? 나는 추운 거리에서 헐벗고 떤 결과 독감을 얻고 사흘 정도를 앓다 일어났다. 독감을 떨치고 일어나자 제대로 된 직장을 구하고 일을 해보기로 마음을 먹었다. 이렇게 무위도식하며 살아서는 안 될 일이었다. 나는 습작 노트를 불에 태워 없애버렸다. 마침내 일자리를 구했다. 생활 도자기 제품류를 외국 바이어들과 국내 생산자들을 연결하는 한 오퍼상에 아침마다 출근을 시작했다.

첫 월급을 타서 가장 먼저 한 일은 손목시계를 산 것이다. 손목에 시계를 차자 시간의 구획들이 의식과 생활을 분절했다. 초, 분, 시, 일, 주, 월, 년, 세기는 시간을 분절한 표지表識들이다. 나는 자진하여 시간의 포획, 즉 "시간이라는 촘촘한 그물 속"으로 걸어 들어갔다. 시계의 통제를 받는 문명세계에서 시간은 우리의 삶을 그것 안에 묶고 가두며 지배한다.

순간순간을 살아가는 인간에게 시간의 경계는 절대적인 것이다. 그것은 우리 바깥에 자리 잡고서 우리의 일생을 터널과 같이 좁고 긴 영역으로 제한할뿐더러, 안에서 우리의 몸 자체를 지배하기도 한다. 태어나는 순간부터 우리와 함께 하는 시간이라는 조건은 우리를 혈류血流의 박동과 세포의 끊임없는 재생 속에 옴짝달싹 못하게 가두어 놓는다. 시간에 대한 우리의 관념은 주로 태양의 모습을 통해 형성된다. 태양은 보이지 않는 시간이 우리 눈앞에 있음을 증명하는 가장 중요한 표지이다. 우리는 하늘에 박혀 있는 태양의 고정성과 땅 위에서 살아가는 인간의 유동성의 관계로부터 시간이라는 실을 자아내고 초, 분, 시, 일, 주, 월, 년, 세기라는 단위를 씨줄과 날줄로 삼아 광막한 우주의 흐름을 시간이라는 촘촘한 그물 속에 담아내고자 한다.

— 리아 코헨, 앞의 책

손목시계를 찬 사람은 초, 분, 시, 일, 주, 월, 년, 세기라는 단위로 시간을 구획하는 이 현실세계의 일원으로 녹아들어간다. 시계를 통해 나온 시간은 순간순간 우리 몸을 가로지른다. 우리는 시간이 규정하는 삶의 의미 안에서 의미를 구하고, 그 의미의 장 안에서 숨 쉬고 살아간다.

저 청계천의 헌책방 거리를 순례하던 때에서 30년이 넘는 세월이 지나갔다. 세월은 몸을 거쳐 흘러가고 다시 돌아오는 것이다. 몸에는 그 세월이 흘러간 흔적이 고스란히 남는다. 정수리 근처의 머리가 하얗게 세고, 피부는 탄력을 잃어 주름이 많아지고, 뼈들의 밀도는 헐거워졌다. 세월이 나를 특별히 어여쁘게 여겨 특혜를 베푸는 법은 없다. 시간은 초, 분, 시간, 날, 주, 달, 해, 세기를 거치며 끝없이 도는데, 그 영겁회귀 앞에서 모든 사물과 인간들은 평등하다. 자주 잊는다만 만물은 그 영겁회귀 속에서 소실점을 향해 달아난다. 그 영겁회귀의 안쪽에 아름다운 권태가 있다. 발터 벤야민 Walter Benjamin은 《아케이드 프로젝트》에서 권태에 대해 이렇게 말한다.

권태란 안쪽에 극히 화려하고 다채로운 색깔의 비단으로 안감을 댄 따뜻한 잿빛 천과 같은 것이다. 꿈을 꿀 때 우리는 이 천으로 우리를 둘러싼다. 그러면 이 안감의 아라베스크 문양 속에서 편안하게 있을 수 있는 것이다. 그러나 이 천에 싸여 잠자고 있는 사람은 밖에서 볼 때는 잿빛 권태를 느끼고 있는 것처럼 보인다. 나중에 잠에서 깨어 꿈꾸었던 것을 이야기할라치면 그의 이야기에서는 대부분 이러한 권태밖에 들리지 않는다. 그도 그럴 것이 과연 누가 단번에 시간의 안감을 겉감으로 바꾸어놓을 수 있겠는가?

— 발터 벤야민, 《아케이드 프로젝트》1

    시간이란 반복 가능한 분절들이고, 따라서 몸도 반복 가능한 분절들로 변한다. 세상이 복잡해지고 인간관계들이 얽힐수록 이 분절은 더욱 촘촘해진다. 해마다 늘어나는 나이는 시간의 분절을 대표하는 셈법의 한가지다. 그 많은 분절들 속으로 사건과 사람들이 부침하며 흘러간다. 누구도 이 흐름을 거스를 수는 없다.

구두

마르틴 하이데거

5월 무렵, 벌써 날이 더워진다. 소만小滿과 망종芒種을 지나면서 햇빛은 맹렬하게 가열되듯이 뜨거워진다. 벗은 팔뚝에 떨어지는 햇빛은 촛농처럼 뜨겁다. 나는 그 뜨거움에 깜짝 놀란다. 햇빛은 넘치고 낮은 길어진다. 실내에 머무는 시간보다 야외에서 보내는 경우가 많아진다. 들이나 산으로 갈 때도 있고, 대형 서점이나 영화관을 찾을 때도 있다. 자주 밖으로 나가 여기저기를 쏘다니는 것은 많이 걷기 위함이다. 산길에서는 맨발로 걷기도 한다. 흙과 모래와 작은 돌들이 깔린 산길을 맨발로 걸을 때 발바닥이 아프다. 발바닥은 항상 구두의 과보호를 받아왔다. 그 과보호로 인해 발바닥은 작은 자극마저 견딜 수 없게 되었다. 발바닥은 작은 통증에도 비명을 지른다. 그 고통을 참고 걷는 것은 건강을 위해서가 아니라 발을 감싸온 구두의 편함을 더 느껴보기 위함이다.

  나와 대지 사이를 매개하는 것. 문명인의 상징 같은 것. 대지의 용맹한 모험자이자 정복자. 경세제민經世濟民의 역군. 시정잡배들에게도 평등하게 허용된 허영과 사치. 소·악어·뱀·낙타 따위의 가죽을 가공해서 재단하고 이 조각들을 실로 꿰맨 것들. 단단한 바닥과 접합을 해서 완성된 물건. 이것은 일체의 모호함을 품고 있지 않고 그런 탓에 신비롭거나 불가사의하지 않다. 농작물이나 여타의 생필품과 마찬가지로 그 도구적 유용성이 분명하다. 바로 구두라는 사물이다. 구두는 물리적 내구성과 발의 편안함, 그리고 형태를 유지하는 견고력이 그 품질을 결정한다. 대지는 수많은 위험이 숨어 있는 미지의 것이고, 어떤 폐쇄성을 갖고 있다. 구두는 그 미지와 폐쇄성으로 향해 나아가는 한 쌍의 배다. 구두는 북극이나 남극의 얼음을 깨고 항해하는 쇄빙선같이 대지라는 장애물들에 꿋꿋하게 맞서며 앞으로 나아가지만 그런 난항難航에 대해 투덜거리지 않는다.

첫 키스의 기억이 모호하듯이 첫 구두에 대한 기억도 모호하다. 아마도 열여덟 살이거나 열아홉 살 때였을 것이다. 그 무렵 나는 기성복 정장을 입고 싼 구두를 사서 신었다. 처음 구두를 신었을 때 어른이 된 기분이 들어 뿌듯했다. 기성화로 인해 발뒤꿈치의 얇은 피부가 벗겨져서 걸을 때마다 따끔거렸다. 새 구두를 신을 때는 늘 그런 현상이 반복되었다. 구두는 공장에서 가죽을 가공해 생산하는 제품이고, 한편으로 도구적 존재이다. 이것은 내게 말없이 헌신한다. 신발장을 열어보면 낡은 구두들이 먼지를 뒤집어 쓴 채 들어 있다. 왜 이것들을 버리지 않았을까? 언젠가 신을 기회가 오기를 기다리며 보관했을 것이다. 폐기하려니 멀쩡한 물건을 낭비한다는 죄의식이 있었다. 이것에 내려진 최종 판결은 사용의 유예이다. 오래된 구두에게 빛이 들이 않는 신발장은 구금의 장소이다. 신발장에 방치하는 것은 구두의 명예를 훼손하는 일이다. 구두는 우리의 빵과 명예를 위하여 존재하지 않았던가? 나는 저 바깥으로 나갈 때 언제나 구두를 신었다. 구두의 유용성에 대한 믿음은 마치 모태 신앙과 같이 아주 두터운 것이다. 누가 구두의 유용함과 안전함에 대해 의심할 수 있단 말인가? 구두를 신지 않고 밖에 외출한다는 것은 상상할 수도 없는 일이다. 많은 사람들이 처음 만나는 사람의 외양에서 구두를 유심하게 관찰하는 일은 드물지 않다. 구두의 모양과 관리 상태를 보고 그의 내면 품성을 판단한다. 우리의 신뢰를 전폭적으로 받는 이 구두는 우리 자신의 사회적 명예와 관련이 된다.

계모의 학대 아래에 있는 재투성이 아가씨 신데렐라는 유리구두를 매개로 왕자와 짝을 이룬다. 신데렐라는 자정 무렵 무도회장에서 황급하게 빠져나오다가 유리구두 한 짝을 잃는다. 신데렐라에 마음을 빼앗긴 왕자는 유리구두를 들고 신데렐라를 찾아나선다. 이 동화 속에서 유리구두는 무엇을 상징하는가? 잘난 정신분석학자들은 유리구두를 여자의 성적 기관과 연결 짓기를 좋아한다. 유리구두를 잃어버린 것이 처녀성의 상실을 상징한다고 말한다. 깨지기 쉽고 투명한 유리구두를 신는 사람은 없겠지만, 이것을 신는다면 그 투명성 때문에 발의 관능성은 고스란히 노출될 것이다. 속류 정신분석학에서 발은 의심할 여지 없이 남근의 대체물로 여겨진다. 그 비약이 어처구니없지만 발이 남근이라면 이 매끈한 물고기 같은 발을 감싸는 이 가죽 용기容器는 여성의 성기를 상징할 것이다. 발과 구두는 그렇게 합

구두는 그 미지와 폐쇄성으로 향해 나아가는
한 쌍의 배다. 구두는 북극이나 남극의 얼음을
깨고 항해하는 쇄빙선같이 대지라는 장애물들에
꿋꿋하게 맞서며 앞으로 나아가지만
그런 난항難航에 대해 투덜거리지 않는다.

을 이룬다.

> 농부의 아내는 밭에서 구두를 신고 있다. 오직 여기에서 그 구두는 진면목을 보여준다. 농부의 아내가 일하는 동안 구두를 전혀 내려다보지 않고, 그것을 의식하지 않을수록 구두는 더욱 더 충실하게 제 본래의 모습이다. 그녀는 구두를 신고 서 있다. 이것이 구두의 진정한 용도이다. 우리가 실제적으로 제품을 성격을 만나는 것은 바로 제품의 이런 용도의 과정 안에서이다.
>
> ― 마르틴 하이데거, 《예술작품의 근원》

구두에 대해 철학적 사유를 펼친 철학자는 마르틴 하이데거 Martin Heidegger이다. 하이데거가 빈센트 반 고흐의 그림을 보고 썼다고 밝히지는 않았지만, 아마도 암스테르담 반 고흐 미술관에 소장된 '끈 달린 낡은 구두 Vieux oouliers aux lacets, Old boots With laces, Faille's no.255'나 다른 구두 그림들을 보았을 것이다. 이 그림 속의 낡은 구두가 '농부의 구두'라고 인식했다. 이 구두는 '농부의 구두'였을까? 사실은 이 구두는 농부나 그 아내의 것이 아니라 화가 자신의 구두이다. 이 그림을 그릴 당시 고흐는 더 이상 시골에 살지 않았다. 파리로 나와서 살던 고흐는 중고품들이 거래되는 파리의 만물시장에서 낡은 구두를 사 신고 골목들을 누비고 다녔다. 그는 이 낡고 일그러진 구두를 즐겨 그림의 소재로 삼았다. 가난과 대지적 감성이 잘 어울린 구두를 그린 고흐의 작품들은 우리 내면에 깊은 울림을 준다. 구두의 사물성이 화가의 마음을 움직였던 것일까? 화가의 마음을 흔든 것은 구두 자체가 아니라 구두에 각인된 노동의 흔적들이 증언하는 가난한 삶의 고달픔과 애잔함이었을 것이다.

> 닳아빠진 구두 안쪽 어두운 틈새에서 노동자의 고단한 발걸음이 밖을 응시하고 있다. 딱딱하고 울퉁불퉁한 구두 안쪽에는 황량한 바람이 휩쓸고 지나간 한없이 멀고 한없이 단조로운 밭고랑을 수없이 밟고 지나갔을 그 느릿느릿하고 끈질긴 발걸음이 굳어 있다. 가죽 표면에는 흙의 축축함과 비옥함이 어려 있다. 구두창 밑에는 땅거미 질 무렵 들길의 고독이 납작하게 눌려져 있다. 구두 안쪽에는 대지의 침묵하는 부름, 무르익은 곡식을 선물하는 대지의 조용함, 바람 부는 텅 빈 밭의 황량함이 품은 알 수 없는 자기 거부 등이 가늘게 떨리고 있다. 이 제품에는 빵의 확실성에 대한 불평 없는 걱정, 또 한 번 가난을 이겨낸 데 대한 말없는 기쁨, 임박한 출산에 앞에서의 불안감, 다가오는 죽음의 위협 앞에서의 떨림이 스며들어 있다. 이 제품은 대지에 귀속해 있고, 농촌 아낙네의 세계 속에서 보호받고 있다.
>
> — 마르틴 하이데거, 앞의 책

밭에서 종일 일하는 농부와 그의 아내가 신었을 구두는 낡고 헤어졌다. 흙덩이가 달라붙은 낡은 구두의 밑창과 상피 사이에 틈은 벌어진 상처와 같이 적나라하다. 오래도록 밭고랑의 축축함을 딛고 들길의 정적감을 밟았던 구두가 가졌던 애초의 내구성은 농업 노동의 무거움으로 해체되고, 제품의 도구성은 급격하게 줄어든다. 더 이상 신을 수 없게 된 구두는 폐기될 것이다. 폐기의 운명을 맞는 그 순간 구두는 제 존재성을 짧게 세계에 과시한다. 이 구두가 농부의 것이든지, 광부의 것이든지, 화가 자신의 것이든지 그 사실은 중요하지 않다. 어쨌든 하이데거의 사실 인식의 오류에도 불구하고 하이데거의 유려한 문장으로 말미암마 고흐의 구두 그림은 풍부한 인문학적 아우라를 갖게 되었다.

여행가방

알랭 드 보통

여행가방을 꾸리는 것에서 이미 여행은 시작한다. 이것과 저것들이 여행가방 안에 들어오고 그 대신에 다른 이것과 저것들이 빠져나간다. 여행가방 안에 진입하는 데 실패한 이것과 저것들은 불가능한 욕망의 잉여와 그 기표들을 보여준다. 여행가방의 한정된 공간은 최소한도의 물건들로 채워지는데, 그 채움은 철학적 금욕의 실현이라는 불가피함에 복종한다. 여행가방을 꾸리다가 드러난 내 욕망의 던적스러움에 부끄러워진다. 여행가방 안에는 덜어내고 남는 최소한도의 물건들만 남는다. 그 간소함이 곧 삶의 복잡함을 이기고 새로운 질서를 부여할 것이다. 여행가방이 작을수록 여행은 알차고 실속은 커지지만 그것이 클수록 여행은 그 본질에서 벗어나며 지루하고 고달파진다. 여행의 즐거움은 여행가방의 무게와 반비례하는 법이다.

> 여행가방의 철학적인 금욕. 에피쿠로스적인 어떤 것. 몸은 극히 적은 것만을 필요로 한다. 욕망이 몸의 제한된 한계 안에 있다면, 행복은 가능하다. 각자가 자기 자신 말고는, 적당히 가볍고 들기 쉬운 가방 하나만 갖는 세상에 대한 꿈. 그에게 필요하고 그가 소유하며 그가 집착하는 모든 것이 그 가방 속에 들어 있다.
>
> ─ 로제 폴 드루아, 《사물들과 철학하기》

여행자에게 여행가방의 이상은 "가볍고 들기 쉬운 가방"이고 이 안에는 "세상에 대한 꿈"을 담는다. 여기 잠수함보다 작고 고양이보다 더 큰 여행가방이 있다. 아주 튼튼한 손잡이가 달린 가죽 재질로 된 사각의 트렁크다. 다락방에 내팽개쳐진 것을 꺼내서 먼지를 털어내자 가죽가방의 기품과 온건함이 고스란히 드러난다. 서울 황학동 벼룩시장에서 중고물품으로 나온 것을 사들인 것은 투박할 정도로 단순한 디자인과 견고함이 눈길을 끌었기 때문이다. 한 점의 기만도 없는 장인의 솜씨와 진정성이 마음을 끌어당겼다. 이 낡은 트렁크에는 신제품에는 없는 연륜年輪과 멜랑콜리의 아우라가 있다. 누가 이것을 그냥 물건이라고 말하는가? 이 갈색 가죽은 낙타의 것이다. 저 대상隊商들과 함께 사막을 횡단하던 낙타들! 쌍봉낙타는 혹이 두 개이고, 단봉낙타는 하나이다. 나는 이 금욕주의, 혹은 견인주의堅忍主義 철학자들의 강철 같은 인내에 대해 감탄한다. 낙타는 죽어 사라졌지만 그 가죽은 여행가방으로 변신했다. 밝은 갈색이었던 것이 군데군데 얼룩이 지고 표면 전체가 어두운 갈색으로 변색되었다. 트렁크를 감싼 낙타 가죽은 닳고 낡았는데, 이것을 바라볼 때 가슴에 아릿한 통증을 느낀다. 늙은 부모를 지켜보듯이. 노인들의 얼굴에는 반점이 생기고 주름은 깊어간다. 허리는 굽고 관절들은 약해진다. 기억이 급격하게 쇠잔해지고 자신의 아들이나 딸마저도 알아보지 못한다. 몸을 주었던 이 육친의 몸과 영혼이 시간에 의해 덧없이 허물어지는 것을 목격하는 것은 고통스럽다. 하지만 그것은 누구의 잘못도 아니다. 단지 시간의 광

포함이 남긴 흔적이다.

> 여행은 생각의 산파다. 움직이는 비행기나 배나 기차보다 내
> 적인 대화를 쉽게 이끌어내는 장소는 찾기 힘들다. 우리 눈
> 앞에 보이는 것과 우리 머릿속에서 떠오르는 생각 사이에는
> 기묘하다고 말할 수 있는 상관관계가 있다. 때때로 큰 생각
> 은 큰 광경을 요구하고, 새로운 생각은 새로운 장소를 요구
> 한다. 다른 경우라면 멈칫거리기 일쑤인 내적인 사유도 흘러
> 가는 풍경의 도움을 받으면 술술 진행되어나간다.
> ― 알랭 드 보통, 《여행의 기술》

내게 특별히 방랑벽이 있었던 것은 아니지만 꽤나 자주, 그리고 멀리 여행을 떠나곤 했다. 여행은 무엇이었던가? 초여름 따가워진 햇빛 아래에서 이마에 송글송글 돋는 땀을 씻어내다가 문득 암스테르담에 가고 싶어졌다. 산책을 하다가 탁한 물웅덩이를 만나 그 위에 떠 있는 푸른 하늘과 흰 구름을 보고 서귀포의 바다가 미친 듯이 보고 싶어졌던 적도 있다. 여행은 일상의 단조로움과 저 실용성의 끈덕진 구애에 대한 모반이다. 우리는 여기가 아니라 저기, 이 삶이 아니라 저 삶을 살고 싶어 한다. 모든 여행에는 낯설고 모호한 것에 대한 기대와 불안이 스민다. 여행에의 기대는 "일과 생존 투쟁의 제약을 받지 않는 삶"(알랭 드 보통)에 대한 보랏빛 꿈으로 부풀고, 여행이 품은 불안은 낯설

여행가방이 작을수록 여행은 알차고 실속은
커지지만 그것이 클수록 여행은 그 본질에서
벗어나며 지루하고 고달파진다. 여행의 즐거움은
여행가방의 무게와 반비례하는 법이다.

고 모호한 풍물들 속에 숨은 잠재적 위기들로 인해 커진다. 우리를 목적지까지 데려다주는 배와 기차, 비행기, 이 거대하고 민첩한 기계들이 주는 즐거움들을 누리지 못한다면 여행의 목적지까지 도착하는 데 따르는 몸과 영혼의 수고는 충분히 보상받지 못할 수도 있다. 장소가 주는 즐거움과 쾌락은 금세 끝난다. 여행의 정수精髓, 여행의 행복은 그 목적지들이 아니라 여정旅程 속에 숨어 있는 것인지도 모른다. 여행이 언제나 계획된 대로 이루어지는 법은 없다. 여행은 도무지 예측할 수 없는 돌발 사태, 난관들, 기상이변, 항공사의 착오들로 인한 무수한 변곡점들을 만든다. 그럼에도 불구하고 우리는 여행을 떠난다. 여행은 잃는 것보다 얻는 게 더 많은 모험이다. 그리고 여행의 잔여적 범주 안에는 내 안의 자아, 자기 자신과의 대화가 있다. 여행이 '생각의 산파'라는 말은 맞는 말이다. 우리는 새로운 장소가 새로운 생각을 낳는다는 것을 입증하는 망외의 소득을 쥐고 득의양양해진다. 여행은 무수히 많은 생각과 생각을 잇는 몽상들을 낳는다.

왜 다른 나라에서 현관문 같은 사소한 것에 유혹을 느낄까? 왜 전차가 있고 사람들이 집에 커튼을 달지 않는다는 이유로 어떤 장소에 사랑을 느낄까? 그런 사소한 (또 말없는) 외국적 요소들이 강렬한 반응을 일으킨다는 것이 터무니없이 보일지도 모른다. 그러나 우리의 다른 삶에서도 비슷한 양식을 쉽게 찾아낼 수 있다. 우리는 사랑의 감정이 상대가 빵에 버터를 바르는 방식에 닻을 내리고 있다는 것을 깨닫기도 하고, 또 상대가 구두를 고르는 취향을 보고 자신도 모르게 움찔하기도 한다. 이런 자잘한 일에 영향을 받는다고 우리 자신을 비난하는 것은 세밀한 것들로 그 속에 풍부한 의미를 품을 수 있다는 사실을 무시하는 것이다.

― 알랭 드 보통, 앞의 책

새로운 사고는 새로운 장소와 만나는 놀라움에서 튀어나온다. 창밖을 보니, 거리를 돌아다니는 게 말이 아니라 낙타일 때 우리는 잠시 놀란다. 아, 내가 낯선 고장에 왔구나 하는 실감을 갖는 것이다. 멕시코에서 맞은 어느 추석날 새벽 한꺼번에 울려 퍼지는 성당의 종소리들에서 내가 아는 세계가 결코 세계의 전부가 아니라는 것을 암시받았다. 쿠바의 시골길에서 만난 검은 염소 무리의 울음소리에서 처음으로 단순하게 사는 것의 철학적 의미를 깨달았다. 그 느낌과 깨달음이 기분을 감미롭게 만들었다. 그 감미로움은 분명 내가 지금보다 좀 더 좋은 사람이 될 수 있으리란 기분 좋은 확신 때문이었다. 이렇듯 낯선 것에서 감각의 쇄신을 겪고, 취향의 숭고함을 발견할 수 있고, 낯선 장소에서 지치지 않고 감미로운 삶을 꿈꿀 수 있다. 저 5월의 햇빛이 반짝거릴 때, 종일 책상 앞에 엎드려 있는 나는 아주 어리석고 고집불통인 인물이다. 착하고 고요한 생명체로 살기 위해 더 많은 반짝거리는 햇빛과 신선한 공기, 지평선을 품은 대지와 호수와 바다가 필요하다. 마땅히 그것들을 찾아 떠났어야 했다. 그래야만 이 삶의 안쪽에 차오르는 "노여움을 천박한 욕망의 힘들을 약간은 무디게 할 수 있었을 것"(알랭 드 보통, 앞의 책)이다. 무엇이 나를 일상의 지루함과 권태 속에 주저앉혔을까? 여행은 바다, 사랑, 여자, 이국, 영광 따위의 낱말과 동의어이다. 떠나라, 여행에 열락悅樂과 사치가 있으니! 풍요로운 아름다움과 더불어 살기 위해 떠나라! 먹고 마시고 노래하는 가운데 하찮은 노여움과 천박한 욕망 따위는 사라지리라. 당신이 먹고 마신 것들은 마침내 당신의 살이 되고 뼈가 되리라. 결국 여행은 어디로든 떠남이고, 이곳이 아닌 저곳으로의 나아감이다. 삶은 그 자체가 하나의 여행이 아닌가! 다시 돌아올 수 없는 편도 여행! 우린 떠난 곳으로 돌아올 수도 없고, 이것을 두 번 반복할 수도 없다. 한 번으로 끝나는 것. 그래서 그것이 그토록 감미로운 것이다.

우산

쇠얀 키르케고르

천둥 번개가 치며 후두둑 쏟아지는 빗발들. 그게 변화무쌍한 여름 날씨다. 여름에는 따뜻한 비가 내린다. 아무 준비 없이 외출했다가 느닷없이 거리에서 소나기를 만난다. 느닷없는 비를 피하려면 건물 안으로 피신하든가 우산을 쓰고 있는 사람의 도움을 받아야 한다. 나는 누군가의 우산 속으로 도피한다. 옷이 젖지 않기 위하여. 그것은 임시방편이다. 소나기가 그치지 않는다면 편의점에서 우산을 사야 한다. 우산은 머리 위의 하늘을 가리고 하늘에서 떨어지는 빗발들을 피하게 해준다. 우산은 감정상의 작은 피난처이기도 하다. 빗방울들은 때로는 경쾌한 리듬으로 우리를 즐겁게 한다. 우산 아래는 비밀들을 식재植栽하기에 적당한 공간이다. 내게 우산이 있다면 비 오는 날도 즐거운 마음으로 산책에 나설 수가 있다.

　　비가 그치거나 햇볕이 견딜 만하다면 우산은 필요없다. 우산은 쾌청해진 날씨 속에서는 거추장스러운 물건으로 전락한다. 지하철 유실물센터에서 가장 많이 들어오는 물건들 중의 하나가 우산이라고 한다. 우산은 그만큼 헤프게 쓰고 버려지는 사물로 전락했다. 서울 시내 수없이 많은 편의점 어느 곳에라도 들어가면 우산은 쉽게 살 수 있다. 그것들은 대부분 중국산이다. 중국산 우산은 아주 싸고 그만큼 품질에 대한 기대도 낮춰야 한다. 몇 번 쓰고 나면 금속 살대가 부러지거나 해서 쓸 수가 없다.

우산은 단순한 구조물이지만 이것을 둘러싼 철학적 요소는 복잡하다. 우산은 위로와 구원, 견고하고 청결한 도덕을 암시하고, 날마다 조난당하는 자들에게 구명보트와 같은 그 무엇이다. 우산이 인류에게 주는 도움은 실질적인 것으로 거기에는 어떤 허영도 포함되지 않는다. 비가 내리는 거리에서 우산을 펼치는 것은 미각의 즐거움이나 성적 쾌락을 위한 행위가 아니라는 것쯤은 누구나 안다. 하지만 우산이 작은 재난을 피해 기댈 수 있는 사물이라는 것은 분명하다. 우산은 가난한 존재들이 숨을 수 있는 무릉도원과 깨지지 않는 우정에 대한 일종의 은유이다. 우산은 사랑으로 생긴 상처와 울음을 치유한다. 실연의 고통에서 벗어나지 못하고 있다면, 비오는 거리에서 우산을 쓰고 걸어보라! 모든 고통은 지나가는 것이라는 깨달음을 얻을 것이다. 빗속에서 우산을 받치고 걸어가는 동안 상처들은 아문다. 왜 이런 일들이 생기는가? 우산의 성분들 중에서 수심愁心의 용해, 온정의 확산, 이타주의, 무無의 지복, 휴식 따위가 불현듯 우리 마음에 스며들었기 때문이 아닐까? 물론 우산을 공격무기로 쓰는 후안무치한 자들이 아주 없는 것은 아니다. 어떤 사람들은 우산으로 누군가를 내려치거나 찌르는 용도를 찾아내고 쾌재를 부른다. 그것은 우산의 치명적 공격성을 현시하기보다는 우산을 공격무기로 쓰는 자의 조급함과 악덕을 더 드러낸다. 우산은 짝을 찾고 연극과 연주회와 전람회를 함께 즐기려는 인류의 선량한 측면을 더 드러낸다. 우산은 의지와 표상으로서의 세계 속에서 작은 재앙들을 극복하고 인류 평화를 확산하는 데 기여한다.

　우산이 육체적인 섭생과 연관되어 있는 것은 아니다. 우산은 장수長壽를 위한 섭생과 아무 연관이 없다. 그것은 우산을 발명한 사람이 품었던 최초의 착상과 의지와 상관이 있을 것이다. 우산의 발명자는 장수보다는 비와 강한 햇빛으로 인한 활동의 제약에서 사람이 어떻게 자유롭게 될 것인가를 더 우선순위에 두었을 것이다. 우산은 비를 피하거나 햇볕을 가리기 위한 용도로 특화되었다. 4세기경 중국에서 대나무를 잘게 쪼개 만든 바퀴살에 기름 먹인 종이를 붙인 것이 우산의 원형이다. '우산 umbrella'은 라틴어 '그늘 umbra'에서 나왔다고 한다. 그러니까 우산은 비만 가리는 게 아니라 땡볕을 가리기 위한 용도도 있었던 것이다. 1608년 영국 여행가 토머스 코리앳이 베네치아로 가는 도중에 우산을 처음 목격하고 "머리 위로 그늘을 만들어 뜨거운 태양의 열기로부터 은신처를 제공해주는 것들"이라고 썼다.

　이 우산의 펼쳐진 상태는 역시 감탄할 만하다. 관절들의 장치, 천의 정확한 팽창, 화관처럼 벌어지는 그 가느다란 금속 구조물 전체를 주의 깊게 살펴보면, 펼쳐진 우산은 가장 적게 알려지긴 했지만, 소위 온대 지방의 거주자들 전체에게 단 한 번에 제공되는 가장 교육적인 광경 중의 하나이다. 우산의 발명가 또는 아마 대대로 개량해 왔을 사람들 무리는 수공업적인 완벽과 미에 대해서, 그리고 틀림없이 반점으로 인한 붉은 뺨과 뚜렷이 구별되는 흰 구레나룻과 안경에 대해서 날카로운 미적 감각을 지녔을 거라고 나는 생각한다.

— 로제 폴 드루아, 《사물들과 철학하기》

겨울 오후 3시에 내리는 비는 음울하다. 도심은 온통 회색빛이고 낮게 내려앉은 구름이 뿌리는 비로 인해 도로는 질척거린다. 우산 아래는 죽은 식물들의 그늘들이 자라나는 별계別界이다. 우산 아래 별계 속에서 하늘을 가리고 숨 쉬는 인류가 있다. 그는 한사코 비를 피하려고 한다. 비는 그 구성 성분 전부가 오로지 물이다. 비를 피하려는 이 인류는 그 자신이 물로 이루어진 존재라는 사실을 망각하고 있는 것은 아닌가? 64킬로그램 나가는 무게의 인간은 제 몸에 45리터의 물을 갖고 있다. 70억의 인류가 제 몸의 물을 합치면 하나의 바다를 이룰 것이다. "인류는 사방에 흩어져 있는 바다다. 따라서 각 인간은 통 역할을 한다. 물은 우리의 혈관, 뼈, 그리고 꿈속에서 쉰다."(마르탱 파주, 《비》) 추척추적 떨어지는 초겨울의 빗방울은 여름날의 그것처럼 경쾌한 리듬이 없다. 겨울은 죽음과 조락의 계절이 아닌가! 겨울의 빗방울들에 리듬이 없다는 것을 이해해야 한다. 빗방울과 바람을 뚫고 앞으로 나가는 동안 이승의 저녁들은 덧없이 깊어진다. 당신의 쇄골과 관자놀이에도 엷은 그늘이 내린다. 젖은 도로는 갑자기 영하 이하로 떨어진 기온 때문에 속절없이 얼어붙는다. 나는 얼어붙은 도로 위로 흘러가면서 겨울비가 내리는 거리를 걷는 일이 바다에서 작은 배를 타고 노를 젓고 있는 일 같다는 생각을 한다. 머리 위에 하늘을 가리고 있는 우산은 한 척의 작은 배다. 아무리 노를 저어도 뭍은 여전히 멀다. 삶은 일종의 노 젓기라는 고역苦役이 아닌가. 노를 저을 때 균형을 잘 유지해야 한다. 그렇지 않으면 배는 엉뚱한 방향으로 나아간다. 어깨가 아프다고 해서 노 젓기를 쉴 수는 없다. 당신은 그 막막함을 아는가? 날은 차갑고, 빗방울들은 바람을 타고 흩뿌린다. 중국 내륙의 먼 시골 닭장 속에서 공중에 축축하게 번져가는 습기 때문에 닭들이 횃대에서 날개를 푸드덕거린다. 우산을 쓰고 있어도 몸의 일부는 차가운 비에 젖는다. 뜨거운 크림수프를 먹을 수만 있다면! 차이코프스키의 피아노 협주곡 1번 2악장을 들을 수 있다면! 뼛속까지 한기가 파고든다. 우리는 벌써 헤어진 걸까? 그림자의 배후들이 사라진다. 피와 뼈가 얼어붙는다.

우산 아래에서 욕망과 비밀들이 번성한다. 욕망이라니! 욕망이란 "결국은 게으르지 않으려는 핑계"(밀란 쿤데라)가 아닌가! 그 욕망이 여기까지 나를 끌고 왔다. 우산을 함께 쓰는 사람은 비밀들을 공유한다. 나는 이 삶을 저질러버린 자. 그러나 내 선택이나 행위로 실존의 법정에 소환된 게 아니다. 배심원들은 단지 내 나쁜 혈통 때문에 유죄를 선고한다. 나는 그 배심원들의 냉냉한 시선을 피해 도망간다. 내 도피처는 우산이다. 그래서 여름비든 겨울비든 간에 우산을 쓰고 걷는 게 편안하다. 우산은 불안과 실존 사이로 흘러간다. 아니다. 우산은 충만한 실존이고 우산 위로 떨어지는 빗방울들은 불안이다. 나는 우산 속에서 빗방울들을 피한다. 나는 겨우 우산 하나에 의지해서 실존의 불안을 견디려고 했지만 끝내 이 단속적인 불안의 침투를 막을 수는 없었다. 나의 불안은 준엄하고 그것에 감염된 실존은 삼엄했다. 당신은 어떤가?

쇠얀 키르케고르가 그랬던 것처럼 나는 우산 속에서 신과 마주하는 단독자가 된 듯한 느낌이다. 니체, 레비나스, 데리다와 같이 현대의 중요한 철학자들에게 영감을 준 키르케고르 철학의 두 키워드는 '실존'과 '불안'이다. 실존은 '이것이냐, 저것이냐'라는 선택의 문제를 품는다. 이 때문에 불안이 생겨 내면을 잠식한다. 나는 불안에 대해서 전전긍긍하고, 당신은 불안에 빠질까봐 불안에 떤다. 그러나 불안에 대한 신경질적인 반응을 할 필요는 없다. 키르케고르에 따르면 불안은 "자유의 가능성에 대한 기대"이다. 키르케고르는 1849년에 안티-클리마쿠스라는 익명으로《죽음에 이르는 병》(1849)을 발간한다. 그는 '절망'은 죽음에 이르는 질병으로 성찰하면서 '실존적 절망'이라는 개념을 내놓는데, 이것은 기독교적인 원죄 개념에 포개진다. 키르케고르는 살아 있을 때 덴마크국교회를 비판하고 나서면서 교회 권력과 불화하고 대립했다. 당대의 거대 권력이던 국교회를 비판한다는 것은 스스로 고립을 자초하는 일이었다. 키르케고르는 〈기러기〉라는 우화에서 공중을 자유롭게 나는 기러기가 날지 못하는 거위들을 돕다가 공상적인 바보라는 비난에 처한다. "거위는 절대 기러기가 될 수 없으나 기러기는 곧잘 거위가 돼버린다. 경계하라!" 거위는 당대의 교회이고, 기러기는 키르케고르 자신이다. 그는 거위를 돕다가 거위와 같이 날개가 퇴화된 기러기의 모습에서 자신을 비춰보았다. 덴마크에서 태어난 키르케고르는 마흔두 살에 죽었다. 당대 국교회를 비판한 키르케고르에 불만을 품은 폭도들 때문에 그의 시신은 우여곡절 끝에 가족묘지에 안장될 수 있었다.

활

지그문트 바우만

활의 역사는 아주 오래되었다. 원시적 형태의 활은 후기 구석기 시대에 사냥 도구로 만들어졌을 것으로 추정된다.* 유구한 세월을 거치면서 활은 사냥도구에서 살상용 무기까지 용도를 넓힌다. "세계적으로 다양한 활이, 지역과 세월을 따라 선별적으로 진화하는데 우리도 마찬가지였다. 처음 단궁檀弓이라는 나무 활이 고조선 시대부터 한사군漢四郡 시대까지 널리 사용되었다. '향나무 단檀'은 지금 추정으로는 박달나무다. 고목이 되면 나뭇결이 경직되지만, 어린 박달나무는 탄력과 강도를 겸비한 까닭에 나무 활로 쓴 만하다."(김형국,《활을 쏘다》) 활은 예로부터 우리 민족과 가까운 기물로 사랑받았다. 한민족은 활을 잘 쏘는 것으로 명성을 떨쳤다. 활쏘기는 육예 중의 하나로 꼽혔고, 전통시대에 덕을 살피고 따지는 관덕의 도구이기도 했다.(김형국, 앞의 책) 정조 임금은 활쏘기 솜씨가 매우 뛰어난 군주로 손꼽힌다. 열 순의 화살 쉰 대로 49중 하기가 무려 열두 차례에 이르렀다고 역사는 전한다.** 활이 우리 고유의 문화로 자리 잡는 데 성공하는데, 이는 "공간 확산 또는 이동의 결과로

● 김형국은 한민족이 활을 만들고 쓰게 된 역사를 "최단 1만 년, 최장 4만 년의 역사를 헤아린다."고 말한다. 김형국,《활을 쏘다》, 효형출판, 2006.
●● 김형국은 이렇게 적고 있다. "장획을 쏘아 49중을 달성하겠다고 마음먹은 경우에 정조의 습사, 곧 활쏘기 연마 방식은 특이했다. 일단 네 순 스무 대를 모두 맞히면 다섯 째 순부터는 넉 대만 쏘고 한 대씩 남겨두었다. 다섯 째 순부터 아홉 째 순까지 넉 대석 쏘아 맞히면 다섯 대가 남게 되는데, 이것을 아홉 째 순 다음에 모아서 한꺼번에 쏘았다. 마지막 열 째 순의 다섯 대 가운데 넉 대를 맞히고 49중에 이르면 매번 임금은 나머지 화살 한 대를 숲 속으로 쏘거나 정곡에서 빗나가게 쏘았다." 김형국, 앞의 책.

활 247 지그문트 바우만

문화 또는 문명이 싹을 틔운 곳과 문물을 일으킨 역사와, 문물을 잘 계승·발전시킨 역사가 일치하는 희귀한 경우"(김형국, 앞의 책)에 해당한다.

　　아마도 활은 수렵·채취 시대에 유력한 사냥 도구였을 것이다. 중세 시대에도 활은 전쟁을 수행하는 무기의 한 축이었고, 따라서 장정들이 활쏘기에 수련에 매진하는 것은 당연시되었다. 현대에 와서 활에 담긴 도구적 함의는 달라질 수밖에 없다. 수렵이나 전쟁에서 도구적 쓰임을 잃어버린 활이 몸과 마음의 수련, 그리고 교화의 목적으로 전화轉化된 것은 자연스럽다. 취미나 스포츠의 특정 종목에서만 쓰이는 활은 여전히 사냥의 상징성에서 의미를 얻는 도구다. 활쏘기를 취미 삼은 사람들은 한결같이 활쏘기가 몸과 마음을 다스리는 데 효과가 크다고 말한다. 가장 좋은 활쏘기는 심사心射다. 마음으로 쏘는 활쏘기. 활이 갖는 함의의 궁극적 귀착점은 "개인의 구원"(김형국, 앞의 책)일지도 모른다. 활은 단순하지만 그 위력은 사람의 몸통을 꿰뚫을 만큼 대단하다. 시윗줄에서 튕겨 나온 화살은 허공을 날아 과녁을 꿰뚫는다. 활을 초점 사물로 떠올린 것은 다시 사냥꾼의 시대가 오고 있다는 흉흉한 소문 때문이다. 그 소문이 더 흉흉한 것은 사냥꾼이 되지 못하는 사람은 사냥감이 된다는 것 때문이다. 이것은 자신이 살기 위해서는 누군가를 죽여야 한다는 말이 아닌가?

서울시립대학관 학생회관 앞에 작은 빈소. 그 빈소에는 고양시의 이마트에서 냉동기 점검 아르바이트를 하다가 숨진 서울시립대학교 휴학생 황모 씨의 영정이 놓여 있다. 영정 너머로 "학우의 죽음에 가슴이 저리고 눈물이 납니다"라고 적힌 대자보가 걸려 있다. 불과 스물두 살에 그는 죽었다. 한 주일 뒤. 서울 서초구의 한 장례식장에 한 부부가 딸의 영정을 붙잡고 울고 있다. 바로 전날 새벽 한 연립주택의 반지하 방에서 목매 숨진 이모 씨의 쓸쓸한 빈소다. 검정고시로 고졸 학력을 취득한 뒤 간호조무사 자격증을 따서 개인병원에서 일하던 이 씨는 학력 차별, 불안한 고용상태, 최저 임금, 미래에 대한 불안 따위로 우울증에 빠졌고, 정신과 치료를 꾸준하게 받았다. 결국은 병원을 그만두고 편의점에서 시급 노동을 하며 피부미용 자격증 공부를 하다가 사고로 어깨를 다쳐 일을 못하자 자살을 한다. 스물일곱에 목숨을 끊은 이 씨가 끝내 넘어설 수 없었던 것은 무엇이었을까? 많은 사람들이 이 세상의 온갖 횡포에 꿈이 짓밟힌다. 권력들이 만든 가치와 그 규준들. 꿈을 짓밟는 여러 횡포들! "운명의 횡포가 가진 돌연성과 불규칙성, 그리고 어떤 방향에서도 나타날 수 있는 고약한 능력, 이 모든 것이 그 횡포를 예측할 수 없게 만들고, 따라서 우리로 하여금 무방비 상태에 놓이게 만든다."(지그문트 바우만,《모두스 비벤디》) 우리 앞의 문제는 '유토피아'가 아니라 '생존'이다. 세계는 '의자 뺏기 놀이' 중이다.

세계는 점점 '지옥'으로 변하는데, 그 '지옥'을
만든 것은 바로 우리들 자신이다. 소설가 이탈로
칼비노는 이렇게 적는다. "우리는 날마다
지옥에서 살고 있고 함께 지옥을 만들어 가고
있다."고. 지옥은 삶의 불확실성에서 오는 위험과
공포로 가득한 삶 자체다.

왜 삶이 갈수록 힘들어지는가? 왜 일자리는 줄고 주름진 살림은 펴지지 않는가? 왜 열심히 일해도 빚에서 헤어날 수 없는가? 왜 가난한 사람은 계속 가난하고 부자들은 더 부자가 되는가? 지나친 유동성의 증가가 문제다. '지구화'와 '개방성'도 이 유동성의 확산에 힘을 보탠다. 좋은 것도 지구화의 물결을 타고 퍼지지만 나쁜 것도 함께 퍼진다. 테러리즘 같은 것. 그로 인해 세계는 더 많은 불안과 공포, 혼란의 회오리를 피할 수 없게 되고 점점 더 예측 불가능한 것으로 변한다. 폴란드 출신의 사회학자 지그문트 바우만은 근대성이 만든 견고성들이 어떻게 해체되면서 액체화하고, 세계가 어떻게 '고형적' 국면에서 '유동하는' 국면으로 바뀌는가를 조목조목 짚는다. 땅이 물렁물렁해지면 누구도 안전하지 않다. 자유주의적 지구화, 국제금융 시스템의 불안정성, 통제 불가능한 시장의 변덕, 국수주의, 테러리즘의 위험성들로 사회적 토대가 물렁물렁해진다. 땅이 언제 푹 꺼질지, 그 지형이 어떻게 바뀔지 아무도 모른다. 세계의 유동성이 증가하면서 개인들의 삶 역시 불확실성과 불확정성의 영역으로 떠밀린다. 그 결과는? 비정규직과 백수, '88만원 세대'들이 양산되고, 전반적으로 삶의 질이 떨어진다. 불행한 조건들에 무방비 상태로 노출되어 있는 이들은 '난민'들, 혹은 '잉여인간'이 될 가능성이 그만큼 높아진다.

'난민'들은 제 나라에서 강제 추방되었거나 자발적으로 더 나은 삶을 위해 도망쳐 나온 사람들이다. 그들을 받아주는 곳은 어디에도 없다. 그들은 존재하지만 존재 그 자체가 끊임없이 부정 당한다. 정착민도 아니고 유목민도 아닌 그들이 있을 곳은 '존재하지 않는 곳'이고, '비공간'이거나, '유령마을'이다. 그들은 떠나온 곳으로 돌아갈 수도 없고 새로운 곳에서 둥지를 틀 수도 없다. 푸코의 기발한 용어를 빌리자면 그들은 "바보들의 배"에 승선한 것이다. 그것은 "홀로 존재하지만 폐쇄되어 있는 동시에 바다의 무한성 속에 묻혀 일정한 장소 없이 표류하는 장소"를 가리킨다. 난민들은 임시 체류지에 머무는데, 우리는 그곳을 '난민 수용소'라고 부른다. 바우만은 그 '난민 수용소'에 대해 이렇게 말한다. "얼어붙어 버린 일시성, 일과성이 계속해서 진행되고 유지되는 상태, 영속적인 것에 기여하는 것은 고사하고 그 일부로도 살아가지 못하는 순간들을 얼기설기 꿰매어 놓은 시간 등이 바로 난민 수용소의 특징이다."(지그문트 바우만, 앞의 책) 문제는 많은 사람들이 제 나라 제 땅에서 '난민' 신분으로 전락하고, 세계 자체가 유동하는 근대성으로 요동치는 가운데 '난민 수용소'로 변질되어가고 있다는 점이다. '난민'들은 바로 우리 자신, 우리의 이웃들이다. 직장을 잃고, 비정규직으로 살아야 하고, 혹은 백수로 어떤 "사회적 역할이라는 닻도 없이" 표류하면서 떠도는 사람들! 해고노동자나 문 닫은 영세 자영업자, 최저생계비 이하의 삶에 허덕이다가 신용불량자로 밀려나는 사람들! 바로 그들이 우리 시대의 대표적인 경제 '난민'들이다.

세계는 점점 '지옥'으로 변하는데, 그 '지옥'을 만든 것은 바로 우리들 자신이다. 소설가 이탈로 칼비노는 이렇게 적는다. "우리는 날마다 지옥에서 살고 있고 함께 지옥을 만들어 가고 있다."고. 지옥은 삶의 불확실성에서 오는 위험과 공포로 가득한 삶 자체다. 세계은행, 국제통화기금, 세계무역기구 등은 물론이거니와 국가도 사회도 이 위험에서 우리를 지켜줄 수 없다. 우리는 근대 세계가 인간을 공포에서 해방시켜 주리라는 기대를 품지만 그것이 가망 없는 꿈이었음이 곧 드러났다. '공포'는 여전히 우리 앞에 있다. 공포 앞에서 우리가 선택할 수 있는 행동은 두 가지다. 하나는 도망가기이고, 다른 하나는 맞서 싸우기. 도망가기는 쉽지만 맞서 싸우기는 어렵다. 공포는 불확실성에서 오고, 우리는 위협의 정체조차 모른다. 더구나 공포는 누구의 도움도 없이 자기 스스로 부피를 키우는 자기생성적인 성질을 갖고 있다. "일단 인간 세상에 들어오면 공포는 자체의 추진력과 전개 논리를 갖게 되어 관심과 투자가 없어도 계속 성장하고 확산된다."(지그문트 바우만, 앞의 책) 왜 한번 생겨난 공포는 쉽게 사라지지 않고 계속 자라고 널리 퍼지는가? 공포는 안개와 같이 일상 속으로 스며든다. 공포는 외부의 에너지 투입 없이도 스스로를 재생산하는 성질이 있다. 사람들은 현실화한 공포에 대해 "방어적인 행동"을 취한다. 그러면 "공포와 공포로 인해 유발된 행동들"은 서로 뒤얽혀 공포를 재생산하는 메커니즘으로 발전한다. 공포는 자기 꼬리를 먹고 계속 자라나는 우로보로스와 같다.

바우만의 은유를 빌린다면, 근대는 정원사의 시대였다. 근대는 유토피아의 꿈이 그나마 남아 있던 시절이다. 정원사는 자신의 정원을 잘 가꿈으로써 유토피아의 꿈을 추구할 수 있었다. 정원에 식물들을 배치하고, 불필요한 잡초들은 제거한다. 그렇게 정원사는 유토피아 창조자의 길을 갈 수 있었다. 탈근대의 시대는 사냥꾼의 시대다. 사냥꾼 앞에 놓인 선택지는 둘이다. 사냥꾼이 되느냐 사냥감이 되느냐. 달리 말하면 죽이느냐 죽느냐다. 이런 사회는 '위험사회'이고, 위험이 깔린 세계는 곧 '지옥'이다. 이것이 진짜 '지옥'인 이유는 또 다른 데 있다. 사냥이 사냥감을 잡는 것으로 끝나지 않는다는 점이다. "정원사에게, 유토피아는 길의 끝이었다. 그러나 사냥꾼에게는 길 자체다. 정원사는 길의 끝을 유토피아의 정당화이자 궁극적 승리로 생각했다. 반면 사냥꾼에게, 길의 끝은 이미 삶의 현실이 된 유토피아의 종착점이자 수치스러운 패배이다. 한술 더 떠서 개인적인 실패를 보여 주는 꼼짝 못할 증거와 완전한 개인의 패배가 될 수도 있을 것이다. 다른 사냥꾼들이 사냥을 그만둘 가능성은 거의 없다. 그러므로 계속해서 사냥에 참가하지 못하면, 자기만 배제되었다는 수치심과 따라서 (추측컨대) 자기만 능력이 없다는 무력감을 느낄 수 있다."(지그문트 바우만, 앞의 책) 사냥꾼의 유토피아는 저기 멀리 있는 것이 이미 현실 안에서 실현된 그 무엇이고, 그것은 불멸이다. 문제는 그 사냥에는 끝이 없다는 사실이다. 누군가 사냥을 그만두는 순간 개인의 수치스러운 패배로 귀결되며 사냥꾼의 유토피아는 즉각 사라진다. 그는 곧 바로 유토피아에서 밀려난다. 사냥꾼의 유토피아는 사냥이 계속되는 한에서만 지속가능하기 때문이다.

지금 우리 앞에 놓인 선택지는 죽이거나(사냥꾼), 아니면 죽임을 당하거나(사냥감) 둘 중의 하나다. 용케도 사냥꾼이 되었다고 해도 악몽은 종결되지 않는다. 사냥은 오늘도 내일도 모레도 계속되어야 한다. "끊임없이 계속 사냥에 참여하는 삶이 또 다른 유토피아라면, 그것은 (과거의 유토피아와는 반대로) 끝이 없는 유토피아다. 사실 정통적인 기준으로 보면 기괴한 유토피아다. 본래 유토피아는 고생이 끝날 것이라는 약속으로 사람들을 끌어당겼다. 이에 반해 사냥꾼의 유토피아는 고생이 결코 끝나지 않는 꿈이다."(지그문트 바우만, 앞의 책) 우리가 사는 세계는 이전에 볼 수 없었던 새로운 사회다. 눈을 크게 뜨고 보라. 세계는 지옥의 유토피아거나 유토피아의 지옥이다. 지금 우리에게 필요한 것은 분노와 투쟁이다. 지상 35미터 높이의 85호 크레인에 올라 180일째 '고공농성'을 벌인 한진중공업 해고노동자들은 무엇과 싸웠던가? 그들은 바로 지옥을 지옥이 아니라고 우기고, 이 지옥을 현실로 받아들이라고 강요하는 권력과 권력에서 오는 "온갖 종류의 압력"들과 싸운 것이다.

망치

제러미 리프킨

이 단순한 것에 대해 더 말할 게 있을까? 이것은 무거움이고 단단함의 한 측면이다. 무거움과 단단함에서 다른 사물과 견줄 바가 없다. 형태적인 모호함도 없다. 무모할 정도로 단순한 이것은 깊이의 무한함과는 무관하다. 단지 단단함과 단순함이 합쳐져서 항구적인 실재에 도달한 예이다. 하지만 이것은 더 이상 도구적 진화가 필요 없는 완결체이다. 열림이나 닫힘도, 시스템 오류나 오작동도, 오래 쓴다고 해서 마모 현상도 전혀 없다. 이것은 단단한 것을 단단함으로 깨고, 튀어나온 것을 평면이 되도록 밀어 넣는다. 한 인류학자는 인류 사회에 공통적으로 나타는 특징들이 있다고 한다. 이를테면 "낭만적 사랑, 위생 관념, 망자에 대한 애도, 음악, 언어, 근친상간 회피, 소문, 성적 질투, 단 것에 대한 선호, 위계질서, 친족에 대한 호칭"(전종환, 《오래된 연장통》) 따위가 그런 것들이다. 나는 하나를 덧붙이고 싶다. 진화나 기술의 차이와 상관없이 어느 사회에나 공통으로 쓰는 도구가 있다. 바로 망치다.

망치는 쇠와 나무의 단순한 결합이다. 쇠로 이루어진 머리 부분과 나무로 되어 있는 손잡이 부분이 결합된 망치는 못을 박거나 무엇을 깨거나 부술 때 쓰는 도구-사물이다. 원시 인류는 700만 년 전부터 아프리카 사바나 초원에서 수렵 채집 생활을 하며 살았다. 이 도구-사물의 시원은 아직 철鐵이 나오기 이전 구석기 시대의 원시 인류가 만든 돌도끼일 것이다. 망치를 만들어 씀으로서 호모 사피엔스는 호모 파베르Homo Faber라는 명성을 얻는다. 인간은 도구를 만들고 쓴다는 점에서 동물과 차별화된다. 베르그송은 인간의 한 본질을 도구 제작자에서 찾아내고 여기서 호모 파베르라는 개념을 이끌어냈다. 인간은 유형이건 무형의 도구를 만드는 존재이고, 아울러 자기 자신도 만드는 존재이다. 돌도끼의 발명은 우발적이었을까? 그랬을는지도 모른다. 어쨌든 인간의 손에 돌도끼가 쥐어짐으로써 손은 도구-사물의 강력한 힘을 보태서 파괴적인 힘을 가진 것으로 특화된다. 돌도끼라는 살상력을 가진 무기를 손에 쥠으로써 인류는 덩치 큰 짐승들과의 생존 경쟁에서 유리한 입장에 서게 되었다. 사냥은 더 용이해지고, 덩치 큰 동물의 위협 속에서도 안전을 담보할 수 있게 되었다. 우리는 아프리카 초원에서 수렵 채집 생활을 하던 원시인류에게서 얼마나 멀리 떨어져 있는가? 그 시간적 거리는 700만 년이다. 실로 아득하지만 인류의 내부에서라면 상황은 달라진다. "우리의 현대인 두개골 안에는 석기시대의 마음이 들어 있다."(전종환, 앞의 책) 단것이나 이성異性에 이끌리는 성향은 석기시대의 원시인류나 진화된 인류 사이에 차이가 없다. 현대인류의 마음에는 석기시대의 마음이 함께 있다. 망치는 무수히 많은 도구-사물들이 나오게 되는 계기가 되었다. 망치는 그 이후에 나오는 모든 도구-사물의 시초. 도구-사물들은 아주 점진적으로 인간의 내면 형질을 바꾼다.

망치는 그 본질이 쇳덩어리지만 단순한 쇳덩어리인 것만은 아니다. 쇳덩어리가 도구-사물이 되기 위해서는 시간과 기술의 축적이 필요하다. 한정된 용도 안에서 망치만큼 효율성을 가진 도구-사물도 찾기 어렵다. 망치가 자기의 용도 안에서 일을 그르치는 경우는 거의 없다. 망치는 항상 자기 일을 성공적으로 마친다. 망치는 잠재적 파괴성 때문에 분노, 격분의 아이콘으로 사용되기도 한다. 철학자 중에 망치에 대해 명상한 사람은 없다. 망치의 단순함을 생각한다면 이는 당연한 일이다. 개는 식별할 수 있는 능력을 가진 존재다. 그래서 개는 식별할 수 없는 낯선 것을 향해서만 짖는다. 망치는 스스로 그 무엇도 식별하지 못한다. 그래서 망치는 아무것도 식별하지 않고 비의지적 목적에만 충실하다. 토마스 아퀴나스는 "생명이 있는 사물은 내적 목적을 가지며, 생명이 없는 사물은 외적 목적을 가지는데, 그 궁극적인 목적은 신을 향한다."(토마스 아퀴나스 (남경태, 《개념어사전》에서 재인용))라고 적었다. 아퀴나스의 분류법에 따르면 망치는 생명이 없는 사물이므로 외적 목적을 가진다. 그 외적 목적은 다른 사물에 힘을 가해 규모나 크기에 변화를 주거나 사물의 위치를 변동시키는 것이다. 단단한 것의 분쇄와 못을 치는 일 따위가 망치의 외적 목적이다. 망치는 자신의 외적 목적을 수행함에서 항상 단호하다.

수렵사회는 700만 년을 지속하고, 농경사회는 1만 년 이상이나 이어졌다. 그에 반해 현대 산업사회는 200년 정도밖에 되지 않는다. 인류는 산업사회는 정보화 첨단사회를 맞고 있다. 기술의 발달은 인간의 노동력을 점차 무용화하고 있다. 정보화 첨단사회가 사람의 노동이 더는 필요치 않은 시대의 도래를 앞당기는데, 그에 따라 노동자들이 일자리를 잃고 실직 상태에 이른다. 일찍이 이런 경고를 한 것은 제러미 리프킨이다. 다람쥐를 동무 삼아 자란 사람에게 하이테크 혁명이 '기술 실업'을 낳을 것이란 전망은 먼 나라의 일쯤으로 여겼지만, 이미 우리는 기술 실업의 시대로 들어서 있다. 기술실업은 "노동력의 사용을 경제화하는 수단의 발견이 노동에 대한 새로운 용도를 발견하는 속도를 능가해 발생하는 실업"(제러미 리프킨,《노동의 종말》)이다. 주변을 둘러보면 '기술 실업'이 더는 미래의 일이 아니라는 게 분명하다. 문명의 태동이나 발달을 떠받친 것은 바로 노동이다. 문명 발달의 기초 동력인 노동이 정보 통신기술과 인공 지능을 장착한 하이테크 설비 기계들로 대체되고 있다. 미국에서만 해마다 200만 개의 일자리가 사라지고, 수많은 노동자들이 일자리를 잃는다. "대부분의 인원 감축은 보다 적은 노동력으로 보다 많은 일을 할 수 있도록 해주는 새로운 소프트웨어 프로그램과 보다 나은 컴퓨터 네트워크나 하드웨어로 인한 것이다."(제러미 리프킨, 앞의 책) 핵심적인 일자리들이 자동기계, 로봇, 컴퓨터로 대체되고, 인간들은 노동시장에서 퇴출당하고 있다. 기술적 진보가 인간을 노동에서 소외시키는 이 사태를 어떻게 받아들어여 할까? 공구상자 속에 든 망치, 드라이버, 드릴, 니퍼, 렌치, 톱, 줄자 따위의 도구-사물들은 여전히 유용하게 쓰이고 있다. 망치는 노동을 수행하는 데 많이 쓰이는 도구-사물들 중에서도 구석기 시대에서 하이테크 사회에 이르기까지 그 도구적 수명을 이어온 도구-사물이다. 망치의 발명이 인류 역사에서 위대한 업적에 속한는 사실을 증거한다. 망치의 단순한 구조는 인류의 기술적 진화의 역사를 압축하고, 아울러 이것의 유용성은 700만 년을 간단하게 뛰어넘는다.

추
錘

아도르노와 호르크하이머

지나간 날들이 덧없는 것은 바쁘게 산 날들의 덧없음에 대한 경계를 전혀 하지 않은 탓인지도 모른다. 나는 길을 잃었다. "별이 빛나는 창공을 보고, 갈 수가 있고 또 가야만 하는 길의 지도를 읽을 수 있던 시대는 얼마나 행복했던가? 그리고 별빛이 그 길을 훤히 밝혀주던 시대는 얼마나 행복했던가?"(루카치,《소설의 이론》) 어둠은 깊다. 한 치 앞도 내다 볼 수 없다. 길을 잃은 것은 내 잘못만은 아니다. 나는 인육을 먹은 적도 없고, 누군가의 목덜미를 물어뜯고 흡혈의 쾌락에 빠져 헐떡거린 적도 없다. 물론 누군가를 해치려는 나쁜 마음을 먹은 적이 아주 없었다고 말할 수는 없다. 그것은 죄인가? 아마도. 그것 때문인가? 불안은 영혼을 갉아먹고 이성은 서서히 마비된다. 불안이 영혼을 잠식할 때 그 영혼 속에서는 추억이 질척거린다.

여러 계획들을 품고 시작한 한 해는 끝난다. 계획들은 물거품처럼 사라지고 의미 있는 약속들은 무산되었다. 잿빛 하늘 아래서 맞는 한 해의 끝자락, 아무 감회가 없을 수 없다. 봄비 속에서 꽃봉오리를 활짝 연 모란과 작약들을 보며 희희낙락했다. 여름에는 수박 몇 통을 깨먹으며 더위를 견뎠다. 냉면 몇 그릇을 먹고 폭염과 열대야에서 받은 스트레스를 덜어냈다. 노모는 대장암 수술을 하고, 두 아이는 미국 영주권을 받아 떠났다. 유난히도 단풍색이 고왔던 가을은 빠르게 지나갔다. 올해도 여러 권의 책들을 사 읽고, 자질구레한 근심들을 품었으며, 먼 길을 산책하면서 지나왔다. 신문과 잡지에 대단치도 않은 글을 쓰고, 대학과 도서관과 기업들에서 초청하는 강연을 했다. 더러는 방송에 나가 책과 문학에 대한 이야기를 지껄이기도 했다. 시집을 내고, 인문학 책을 냈다. 올해는 곧 지나간다. 지나간 것은 다시 돌아오지 않는다. 다시 돌아오지 않기에 지나간 것들은 문득 감미로워진다. 먼 뒷날 늙어 백발이 성성해진 뒤에 난롯가에서 꾸벅꾸벅 졸다가 문득 올해 어느 순간에 의식이 고정될지도 모른다. 지나간 삶의 시간들은 추억과 회고의 순간들에서만 가까스로 희미한 빛을 머금을 것이다. 나는 더듬더듬 말할 수 있으리라. 그때 사랑과 기쁨의 날들이 어떻게 다가왔는지를, 그 발랄하고 우아했던 찰나들이 얼마나 빠르게 사라져버렸는지를!

12월이 오고 폭설과 혹한의 날들이 이어졌다. 12월 31일에는 종로의 보신각에서 제야의 종소리가 울려퍼졌다. 제야의 종소리를 들으며 '나'는 누구인가라고 조용히 물었다. 철학자들은 '나'를 '의미 있는 실재'라고 한다. 사람은 지구상에서 가장 이상한 동물이고 좌우대칭형의 외관을 가진 포유류이다. 불을 다룰 줄 알고, 선과 악을 구분하고, 화가 날 때는 공격을 하고, 두려울 때는 도망가고, 선택과 분류에 뛰어나고, 평생을 오른손잡이로 살고(왼손잡이들도 있다), 남녀노소 가리지 않고 남에 대해 이러쿵저러쿵 험담하기를 즐기고, 거짓말을 중요한 심리적인 방어기제로 쓰고, 추론에도 능란하다. 남의 것을 훔치고 빼앗고 부수지만, 다른 한편으로는 한없이 우아하고 점잖다. 이들은 시, 음악, 동화를 짓고 즐기며, 헐벗고 아픈 사람들을 위해 제 것을 기꺼이 덜어서 돕는다. 착한가 하면 악하고, 악한가 하면 착하다. 사람은 가장 비열한 존재이면서도 숭고하고, 가장 숭고한 존재이면서도 비열하다.

다락방에 있는 잡동사니 속에서 용도를 짐작하기 힘든 작은 쇠붙이 하나를 찾아냈다. 잡동사니들은 한데 모아둔 상장 속에서 제멋대로 굴러다니던 물건인데, 자세히 살펴보니, 추錘이다. 추, 이 미물! 본디 종의 안쪽에 매달려 있어야 할 것이지만 어쩐 일인지 종과 분리되어 굴러다니는 물건이 되었다. 어쩌자고 실재의 지위를 잃고 떠돌이가 되었을까. 이것은 변동, 불확실성, 모호함의 인력들 사이에 놓여 있다. 이것의 운명은 알 수가 없다. 따지고 보면, 종에서 떨어져 나와 제멋대로 굴러다니는 추와 같은 존재가 아닐까.

나는
종 속의 혀
무겁고
침묵하는
혀.

나를 건드리지 말라—
쇠 옆구리를 찌르는
내 몸짓으로
침묵을
부수게 만들지 말라.

종이 흔들리기 시작할
그때에야
나 또한 치고
흔들고
다시 칠 것이다
저
깊은 쇳덩이를.

— 하우게, 〈추와 종〉(하우게 시선집, 《내게 진실의 전부를 주지 마세요》)

추는 쇠로 된 종을 쳐서 소리를 낸다. 종에서 떨어져 나온 순간 추는 거대한 무의미의 그물에 포획된다. 우리의 '추'는 쇠가 아니라 뼈로 만들어진다. "어린 시절 나와 친구들은 무덤 파는 인부가 일하는 것을 지켜보곤 했다. 그는 가끔 우리에게 해골을 넘겨 주었고, 우리는 그것으로 축구를 했다."(에밀 시오랑, 《독설의 팡세》) '추'는 바로 해골이다. 종에서 떨어져 나온 추는 세계를 방랑한다. 사람으로서 나는 의미를 향하여 있는, 혹은 의미를 만드는 실재다. 산다는 것은 실재로서 세계의 의미에 참여하는 것을 뜻한다. 노르웨이의 국민시인 하우게는 종 안쪽에 매달려 있는 '추'를 노래한다. 나는 종 안쪽에 있고, 추는 종 안쪽에서 매달려 침묵하는 혀다. 나는 혀로써 말하고 먹고 누군가와 사랑을 한다. 혀는 말한다. 나는 당신을 사랑한다. 갈비뼈 아래에서 당신은 내 혀가 사랑한다고 말할 때마다 그것을 받아먹고 산다. 혹은 나는 당신을 사랑하지 않는다. 내 혀가 말할 때마다 당신은 수척해져서 죽는다. 말하고 먹고 사랑하는 혀의 배후에 무언가가 있다. 그게 '영靈'이고, '유현幽玄'이다. 혀는 혼자 말하지 않고, 혼자 사랑하지 않는다. 영과 유현의 부림을 받는 혀는 그 도구에 지나지 않는다. 종이 흔들리고 추가 쇳덩이를 친다. 침묵하던 혀가 말한다. 그 소리가 만방으로 울렸겠다. 멀리 퍼지는 소리는 잘게 쪼개지는 종의 분신이다. 어디에 있든지 그 소리를 들으며 종을 생각한다. 소리는 혀의 소리가 아니다. 울려 퍼지는 소리는 영의 영이고, 유현의 유현이다. 무거운 쇳덩이가 쇳덩이를 벗어나 소리로써 제 존재를 계시하는 것! 초탈의 찰나! 언젠가 나도 나를 넘어서는 저 초탈의 찰나를 갖게 되리라.

내일의 삶은 오늘보다 나아질 것인가? 새해에는 종에서 떨어져 잡동사니로 굴러다니는 이 세계의 모든 추들이 다시 종과 합체를 이루고 아름다운 소리를 울려낼 수 있을까? 그것은 불가능하다. 종에서 분리된 추들은 여전히 잡동사니로 낙인찍힌 채 굴러다닐 것이다. 아도르노와 호르크하이머는 전쟁의 광기와 파시즘이 위세를 떨치던 시대에 이성과 문명을 비판하고, '계몽'의 가능성과 한계에 대해 사유했다. 그들은 가장 좋은 것으로서 '계몽'의 타오르는 불꽃 속에서 이성과 의지의 힘이 새롭게 솟아오르고, 이 세계를 뒤덮은 야만의 어둠을 물리치기를 바랐다. 계몽의 불꽃이 꺼져버린 자리에서의 희망이란 가망 없는 일이다. 그들이 살았던 시대나 지금이나 여전히 계몽의 얼굴을 한 문명은 실은 또 다른 야만에 지나지 않았다. "좀더 나은 상태에 대한 희망은, 이러한 희망이 단순한 환상을 그리고 있는 경우가 아니라면, 더 나은 상태가 확실하고 단단하며 궁극적인 무엇이라는 보증으로부터 나온다기보다는, 만연해 있는 고통에 대해 눈을 감아 버리는 태도로부터 나오는 것이다."(아도르노·호르크하이머, 《계몽의 변증법》) 이 지구상에 얼마나 많은 난민들과 사회적 약자인 소수자들이 잡동사니로 낙인찍혀 천덕꾸러기로 나뒹굴고 갖가지 억압 속에서 고통으로 신음하고 있는지! 지구촌 여기저기에서 악과 재앙들이 승리를 구가한다. 진부한 악과 그것들이 일으키는 재앙이 득세하는 세상에서 낮은 곳에 엎드린 힘없는 사람들에게 희망을 이야기하는 것은 기만이다. 이 세상을 더 좋은 세상으로 만들겠다고 주장하는 진보를 낯선, 믿을 수 없는 '편협한 정치 집단'으로 의심하는 사람들이 여전히 많다. 그들은 진보를 버리고 낯익은, 잘 모르는 낯선 것보다는 잘 아는 차선의 악이 견딜 만하다고 판단해서 보수로 회귀한다. 물론 태생적으로 보수주의에 속한 사람들도 있겠지만. 2012년 12월 19일, 한반도 남쪽의 대통령 선거는 낯선 것에 대한 불안과 두려움 때문에 이미 익숙한 차선의 악이 더 견딜만 하다고 생각한 사람들이 단합해서 승리를 거둔 선거이다. 2012년 12월 하순, 한파가 몰아치는 한반도 상공은 음울한 잿빛이다. 곧 눈이 내리려나 보다.

한
고독한
독학자의

철학적
탐닉

발문

권성우 숙명여자대학교 교수, 문학평론가

신춘문예를 통해 비평가로 막 등단했던 1987년 1월 10일, 나는 광화문 교보문고에서 한 권의 책을 구입했다. 아직 신춘문예 시상식도 열리기 전이었다. 20대 중반의 대학원생이자 비평에 대한 새로운 열망과 의욕으로 한껏 충전되어 있던 신진비평가 시절, 내게 참으로 매력적으로 다가왔던 그 한 권의 책은 장석주의 첫 번째 평론집《한 완전주의자의 책읽기》였다. 그렇다면 이 책의 어떤 점이 내 마음을 그토록 뒤흔들었던 것일까?

생각해보면, 늘 내 문학적 무의식에 뿌리 깊게 존재하고 있었지만, 충분히 펼쳐놓지 못했던 세련된 심미적 감성과 아름다운 문체, 우아한 지성을 그 책을 통해 확인했던 것 같다. 1987년 6월 항쟁이 잉태되고 있던 폭풍 전야의 문제적 시기, 민족문학과 노동문학의 대의가 문단을 지배하던 그 시절에도 이와 같은 섬세한 미학적 글쓰기가 가능하구나 하는 생각도 했었다. 특히 '머리말'이 참으로 인상적이었다. 기혼이자 실직자인 20대 중반의 무명 시인 장석주가 시립도서관에서 어떤 전망이나 아무런 기약도 없이 《바슐라르 연구》를 읽으면서 느꼈던 오롯한 행복감과 충만감이 내게도 온전히 전염되어 왔던 것으로 기억한다. 그 순간 나도 언젠가는 이처럼 멋진 책을 내고 싶다는 바람을 마음 깊은 곳에 고이 간직하지 않았을까 싶다. 실제 만남은 동반되지 않았지만, 이것이 그와 나의 첫 인연이다.

그때부터 장석주의 글과 책, 삶을 꾸준하게 지켜보았던 것 같다. 그와 직접 만나거나 대화를 나눈 적은 많지 않다. 그러나 그와 함께한 몇몇 장면들은 내 뇌리에 선명하게 아로새겨져 있다.

지금도 기억한다. 1990년 무렵 정기적으로 진행되던 '시운동' 동인 합평회에 함께 참석하여 그의 신간 시집에 대해 토론하던 청춘의 시간을, 그가 운영하던 청하출판사가 청담동에 있던 시절 모처럼 방문하여 점심을 함께 하며 문학 얘기를 나누던 그 아련한 순간을, 계간 《사회비평》 편집위원 시절 '학술권력과 글쓰기'란 특집의 일환으로 '마광수 교수의 글쓰기와 재임용 탈락'이라는 민감한 주제를 청탁하기 위해 그에게 전화했을 때 들려오던 다정하면서도 기꺼운 목소리를.

처음 만남부터 지금까지 많은 세월이 흘렀지만, 그때나 지금이나 우리 둘은 늘 근본적인 의미에서 리버럴리스트이자 심미주의자였으며, 마광수의 편이었고 니체와 카잔차키스, 벤야민에 매혹당한 비평가였으며, 한결같이 문학적 아웃사이더와 소수자의 감성 쪽에 서 있었던 문인이었다. 또한 우리는 첨예한 정치적 계몽의 문학도 미학적 품격이 동반되었을 때 문학적으로나 정치적으로나 한층 소중한 의미를 지닌다는 생각을 공유해왔던 것 같다. 지금 문단에서 우리 두 사람이 누구보다도 자유롭지만 고독한 단독자로서 느슨한 '마음의 연대'를 해올 수 있었던 것도 이와 같은 비슷한 취향과 문학적 기질에서 연유하는 것이 아닌가 생각될 때가 있다.

내가 알기로 장석주는 서평가 로쟈(이현우), 출판평론가 한기호 등과 더불어, 대한민국 지식 사회에서 누구보다도 수많은 책을 열정적으로 탐독하는 대표적인 다독가이다. 그는 작년에 발표한 어느 칼럼에서 "해마다 책을 1000권씩 사들이고, 그것들을 꾸역꾸역 읽는 것을 인생의 큰 보람과 기쁨으로 여긴다."고 고백한 바 있다. 그에게 책읽기는 삶 그 자체인 것으로 보인다. 동시에 그는 시집, 산문집, 독서에세이, 평론집, 장편소설, 철학서 등 다양한 분야에 이르는 50여 권이 넘는 책을 저술한 바지런한 글쟁이이기도 하다.

그가 이번에 또 한 권의 개성적이며 매력적인 책을 세상에 선보였다. 《철학자의 사물들》이 그것이다. 이 책을 읽어 내려가면서 이 같은 내용과 주제에 관해서라면 장석주가 누구보다도 잘 쓸 수 있는 적임자라는 생각을 했다. 그는 수많은 문인들 중에서도 철학적 탐구와 철학책 읽기에 누구보다 많은 시간과 열정을 바친 이로 손꼽힌다.《들뢰즈, 카프카, 김훈―천 개의 고원 그리고 한국문학의 지평》,《진리는 미풍처럼 온다―장석주의 니체 읽기》등의 단행본 저작들을 통해 여실히 확인할 수 있듯이 특히 그는 니체와 들뢰즈에 대해서 어떤 문인보다도 지속적으로 깊이 있는 관심과 전문적 식견을 보여준 바 있다. 지금 생각해보니, 1984년 그가 운영했던 출판사 '청하'에서 니체 전집이 한국 최초로 출간되었던 사실은 필연적인 숙명이 아니었나 싶다.

《철학자의 사물들》은 제목 그대로 우리 주변에 가까이 존재하는 서른 개의 사물을 각기 서른 명의 철학자(사상가)의 문제의식과 절묘하게 연계시켜 설명하는 일종의 철학적 에세이라고 할 수 있다. 그 서른 개의 조합에는 세탁기-헤겔, 진공청소기-스피노자, 담배-프로이트, 선글라스-니체, 비누-장 보드리야르, 가죽소파-사르트르, 거울-라캉, 책-움베르토 에코, 냉장고-질 들뢰즈, 시계-발터 벤야민, 추錘-아도르노와 호르크하이머 등의 중요한 현대철학자(사상가)들이 다수 포함되어 있다. 저자는 그 서른 개의 조합을 다시 '관계', '취향', '일상', '기쁨', '이동'의 다섯 가지 테마로 분류하여 배치하고 있다.

그는 먼저 사물의 특성이나 외관, 질감, 용도, 매력, 심연

등에 대해 간명하게 설명하고, 이러한 사물의 특성에 기대어 인간의 사유와 일상, 삶과 죽음, 기쁨과 슬픔, 욕망과 무의식, 꿈과 환상에 대해서 말한다. 이를테면 이런 식이다. "우리는 신용카드라는 장치를 통해 이미 금융 자본주의 시스템에 '장악'당하고, '부품'으로 전락한다. 내가 신용카드를 쓰는 한 내 주체적 의지나 선택과 상관없이 나는 부채인간이고, 기계적 금융 시스템에 예속된 노예이다.", "나는 휴대전화가 내 사생활에 불쑥 끼어드는 이 불시 침범이 끔찍하다. 휴대전화는 생각을 끊고, 일을 중단시키고, 생활의 질서를 헤쳐 놓는다. 그 행태가 매우 난폭하다. 나는 번번이 혼자 있을 수 있는 자유를, 고독 속에서 자아의 온전함에 침잠해 있을 수 있는 자유를 빼앗긴다.", "자동판매기에는 깊이가 아예 없다. 교양과 지혜가 없고, 그것을 만들 생각도 없다. 내면으로의 여행, 사유, 멜랑콜리, 가치를 생산하는 노동에 대해서도 전혀 알지 못한다." 물론 그가 신용카드, 휴대전화, 자동판매기 등등의 사물들에 대해서 묘사하고 탐문하는 것은 궁극적으로 그 사물에 종속되거나 매혹당하는, 혹은 사물을 이용하거나 착취하는 인간들의 욕망에 대해서 말하기 위해서이다. 그래서 "어떤 사물이 눈부시도록 아름다운 것은 그것 위에 덧없음이라는 아우라가 덧씌워져 있기 때문이다. 그 아름다움은 언젠가는 사라질 덧없음의 아름다움이다. 사물에의 매혹은 실은 그 덧없음에 홀린 우리 마음의 매혹이다."라는 표현이 가능했을 터이다.

이런 문장은 어떤가. "비누의 참다운 매혹은 그 덧없는 사라짐에서 나타난다. 비누가 영구불변하는 사물이었다면, 그 사라지지 않는 비누란 얼마나 끔찍한가!" 이 대목에서 비누는 다만 있는 그대로 존재할 뿐이다. 오히려 여기서 문제적인 것은 그 비누의 사라짐을 해석하는 저자의 관점, 비누의 불멸을 상상하는 인간의 감정이다. 이런 맥락에서 장석주는 인간의 의식과 욕망이 투사되어 있는 사물들과의 만남을 통해 인간의 숭고함과 비천함에 대해, 인간의 마음이 지닌 복합성과 균열에 대해 좀 더 투명한 시선으로 이해하는 데 이른다. 그는 자동판매기의 '깊이 없음'을 인간의 성격에 투사하여 이렇게 말한다. "감정이 들떠 있는 사람은 사물이건 무엇이건 고요히 응시하지 않는다. 깊이 생각하지 않고 피상적으로 느끼고 판단함으로써 자주 실수하고 낭패를 본다." 이런 과정을 통해 그는 "사람은 가장 비열한 존재이면서도 숭고하고, 가장 숭고한 존재이면서도 비열하다."는 사실을 실감하게 된다. 요컨대 그가 이 책을 통해 말하고자 하는 것은 사물과 만나고 접하면서 형성된 인간의 내면과 속성, 마음의 섬세한 무늬에 대해서이다.

이 자체만으로《철학자의 사물들》은 장석주의 박람강기博覽强記로 표현할 수 있는 드넓은 지식, 다양한 사물들에 대한 면밀한 관찰력, 인간의 욕망과 행위를 투시하는 혜안을 엿볼 수 있는 충분히 개성적인 에세이라고 할 수 있다. 그러나 그는 여기서 한 발자국 더 나아가, 그 사물들의 존재와 특성 그리고

이에 연계된 인간의 실존을 걸출한 철학자들의 독창적인 사유와 연계시켜 해석한다. 이러한 의미에서 《철학자의 사물들》은 로제 폴 드르와의 《사물들과 철학하기》의 심화이자 확대라고 할 수 있겠다.

그래서 평소에는 그 존재를 특별히 의식하거나 눈여겨보지 않았던 서른 개의 익숙한 사물들은 저자의 유려한 묘사와 예리한 눈썰미, 단아하고 명료한 문장에 의해 홀연 새로운 철학적 의미를 획득하게 되는 것이다. 달리 표현하면 그 과정은 현대 철학자들의 심오한 문제의식이 일상의 다양한 사물과의 만남을 통해 그야말로 구체적으로 현현顯現되는 장면이기도 할 것이다. 가령 앞에서 등장했던 '자동판매기'의 결말을 장석주는 이렇게 맺고 있다. "한밤중 아무도 없는 빌딩의 텅 빈 복도에 홀로 서 있을 자동판매기를 상상하면서, 나는 이렇게 쓴다. '나는 생각하지 않는다. 고로 나는 존재한다'라고." 이 대목에서 저자는 데카르트의 '나는 생각한다. 고로 나는 존재한다.'는 명제를 재치 있게 뒤집으면서, 사물과 인간의 속성에 대해 근본적으로 성찰한다.

그런가 하면, '선글라스'는 '가면'이라는 의미 망을 통해 니체 철학에 접근하는 통로를 제공한다. 장석주는 우선 봄날의 햇빛에 대해 서술하면서 선글라스를 자연스럽게 불러온다. 그리고 선글라스가 만들어진 역사와 자외선에 대해 간단히 언급한 다음에 니체를 등장시킨다. 이 대목에서 선글라스는 니체의 가면으로 전이된다. 장석주에 의하면 "니체는 가면의 철학자다." 니체의 가면은 보통 사람들의 선글라스에 해당된다. 그는 이렇게 적었다.

> 니체의 콧수염은 하나의 존재 속에서 무수히 분열하는 수많은 자아를 숨기는 가면이고, 니체가 앓았던 질병들은 그의 위대한 건강을 가리는 가면이고, 정신착란은 니체 철학이 도달한 최후의 심오함을 가리는 가면이다.

니체를 조금이라도 읽은 이라면 이와 같은 서술이 니체 철학의 어떤 핵심을 성공적인 비유로 포착하고 있다는 사실을 인식할 수 있을 것이다. 선글라스-가면-니체의 철학으로 이어지는, 즉 점차 구체적 사물에서 추상적 철학으로 이어지는 '비유의 연쇄'를 통해 니체 철학의 비밀을 이해하는 열쇠가 우리에게 친근하게 다가오는 것이다.

이처럼 《철학자의 사물들》에서는 철학의 통찰력과 문학의 상상력이 결합되면서, 늘 정신없이 바쁜 현대적 일상에 의해 망각되어 있던 사물의 고유한 신비와 매력, 본질과 육체가 비로소 드러난다. 장석주는 이 책을 통해, 그 어떤 난해하고 오묘한 철학적 문제의식도 우리를 둘러싸고 있는 사물과 일상 속에 존재한다고 말하고 있는 듯하다. 나는 《철학자의 사물들》을 읽으면서, 내게 충분히 체화되지 않았던 어떤 철학적 사유의 빛나는 순간들이 아주 구체적인 실감과 현실 속에서 생생하게 솟아오르며 의미화되는 장면(스토리텔링)을 체험할 수 있었다.

다시 《한 완전주의자의 책읽기》를 처음 읽고 설렘을 느끼던 그 청춘의 시간으로 돌아가 보자. 당시 내게 무엇보다 인상적이었던 사실 하나는 이 지적이고 매력적인 책의 저자가 고독한 독학자라는 사실이었다. 아, 혼자 주체적으로 책을 읽고 글을 쓰는 과정을 통해서도 이렇게 지성적이며 아름다운 비평을 쓸 수도 있구나! 하는 생각을 했던 것으로 기억한다.

그래서 감히 이렇게 말할 수 있겠다. 장석주의 인생, 글쓰기, 책읽기와 만나는 과정은 내 무의식에 잔존하고 있던 알량한 엘리트주의의 허상을 도려내면서, 내 문학 공부의 한계를 정직하게 직시하는 과정이기도 했다고. 좋은 책을 성실하고 꾸준히 읽는 것만큼 효과적인 문학 공부는 없다는 지극히 당연한 사실을 장석주라는 존재가 내게 알려주었다. 동시에 어떤 입장이나 이념, 집단, 유파로부터도 자유로운 독립적 지성이야말로 글 쓰는 사람이 취해야할 기본적인 태도임을 그를 통해 서늘하게 자각하게 되었다. 이런 의미에서 그는 내 문학 공부의 여정에서 뚜렷하게 기억될만한 스승이자 늘 상큼한 지적 자극을 전해주는 문학적 동료 중의 하나이다.

가끔 허무하고 의례적인 술자리에서 돌아와, 아직 술에서 깨지 못한 상태로 서재에서 신간 서정시집을 읽는 늦은 밤이면, 문득 숙명적인 고독 속에서 책읽기와 글쓰기에 인생의 모든 열정을 바친 채 살아가고 있는 그에게 전화라도 걸고 싶은 멜랑콜리한 기분에 휩싸이는 순간들이 있었다. 그 순간들을 내 뇌리에 기억하며 이 글을 흔쾌한 마음으로 썼다. 조만간 그와 만나서 밤늦게까지 책과 문학과 인생, 예술, 산책에 대해 얘기하고 싶다. 그런 시간이 아주 가끔이라도 주어진다면 앞으로 책읽기와 글쓰기로 인해 우리가 맞이하게 될 저 기나긴 고독과 침잠, 은둔의 시간들은 충분히 감당할 만한 뜻 깊은 축복일 수도 있으리라. 바로 이런 기대 때문에 그는 《철학자의 사물들》에서 다음과 같이 말했던 것이 아니었을까.

어떤 사람에게 혼자 있는 시간은 나 자신과 만나고 우주에 대해 사유할 수 있는 자기 충족적 시간이고, 그래서 고독이 감미롭고 사랑스러워질 수도 있는 것이다.

마우리치오 라자라토

Maurizio Lazzarato, 1955~

이탈리아 사람으로, 비물질적 노동, 노동의 본질, 인지자본주의에 관해 연구하고 글을 쓰는 사회학자 겸 철학자로 알려져 있다. 그의 글쓰기는 안토니오 네그리와 연결된 '자율적 마르크스' 운동의 한 부분에 속한다. 그는 니체와 마르크스, 푸코와 들뢰즈 및 가타리를 끌어들여와 현대사회가 '부채 사회'라는 걸 밝히는데,《부채인간》에 따르면 신자유주의 경제 체제에 포박되어 있는 한국사회는 더도 아니고 덜도 아닌 '부채 경제'사회다.

그는 니체의《도덕의 계보학》의 틀에 기대어 빚을 진다는 것의 심층 의미를 새롭게 조명하고, 너도 나도 신용카드가 빚의 덫을 만들어내는 도구라는 걸 "영구적 부채를 확립하는 신용 관계의 자동적 개설"이라고 말한다. 자신도 모르는 사이에 채무자로 살아가는 '부채 사회'는 자연스럽게 '부채인간'들을 양산해낸다. 대출이 정치 경제가 한 인간의 도덕성에 간섭하는 판단이라는 지적에는 허를 찔린 느낌이다. '부채 경제'에서는 개인 부채를 채무자의 내면화된 고통으로, 부채에 대한 책임감은 도덕적 죄의식으로 바꾼다. "대출 시스템에 속하는 인간 안에서 철폐되는 것은 돈이 아니라 인간 자신이다. 인간은 돈으로 변화한다. 즉 다시 말해 돈이 인간으로 육화된다." 대출 시스템의 사회 안에서 돈은 인간을 삼켜버린다. 개별자의 인격과 도덕성은 한낱 '상품'에 지나지 않고, 돈과 맞교환될 수 있는 한에서 가치를 부여받는다. 돈의 영혼은 우리의 몸과 마음을 파고든다. "돈의 영혼이 소유하는 육체, 재료는—이제 돈과 종이가 아니라—나의 인격적 실존, 나의 살과 나의 피, 나의 사회적 덕성, 나의 사회적 평판이다." 우리는 신용카드 사용자가 됨으로써 자진하여 대출 시스템에 들어간다. '부채 경제'로 가동되는 사회에서 대출은 우리의 살과 영혼 속으로 스며들고, 마침내 우리는 '부채 인간'으로 다시 태어난다.

미셸 세르

Michel Serres, 1930. 9. 1~

프랑스 아쟝에서 태어났다. 미셸 세르는 철학과 과학을 넘나들며 많은 책들을 썼다. 그는 아카데미 프랑세즈 회원으로 프랑스 인식론계의 거두로 꼽히는데, 그의 철학 세계를 설명하는 가장 핵심적인 단어는 헤르메스다. 그리스 신화에서 신들의 사자(使者) 노릇을 하는 헤르메스는 부업으로 지식과 교역을 관장한다. 세르는 다섯 권의 '헤르메스' 시리즈를 냈는데, 출간순으로 《의사소통》(1969), 《간섭》(1972), 《번역》(1974), 《배분》(1977), 《북서 항해》(1980)가 그것이다. '헤르메스' 시리즈의 마지막 권인 《북서 항해》는 그가 파리고등사범학교에 입학하기 전 잠시 해군학교에 다녔고 사범학교 졸업 뒤에는 해군장교로 복무했다는 사실을 떠올리게 한다. 《북서 항해》는 제목이 암시하고 있듯이 세르가 철학과 자연과학 사이에 난 뱃길을 따라가며 두 학문의 지적 회통을 꾀하고 있음을 알 수 있다. 그의 박사학위 논문은 〈라이프니츠 체계와 수학 모델들〉(1968)이었는데, 그가 학자로 출발하는 지점에서부터 자연과학에 대한 지대한 관심을 드러냈다는 사실을 알 수 있다. 그는 분과 학문으로 갈라져 있는 자연과학과 인문학 사이에서 서로를 잇는 헤르메스 노릇을 하고자 했다. 고종석은 세르를 소개하는 짧은 글에서 세르의 학문이 필연적이고 폐쇄적인 체계가 아니라 "불가역적이고 우연적이고 개방적인 열역학 체계의 얼굴"을 하고 있다고 적는다.

르네 데카르트

René Descartes, 1596. 3. 31~1650. 2. 11

프랑스 투렌 라에에서 태어난 철학자다. 데카르트는 어릴 때 몸은 약했지만 지적 능력이 뛰어난 소년이었다. 예수회 학교에서 프랑스어, 라틴어 문법, 그리스-로마의 수사학, 논리학, 윤리학, 자연철학, 수학, 형이상학 등을 공부했다. 대학에서는 법학을 공부했는데, 대학을 나오자마자 세상으로 나갔고, 다시는 제도권 교육으로 돌아가지 않았다. 학교를 떠난 뒤 약 3년 동안 네덜란드와 독일 지역에서 군대 생활을 하고, 이때 북유럽의 여러 나라를 여행하기도 했다. 이 무렵에 세 가지 기묘한 꿈을 꾸고, 이를 계기로 이성의 빛에 따라 진리를 탐구하는 데 헌신하기로 결심했다고 한다. 아리스토텔레스의 학문 방법론을 비판하고 자신의 새로운 방법론을 내세운 프랑스어 저작《방법서설》을 내놓으며 철학사에서 사유의 혁명을 일으킨 근대 철학의 아버지로 꼽히는 사람이다. 이 방법이 기대는 제일원리로 '생각하는 자아'를 제시한 것으로도 유명하다. 모든 지식에 대한 의심에서 출발해 더 이상 의심할 수 없는 학문을 토대를 찾는 데 매진해서 마침내 '생각하는 자아'를 철학의 제일원리이자 근대적 주체로서 발견해냈다. 저 유명한 에피그램 "나는 생각한다. 그러므로 나는 존재한다."라는 말은 데카르트에서 시작된 철학적 사유의 혁신에 대한 하나의 상징이다. 데카르트는 인간 내면을 성찰했을 뿐만 아니라 동물을 해부하고 생리학을 연구하면서 육체의 각 부분이 어떤 원리로 움직이는가를 밝히려고 했다. 데카르트의 형이상학 체계는 이성에 의해 본질을 꿰뚫는 사유에 기댄다는 점에서 직관주의적이고 동시에 물리학이나 생리학에 바탕을 둔 경험감각적 지식에 기초를 둔다는 점에서는 경험주의적이다.

데카르트는 1641년에 '생각하는 자아'를 정립한《성찰》을 펴내고, 1644년에는 철학·수학·역사·의학·도덕 등 모든 지식의 연구에 매달린 끝에 물리학과 형이상학에서 거둔 학문적 성과를 한데 모은 《철학의 원리》를 펴냈다. 그러나 철학 대 신학, 구교 대 신교, 구교 내부에서도 개혁과 보수로 맞서던 시대에 사상의 전위에 서 있던 데카르트의 철학은 반발을 낳는다. 데카르트는 칼뱅주의 및 예수회의 가르침과는 달리 신의 은총이 구원에 따른 필수 요소는 아니고, 오히려 인간 이성의 능력으로 진리를 발견하고 그에 따라 행동할 때 덕이 쌓이고 그에 따라 구원을 받는다고 주장한다. 데카르트는 자신의 '새로운 철학'이 네덜란드의 대학들에서조차 거부당하자 스웨덴 왕실의 초대를 받아들여 스웨덴으로 이주하는데, 얼마 지나지 않아 폐렴을 얻어 1650년 2월 11일에 스톡홀름에서 54세의 나이로 사망했다.

게오르크 헤겔

Georg Wilhelm Friedrich Hegel, 1770. 8. 27~1831. 11. 14

독일 관념철학의 체계를 세운 독일의 철학자이다. 칸트의 이념과 현실의 이원론을 극복하여 일원화하고, 정신이 변증법적 과정을 경유해서 자연·역사·사회·국가 등의 현실이 되어 자기 발전을 해가는 체계를 종합 정리하였다.

독일 슈투트가르트에서 태어났으며, 1778년부터 1792년까지 튀빙겐 신학교에서 수학했다. 그 후 1793년부터 1800년까지 스위스의 베른과 독일의 프랑크푸르트에서 가정교사 생활을 했는데, 이때 청년기 헤겔의 사상을 보여주는 종교와 정치에 관한 여러 미출간 단편들을 남겼다. 첫 저술 《피히테와 셸링의 철학 체계의 차이》가 발표된 1801년부터 주저 《정신현상학》이 발표된 1807년 직전까지 예나 대학에서 사강사 생활을 했다. 그 뒤 잠시 동안 밤베르크 시에서 신문 편집 일을 했으며, 1808년부터 1816년까지 뉘른베르크의 한 김나지움에서 교장직을 맡았다. 그리고 2년간 하이델베르크 대학에서 교수직을 역임한 후, 1818년 베를린 대학의 정교수로 취임했다. 인간의 이성만이 진정한 역사의 동력이라고 확신한 헤겔의 역사철학은 "이성적인 것은 현실적이며 현실적인 것은 이성적이다."(《법철학 강요》)라는 문장에 잘 집약되어 있다. 주요 저서로 《정신현상학》, 《논리학》, 《엔치클로페디》, 《법철학 강요》, 《미학 강의》, 《역사철학 강의》 등이 있다. 1831년 콜레라로 사망했으며, 자신의 희망대로 피히테 옆에 안장되었다.

바뤼흐 스피노자

Baruch de Spinoza, 1632. 11. 25~1677. 2. 21

네덜란드 암스테르담에서 태어난 포르투갈계 유대인 혈통의 철학자이다. 스피노자가는 무신론적 성향이 강한 일원론적 범신론자로 루소·괴테·헤겔·피이테에게 커다란 영향을 끼친 위대한 철학자였지만, 오랜 세월동안 제대로 인정받지 못했다. 오늘날 스피노자는 18세기 계몽주의와 근대 성서 비판의 토대를 놓은 유럽 17세기 철학의 합리주의자 세 거장 가운데 한 사람으로 인정받는다. 대작 《에티카》에서 스피노자는 데카르트의 정신-육체 이원론에 반대하였으며 서양 철학에서 중요한 철학자로 손꼽힌다. 헤겔은 모든 근대 철학자에 대해 "그대는 스피노자주의자거나 아예 철학자가 아니다."라고 말하기도 하였다.

 네덜란드의 유대인 공동체에서 생활하고, 전통적인 유대식 교육을 받았으나, 데카르트 등의 사상의 영향을 받아 유대교에 비판적인 입장을 취한다. 유대인 랍비들은 스피노자에게 제명 조치하고, 23세 때에 스피노자는 유대 사회에서 추방되었다. 또 스피노자의 모든 저작은 가톨릭 교회의 금서 목록에 올랐다. 스피노자는 안경알 깎는 일로 어렵게 생계를 유지했으며, 생전에 하이델베르크 대학에서 교수직을 제안했으나 거부하였고 가족의 유산은 누이에게 주었다. 스피노자의 도덕적 특성과 철학적 성취를 두고 20세기의 철학자 질 들뢰즈는 스피노자를 '철학의 왕자'라고 칭하기도 하였다. 스피노자는 폐병으로 44세에 세상을 떠났는데, 사인은 안경을 깎을 때 나는 유리 먼지 때문에 결핵이나 규폐증이 악화된 것으로 알려졌다. 스피노자는 덴하흐에 있는 스푸이(Spui)의 니외베 케르크 공원묘지에 묻혔다.

지그문트 프로이트

Sigmund Freud, 1856. 5. 6~1939. 9. 23

오스트리아 제국(지금은 체코 영토이다) 프리보르의 모라비아인 마을에서 태어난 정신과 의사, 철학자로 유명하다. 무의식과 억압의 방어 기제에 대한 이론을 밝혀내고, 성욕이 삶에 동기 부여를 하는 주요 에너지라는 것, 그리고 감정전이, 자유연상, 무의식의 욕구 따위에 기대어 새로운 치료 기법들을 내놓은 정신분석학파의 창시자이기도 하다. 부모는 둘 다 유대인이다. 아버지 야콥 프로이트는 41세로 양털 장수였다. 프로이트 그의 여덟 자녀 가운데 장남이었는데, 어려서부터 비상한 지력을 드러낸다. 1858년 경제 위기 때문에 아버지 사업이 실패하자, 프로이트 일가는 라이프치히로 이사했다가 빈에 정착한다. 프로이트는 이곳에서 명문 고등학교를 우등으로 졸업했다. 1885년에 프로이트는 신경학자 마르탱 샤르코와 공동 연구를 위해 파리에 갔다. 나중에 신경학 연구에서 정신 병리 치료로 진로를 바꾼다. 1886년에 마르타 베르나이스와 결혼하고, 자신의 신경과 진료소를 차린다. 피치료자와 치료자 사이의 대화는 치료의 중요한 과정인데, 이때 환자가 무의식 속에서 억압하는 감정 에너지를 드러내도록 유도한다. 프로이트는 이를 대화 기법이라고 명명한다.

40대에 들어선 프로이트는 여러 심신증 장애와 함께 죽음에 대한 극단적 공포 따위에 시달린다. 이 시기에 꿈, 기억, 그리고 인격 발달의 변천에 대한 연구에 몰두하고, 자기 분석을 이어가며 수집한 자료들을 모아 1899년 11월, 라이프치히와 빈에서 동시에《꿈의 해석》을 출판하고, 빈 정신분석 학회를 조직한다. 이 뒤로 프로이트 지지자들이 점점 늘어나는 한편, 반대로 프로이트 이론을 비판하는 자들도 나타나 이들 사이에 대립하고 충돌하는 일들도 일어난다. 처음에는 프로이트 이론의 지지자였다가 나중에 반대자로 돌아선이로 가장 유명한 사람이 바로 칼 융이다. 1930년에 심리학과 문학에 기여한 공로로 괴테상을 받았다. 1938년 3월, 나치 독일이 오스트리아를 병합하고, 반유대주의가 들끓으며, 프로이트의 책들이 불살라지고 빈 정신분석 학회가 강제로 해산당한다. 1938년 6월, 프로이트는 빈을 떠나 영국 런던으로 망명한다. 프로이트는 애연가로도 유명하다. 오랜 흡연의 결과로 구강암이 생겨 30여 차례나 수술을 한다. 프로이트는 그때 집필 중이던 〈정신분석학 개관〉을 마무리하지 못한 채 1939년 9월 23일 사망한다. 죽은 지 사흘 뒤 그의 유해는 영국 골더스 그린 공동묘지에 안치되었다.

프리드리히 니체

Friedrich Wilhelm Nietzsche, 1844. 10. 15~1900. 8. 25

1844년 독일 레켄에서 태어났다. 철학자·사상가·시인이다. 혹자는 그를 낭만적인 '시인 철학자'로, 혹자는 인간 심연을 통찰한 '형이상학자'로 본다. 불과 5세 때 목사인 아버지와 사별하고 어머니와 누이동생과 함께 할머니의 집에서 자랐다. 14세에 슐포르타 기숙학교에서 고전 교육을 받고 1864년 본 대학에 입학하여 신학과 고전 문헌학을 공부했다. 1865년 스승인 리츨을 따라 라이프치히대학으로 옮긴 뒤, 그곳에서 바그너를 알게 되어 그의 음악에 빠져들면서 그와 깊이 교류한다. 두 대학에서 신학과 고전문헌학을 전공한 니체는 25세의 젊은 나이에 스위스 바젤 대학의 고전문헌학 교수로 임용되었다. 그 즈음 쇼펜하우어의 철학에 심취함으로써 철학적 사유에 입문했다. 니체는 이성에 바탕을 둔 서양의 모든 가치 체계를 뒤집고 해체한 뒤, 그 자리에 니힐리즘·가치 전도·초인·영원회귀·권력에의 의지 등을 바탕으로 하는 새로운 형이상학의 성채를 세운다. 그는 서양 형이상학의 역사에서 뾰족하게 머리를 내민 섭돌이고, 그의 철학은 앞선 것을 가차없이 내리치는 해머다. "철학자들은 창조적인 손으로 미래를 붙잡는다. 이때 존재하는 것, 존재했던 것, 이 모든 것은 그들에게는 수단이 되고 도구가 되며 해머가 된다. 그들의 '인식'은 창조이며, 그들의 창조는 하나의 입법이다."《선악의 저편》

니체는 프로이트나 마르크스 등과 함께 현대 철학에 큰 그림자를 드리운 철학자로 인정받는다. 28세 때 첫 번째로 쓴 책《비극의 탄생》을 펴냈는데, 아폴론적인 가치와 디오니소스적인 가치의 구분을 통해 유럽 문명 전반을 꿰뚫는 통찰을 내놓는다. 1873년부터 1876년까지는 독일과 독일민족, 유럽 문화에 비판을 가하며, 위대한 창조자인 '천재'를 새로운 인간형으로 제시한《반시대적 고찰》을 썼다. 1879년 건강이 악화되면서 바젤대학을 퇴직하고, 이탈리아와 프랑스의 요양지에 머물며 새로운 책을 쓰는 일에 매달린다. 1888년 말부터 정신이상 증세가 나타난다. 1900년 8월 25일 바이마르에서 생을 마감하는데, 1900년은 매우 상징적이다. 그해는 19세기의 끝이고, 20세기가 시작하는 문턱이다. 독일의 실존주의 철학자들은 실존철학이 니체에서 말미암았다고 말하고, 프랑스의 푸코나 들뢰즈, 데리다 같은 포스트 구조주의자들 역시 니체의 사유와 형이상학에 빚지고 있다고 말한다. 20세기는 니체의 시대였고, 21세기에도 여전히 니체의 시대가 이어지고 있다.

장 보드리야르

Jean Baudrillard, 1929. 7. 29~2007. 3. 6

프랑스 랭스에서 태어났다. 좌파 이론가인 앙리 르페브르의 제자로 그의 지도 아래 박사논문을 쓰고, 낭테르대학에서 조교로 있을 때 1968년 5월 혁명이 일어나자 기꺼이 참가했다. 이후 낭테르대학, 즉 파리10대학에서 사회학과 교수로 재직하면서 강의를 했다. 그의 사유는 복잡하고, 내용과 스타일은 난해하다. 1986년부터는 파리 9대학인 도팽대학의 사회경제 조사연구 및 정보 연구소 교수로 있었다. 그는 40여 년 동안 여러 책들을 펴내며 탈현대의 사회이론가, 하이테크 사회이론가, 포스트모더니즘의 문화이론가로 명성을 떨친다. 2007년 3월 6일 장티푸스로 죽었다. 프랑스 일간지 《리베라시옹》은 "섹스, 언어, 기호, 상품, 전쟁 등 그 어떤 것도 이 사회학자의 역설적인 분석으로부터 벗어날 수 없었다. 장 보드리야르는 호기심 그 자체였다"라고 보드리야르의 죽음을 애도하고 그가 생전에 펼친 사상의 뜻을 되새겼다. 보드리야르는 2002년 9월에 우리나라를 방문해서 대중강연을 했는데, 거기서 이미지와 기호, 시뮬라크르들이 지배하는 세상에 대해 도덕적이고 철학적인 메시지를 전했다. 보드리야르의 책들이 국내에 본격적으로 번역되기 시작한 것은 1990년대 초다.

내가 처음 읽은 책은 《소비의 사회》(문예출판사, 1991)다. 소비가 욕망을 생산하고, 욕망은 다시 소비를 낳는다. 어느덧 '거대 소비사회'로 진입한 우리 현실을 겹쳐보며 그 책을 읽었다. 아주 건조한 지적 의무감을 갖고 꾸역꾸역 읽었던 기억이 난다. 그 뒤로 《시뮬라시옹》(민음사, 1992), 《기호의 정치경제학 비판》(문학과지성사, 1992), 《섹스의 황도》(솔출판사, 1993), 《생산의 거울》(백의, 1994), 《유혹에 대하여》(백의, 1996), 《사물의 체계》(백의, 1999), 《예술의 음모》(백의, 2000) 등을 사서 여전히 건조한 지적 의무감으로 읽었다. 내가 제일

좋아하는 책은 《아메리카》(산책자, 2009)다. 그가 1970년대와 1980년대에 걸쳐 미국을 여행하고 쓴 여섯 개의 글, 〈소실점〉,〈뉴욕〉,〈별의 아메리카〉,〈실현된 유토피아〉,〈권력의 종언?〉,〈영원한 사막〉으로 이루어져 있다. 롤랑 바르트가 일본을 여행하고 난 뒤 쓴《기호의 제국》과 견줄 만하다.《아메리카》의 국내 번역판은 두 가지가 있다. 처음 1994년 주은우가 번역한 것을 문예마당에서 펴낸다. 2009년 같은 번역자에 의해서 산책자에서 다시 펴내는데, 몇 가지 주목할 만한 변화가 있다. 앞서의 것은 영역판을 옮긴 것이고, 뒤의 것은 프랑스어판을 옮긴 것이다. 책에 실은 사진도 다르고 문장이나 내용도 달라졌다. 뒤의 것이 훨씬 의미도 선명하고 잘 읽힌다.

사사키 아타루

佐々木中, 1973~

사사키 아타루는 1973년에 태어났다. 도쿄대학 문학부 사상문화학과를 졸업했다. 도쿄대학 대학원 인문사회연구계 기초문화연구 전공을 거쳐, 종교학 종교사회학 전문분야 박사과정을 수료했다. 현재 호세이대학 문학부 비상근 강사로 있다. 철학, 현대사상, 이론종교학의 분야에 뛰어난 학자로 일본 안에서 크게 주목을 받고 있다. 《야전과 영원-푸코, 라캉, 르장드로》(2008)가 그의 첫 책인데, 600여쪽에 이르는 사상서다. 이 책이 대중과 학계의 주목을 받으면서 사사키 아타루는 일약 니체에 견줘지는 '사상가'의 반열에 들어선다. 아타루는 《잘라라, 기도하는 그 손을》에서 혁명은 폭력이 문학(텍스트)을 읽고 쓰는 데서 시작되었다고 말한다. "텍스트를 읽고, 다시 읽고, 쓰고, 다시 쓰고, 번역하고, 천명하는 것. 그 과정에서 폭력적인 것이 나타나는 일은 있습니다. 하지만 그래도 혁명에서는 텍스트가 선행합니다. 혁명의 본질은 폭력이 아닙니다. 경제적 이익도 아니고 권력의 탈취도 아닙니다. 텍스트의 변혁이야말로 혁명의 본질입니다." 그는 루터가 종교 혁명에 성공한 것도 《성서》라는 텍스트의 읽기에서 시작되었음을 지적한다. 그에 따르면 혁명의 발원점은 문학이고, 곧 쓰고 읽기 그 자체가 혁명이라는 것이다. 사사키 아타루가 지은 다른 책으로 소설 《구하전야》(2011)가 있다.

막 오제

Marc Augé, 1935~

막 오제는 1935년에 태어났다. 현대 파리사회과학대학원 인류학 교수로 있다. 1985~1995년에 이르는 10년 동안 이 대학원의 총장직에 있었으며, 민족유산이사회의 부의장이기도 했다. 그는 문화적 경계선을 넘어서서 상징 체계를 통해 개인적·집단적 정체성 이론 구축에 힘쓰고 있다. 그는《망각의 형태》에서 "기억과 망각은 서로 굳게 결속되어 있고, 그 둘 다 전적으로 시간 사용법이 필요하다."고 쓴다. 민족학적이고 문학적인 참고를 곁들여서 망각의 의미를 추적한다. 막 오제가 찾아낸 망각의 의미는 다음과 같다. "망각은 그것이 모든 시제들과, 이를테면 순간을 즐기기 위해선 현재와, 귀환을 실천하기 위해선 과거와, 반복하지 않기 위해선 그 모든 경우와 결합할지라도 우리를 현재로 귀착시킨다. 그러니 현재에 계속 속해 있으려면 망각해야 하고, 죽어가지 않기 위해선 망각해야 하며, 변함없이 남아 있기 위해선 망각해야 한다." 막 오제가 쓴 책은《삶의 힘들, 죽음의 힘들, 억압에 대한 인류학에의 서문》(1977),《상징, 기능, 역사: 인류학에 대한 질문들》(1979),《다신교의 정령》(1982),《지하철 안의 민족학자》(1986),《타인에 대한 의미, 인류학의 현주소》(1994) 등이 있다.

자크 라캉

Jacques Lacan, 1901. 4. 13~1981. 9. 9

파리에서 태어나 파리 의대를 졸업했다. 1932년 의사자격 취득한 뒤로 정신분석가로 활동하며, 자신이 근무하던 생탄 병원과 고등사범학교, 대학교 등에서 1951년부터 1979년까지 이어지는 긴 세미나를 이끌었다. 라캉은 이 세미나를 통해 정신분석의 네 가지 기본 개념, 즉 무의식, 욕망, 전이, 충동에 관해 복잡한 논의를 이어나가며, 정신분석 이론의 근간이 되는 상상계, 상징계, 실재계라는 개념의 기초를 구축한다. 라캉은 젊은 시절부터 초현실주의자들과 교류하고, 파리에서 열린 코제브의 헤겔 강독 모임과 제임스 조이스의 《율리시스》 최초 공개 낭독회에 참석한다. 이것은 라캉이 자신의 전공 분야인 정신분석 말고도 20세기의 지적 흐름과 함께 하며 교류를 계속했다는 것을 뜻한다. 1936년 마리엔바트에서 열린 제13차 국제정신분석 총회에서 '거울단계'를 발표하면서 국제정신분석학계에 라캉의 존재를 정식으로 알린다. 라캉이 '거울단계'를 발표할 때 프로이트 근본주의자인 어니스트 존스(Ernest Jones)가 개입해서 중단되는데, 이것은 라캉에게 매우 중요한 상징적인 사건이다.

이해에 라캉과 그를 지지하는 사람들이 파리정신분석학회(SPP)를 떠나 프랑스정신분석학회(SEP)를 설립한다. 1960년대는 국제정신분석학회(IPA) 내에서의 프랑스정신분석학회(SFP) 지위에 관한 협상을 벌이는데, 국제정신분석학회는 라캉 등이 요구하는 재허가를 거부하고 라캉을 포함한 몇 명을 파문시킨다. 라캉은 알튀세르와 레비 스트로스의 지지를 받으며 생탄 병원을 떠나 고등사범학교에 새로운 지지 기반을 만든다. 라캉은 구조주의와 포스트구조주의 그리고 그 이후 담론들에 핵심적 영향을 끼친 인물로 꼽힌다. '프로이트로 돌아가자'라고 외쳤지만 그것은 프로이트를 단순 학설들을 계승하자는 뜻이 아니었다. 그 결과 라캉은 프로이트를 독창적으로 해석하고, 그 토대 위에서 자신만의 정신분석 이론을 정립했다는 평가를 받는다. 정신분석, 철학, 자연과학 등의 영역을 자유자재로 넘나들면서 현란하게 펼쳐진 《세미나》들은 《에크리》와 함께 라캉의 대표적 작업으로 꼽힌다.

장 폴 사르트르
Jean Paul Sartre, 1905. 6. 21~1980. 4. 15

1905년 파리에서 태어났다. 프랑스 실존주의를 말할 때 으뜸으로 꼽는 철학자이자 작가이며 사상가다. 두 살 때 해군 장교인 아버지가 죽자 슈바이처 가문의 홀어머니와 외조부 밑에서 자란다. 그는 어떻게 20세기 지성사의 중심에 우뚝 설 수 있었을까? 사르트르는 에콜 노르말(파리고등사범학교)에서 철학, 심리학, 사회학을 공부하며 평생의 동료인 시몬 드 보부아르를 만난다. 이 무렵 레몽 아롱과 메를로 퐁티를 만나 평생 동안 우정이 이어지는 벗으로 사귄 것도 그가 거머쥔 행운 중의 하나다. 1929년에는 교수자격 시험에 수석으로 합격한 후 교직에 몸담는다. 1932년에 베를린 프랑스 문화원에서 강사 노릇을 하던 아롱에게서 후설의 현상학에 관해 듣고 이듬해 베를린에서 잠시 독일철학을 공부한다. 베를린에서 돌아온 뒤에는 현상학을 접목한 실존철학의 토대를 쌓는 일에 몰두한다. 1938년에 첫 소설 《구토》(1982, 주우)를 내놓으며 소설가로 제 이름을 알리고, 1943년에는 《존재와 무》(삼성출판사, 1982)를 펴내고 철학자로서의 명성도 얻는다. 제2차 세계대전이 일어나자 군대에 징집되었다가 포로 생활을 하고, 군대에서 나온 뒤에는 레지스탕스 운동에 뛰어든다. 전후에는 메를로 퐁티와 '사회주의 자유'라는 저항 단체를 만들고 '참여 지식인'으로 변모한다.

'실존주의'로 묶이는 사르트르와 알베르 카뮈는 1943년에 처음으로 만난다. 사르트르는 카뮈의 《이방인》에 매혹되어 그에 대한 평론을 쓴다. 두 사람은 철학과 정치 이념에서 꽤 닮아 있고, 그 인력의 끌림으로 친구가 되었다. 그들의 우정은 카뮈가 《반항적 인간》을 내는 1951년까지 이어졌다. 카뮈가 폭력 사용을 정당화하는 마르크스적 혁명을 거부한다는 제 소신을 또렷하게 드러내자 사르트르는 실망하면서 카뮈를 "현실적 갈등과 동떨어져있는 지식인"이라고 비난하고 나선다. 결국 두 사람은 정치와 철학의 노선 차이로 갈라선다. 사르트르는 '혁명적 인간'의 길을, 카뮈는 '반항적 인간'의 길을 따른다. 사르트르가 공산주의로 완전히 '개종'을 한 반면에 카뮈는 공산주의에서 발을 빼며 반공산주의로 돌아선다. 그들의 관계는 끝장나고 두 사람은 오랫동안 불화하며 '논쟁'이라는 드잡이를 한다. 이즈막의 사르트르는 그 스스로 문학의 중심이고, 사상의 제국에서 '황제'로 군림한다. 1945년 〈현대〉를 창간하고 이를 통해 알제리 해방 전선에 힘을 보태고, 베트남 전범 국제재판에 참가한다. 사르트르는 사팔뜨기이자 콧소리 나는 작은 목소리에 키 작은 남자로 화사한 외모를 가졌다고 할 수는 없다. 그럼에도 그의 주변에는 항상 '여인들'이 들끓었다. 그는 끝도 없는 에너지로 수많은 저작을 내놓는데, "오직 여자들을 유혹하기 위해 글을 썼다"라고 농담을 하곤 했다.

소설로는 단편집 《벽》과 다섯 권으로 된 미완의 장편 《자유의 길》(고려원미디어, 1996) 연작이 있고, 〈파리떼〉, 〈닫힌 방〉, 〈더러운 손〉, 〈악마와 선신〉, 〈알토나의 유폐자들〉 등의 희곡 작품들도 있다. 철학서로는 《실존주의는 휴머니즘이다》(문예출판사, 1999), 《변증법적 이성 비판》과 유고작 〈도덕을 위한 노트〉가 있으며, 비평서로 《보들레르》, 《성자 주네》, 《집안의 천치》, 《말라르메》가 있다. 1964년 자서전 《말》을 펴내고 노벨문학상 수상자로 지목되었으나 수상을 거부한다. 1971년 플로베르 평전 《집안의 천치》 1, 2권을 출판하였으나 1973년에 눈을 실명한 뒤로 문학적 글쓰기를 멈추고, 1980년 4월 15일 사망하여 파리 몽파르나스 묘지에 묻혔다.

에밀 시오랑

Emil Michel Cioran, 1911. 4. 8~1995. 6. 21

루마니아 트란실바니아의 시비우에서 십여 킬로미터 떨어진 라시나리에서 태어났다. 아버지 에밀리안 시오랑은 그리스 정교회 신부였다. 14세 무렵부터 디드로, 발자크, 타고르, 리히텐베르크, 도스토예프스키, 플로베르, 쇼펜하우어, 니체의 책들을 읽으며 장차 철학자가 될 소양을 쌓는다. 17세에 부카레스트대학의 문학 및 철학부에 입학한다. 학부 시절에 당시 유행하던 쇼펜하우어, 니체, 짐멜, 칸트, 피히테, 헤겔, 후설 등의 독일 철학자들의 책을 집중적으로 읽는다. 1934년에 루마니아에서 첫 책 《절망의 끝에서》를 펴내고 신예 작가들에게 주는 루마니아 왕립 아카데미상을 받는다. 1933년 말에서 1935년 말까지 베를린으로 유학을 떠나 철학을 공부한다. 1936년에 루마니아로 돌아와 1년 간 고등학교 철학 교사 노릇을 하는데, 이때 보들레르, 프루스트, 도스토예스키의 책들을 집중적으로 읽는다.

1937년에 파리로 거주지를 옮기고 소르본느대학에 등록한다. 파리의 싸구려 호텔 다락방에 거처를 정하고 루마니아어를 버리고 프랑스어로 된 책들을 쓰기 시작한다. 그는 아우렐에게 보낸 1974년 2월 7일의 편지에서 "언어를 바꾸면서 나는 나의 한 부분, 내 인생의 한 시절과 결별했다."고 적는다. 1949년에 《해체의 개설》이란 책을 펴낸다. 2000부를 찍은 책은 거의 팔리지 않았지만, 시오랑은 이 책의 출간과 함께 여러 비평가들의 주목을 받는다. 그는 파리에 유학하면서 평생에 걸쳐 다른 직업을 갖지 않고 파리대학 식당에서 끼니를 해결하며 아포리즘 형식의 글쓰기에 매달린다. 20대에 얻은 불면증과 싸우고, 다른 한편으로 고독과 소외감과의 힘겨운 싸움을 하며 글쓰기를 이어나간 그의 인생은 절망과 고독과 허무의 벼랑을 위태롭게 걸었다고 할 수 있다. 1995년 6월 21일에 파리에서 숨을 거둔다.

에마뉘엘 레비나스

Emmanuel Levinas, 1906. 1. 12~1995. 12. 25

리투아니아의 한 엄격하고 정통적인 유대계 가정에서 태어났다. 20세기의 마지막 형이상학자로 불리며 서구 윤리학에 새로운 패러다임을 제시했다는 평가를 받은 철학자다. 리투아니아에서 보낸 어린 시절부터 히브리어 성경을 읽고, 집안에서는 러시아 말을 사용하고 러시아 문학을 읽으며 자랐다. 1923년 프랑스로 유학을 가서 스트라스부르대학에서 철학을 전공한다. 1928년에서 1929년에는 독일 프라이부르그대학에서 후설과 하이데거에게서 현상학을 배우고, 1930년 〈후설의 현상학에서의 직관 이론〉을 펴내 스트라스부르대학에서 박사학위를 받았다. 레비나스는 후설과 하이데거의 현상학에 정통한 현상학 학자이며 동시에 유대교에 정통한 학자이고, 프랑스 철학의 큰 흐름 속에서 사유했다. 레비나스는 하이데거의 《존재와 시간》(까치, 1998)을 높이 평가했지만, 히틀러에 협력한 하이데거에 깊이 실망하고 '반(反)하이데거주의'로 돌아선다. 철학자마다 사유의 초점이 되는 주제가 있는데, 메를로 퐁티의 몸, 하이데거의 존재, 들뢰즈의 차이가 바로 그것이다. 레비나스의 그것은 타자다. 레비나스는 반유대주의 폭력과 인종주의가 난무하는 서유럽에서 따돌림 당하는 유대인으로 산 경험을 '타자에 대한 환대'라는 화두로 부화시킨 뒤 나중에 타자에 대한 윤리적 의무를 강조하는 '타자성의 철학'으로 발전시켰다. 전쟁, 폭력, 인종 청소와 같은 20세기의 부끄러운 역사는 '나'를 우선적 가치로 여기고 '나'의 존재 유지를 타자를 배제한 최고의 가치로 내세운 결과다. 그렇기 때문에 서양 철학은 히틀러와 국가사회주의, 파시즘의 등장이라는 근본 악을 막지 못했다.

레비나스는 전쟁 포로가 되어 생명을 구할 수 있었지만 리투아니아에 남아 있던 가족이 전쟁 중에 모두 학살되었다. 레비나스는 가족을 잃는 아픔을 겪은 뒤 타자를 동일자로 환원하는 서양 존재론의 전체주의적 성격에 대해 더욱 비판적인 입장을 취한다. 타자는 어떤 경우에도 '나'라는 동일자로 녹아들지 않는 자기만의 있음을 꿋꿋하게 세우는 고유성의 존재다. '나'에게는 그 타자를 환대하고 받아들여야 하는 윤리적 책임이 있다고 보았다. 레비나스의 '타자 철학'은 신과 영혼, 감성과 신체, 에로스와 죽음, 정의와 평등과 같은 현대 철학의 주제들과 만나면서 다양하게 변주되고 발전되었다. 벨기에 루뱅대학과 네덜란드 레이든대학 등에서 명예박사학위를 받았으며, 소르본느대학 교수활동을 마지막으로 은퇴했고, 1995년 12월 25일 프랑스 파리에서 사망했다. 레비나스에 대한 나의 이해는 서동욱의 여러 논문들과 강영안의 《타인의 얼굴》(문학과지성사, 2005), 그리고 마리 안느 레스쿠레의 《레비나스 평전》(살림출판사, 2006)에 크게 빚졌다. 내가 가장 좋아하는 레비나스의 책은 《존재에서 존재자로》(민음사, 2003)다. 나는 이 책을 최소한 열 번 이상은 읽었다. 그밖에 《시간과 타자》(문예출판사, 1996), 《윤리와 무한》(다산글방, 2000), 《존재와 다르게: 본질의 저편》(인간사랑, 2010), 《모리스 블랑쇼에 대하여》(동문선, 2003), 《탈출에 관해서》(지만지, 2009) 등의 번역본이 나와 있다.

장 자크 루소

Jean-Jacques Rousseau, 1712. 6. 28~1778. 7. 2

스위스 제네바에서 태어난 프랑스의 사회계약론자이자 직접민주주의자, 공화주의자, 계몽주의 철학자이다. 가난한 시계공의 아들로 태어난. 어머니가 루소를 낳고 얼마되지 않아 죽자 아버지에 의해 양육되었다. 10세 때는 아버지마저 집을 나가 숙부에게 맡겨졌으며, 공장(工匠)의 심부름 따위를 하면서 소년기를 보냈다. 1742년 파리로 나와 디드로 등과 친교를 맺고, 진행 중인《백과전서》의 간행에도 협력하였다. 1750년 디종의 아카데미 현상 논문에 당선한《과학과 예술론(Discours sur les sciences et les arts)》을 출판하여 사상가로서 인정받게 되었다. 그 뒤《인간불평등기원론(Discours sur l'origine de l'inégalité parmi les hommes)》(1755),《정치 경제론(De l'économie politique)》(1755),《언어기원론(Essai sur l'origine des langues)》(사후 간행) 등을 쓰면서 디드로를 비롯하여 진보를 기치로 내세우는 백과전서파 철학자나 볼테르 등과의 견해 차이를 분명히 하였다. 특히《달랑베르에게 보내는 연극에 관한 편지(Lettre à d'Alembert)》(1758) 이후 디드로와의 사이는 절교 상태가 되었고, 두 사람은 극한적으로 대립하게 되었다.

독자적 입장에 선 루소는 다시 서간체 연애소설《신(新) 엘로이즈(Nouvelle Héloïse)》(1761), 인간의 자유와 평등을 논한《민약론(民約論, Du Contrat social)》(1762), 소설 형식의 교육론《에밀(Émile)》(1762) 등의 대작을 차례로 출판하였는데, 특히《신 엘로이즈》의 성공은 대단하였다. 그러나《에밀》이 출판되자 파리대학 신학부가 이를 고발, 파리 고등법원은 루소에 대하여 유죄를 논고함과 동시에 체포령을 내려 스위스·영국 등으로 도피하였다. 영국에서 흄과 격렬한 논쟁을 일으킨 후, 프랑스로 돌아와 각지를 전전하면서 자전적 작품인《고백록(Les Confessions)》을 집필하였다.

1768년에 1745년 이래로 함께 지내온 테레즈 르바쇠르와 정식으로 결혼하였다. 그 후 파리에 정착한 루소는 피해망상으로 괴로워하면서도 자기변호의 작품 《루소, 장자크를 재판한다(Rousseau juge de Jean-Jacques)》를 쓰고, 《고독한 산책자의 몽상(Les Rêveries du promeneur solitaire)》을 쓰기 시작하였으나, 완성하지 못하고 파리 북쪽 에르므농빌에서 사망했다. 그가 사망한 지 11년 후에 프랑스 혁명이 일어났는데, 그의 자유민권 사상은 혁명지도자들의 사상적 지주가 되었다. 1794년 유해를 팡테옹으로 옮겨 볼테르와 나란히 묻혔다.

롤랑 바르트

Roland Barthes, 1915. 11. 12~1980. 3. 26

1915년에 프랑스 북부 쉐르부르에서 태어났다. 에세이스트, 사상가, 기호학자, 그리고 문화비평가였다. 문학, 기호학, 신화학, 서사학, 분류학, 글쓰기, 패션, 사진, 독서론, 텍스트의 유형학 등 여러 분야의 책들을 썼다. 바르트는 청년 시절에 폐결핵으로 고등사범학교 진학과 교수자격시험을 포기한다. 소르본느 대학에서 고전문학을 전공한 젊은 바르트는 루마니아와 이집트의 대학에서 프랑스어 교수로 활동한다. 바르트는 1953년에 《글쓰기의 영도》(동문선, 2007)를 내고, 1957년에 《현대의 신화》(동문선, 1998)를 잇달아 내놓는데, 이 두 권의 책으로 프랑스 지식 사회에 제 이름을 알렸다. 1970년에 나온 《텍스트의 즐거움》(동문선, 1997)은 문학비평계에 큰 반향을 일으킨다. 바르트는 '저자의 죽음'을 선언함과 동시에 '독자의 탄생'을 선언한다. 그 이전까지는 독서를 한다는 것, 혹은 문학비평을 읽는다는 것은 텍스트 안에 드러난 저자의 의도를 파악하고, 저자의 문장을 따라가는 것이었다. 바르트에 따르면 '저자'는 여러 목소리들 중의 하나일 따름이다. 한 인격체로서의 '저자'는 자기 텍스트의 극 속에 초대된 한 사람일 뿐이고, 여러 인물들 중의 한 인물이다. 그가 쓴 것은 그 자신만의 독창적인 창조물이 아니라 그 이전 선조들과 문화가 남겨놓은 것에서 여러 요소들을 빌려와 조립한 것이다. "그의 텍스트로부터 와서 우리 생 속에 들어가는 저자는 통일된 단위가 없다. 그는 간단히 복수적인 '매력들'이며, 몇몇의 가냘픈 세부사항들의 장소이고, 그럼에도 싱싱한 소설적 광휘의 근원이며, 다정함들의 불연속적인 노래이다."(《사드, 푸리에, 로욜라》) 저자는 의미의 생산자이고 독자는 소비자라는 전통적 등식은 바르트에 의해 지워지거나 희미해진다. 독자 역시 저자와 동등하게 텍스트의 의미 생산에 참여한다는 것이다. "대답, 그것은 거기에 자기의 역사,

자기의 언어, 자기의 자유를 가지고 와서 대답을 하는 우리들 각자이다. 하지만 역사, 언어, 자유는 끝없이 변하기에, 세상이 작가에게 하는 대답은 무한하다. 사람들은 모든 대답 밖에서 썩어졌던 것에 한시도 쉬지 않고 대답한다."(《라신느에 대하여》)

나는 《기호의 제국》(민음사, 1997)을 매우 인상적으로 읽었다. '일본'을 기호의 진열장으로 보고 일본적인 것을 기호학적으로 해석한 이 책을 사랑한다. 나는 이 책을 여러 번에 걸쳐 읽으며 바르트의 '흔적들'을 찾아낸다. "텍스트의 즐거움을 만드는 것은, 그의 치환 불가능성, 즉 저자에 의해 남겨진 흔적이다."(뱅상 주브,《롤랑 바르트》, 민음사, 1994) 그는 독서가를 두 부류로 나눈다. 책에 밑줄을 긋는 사람과 긋지 않는 사람. 그는 후자였다. 그 점에서 나는 바르트와 닮았다. 바르트가 책에 흔적을 남기기 싫어했듯이 나 역시 읽은 책에 일체의 흔적을 남기지 않는다. 1980년 2월 25일, 작은 트럭이 콜레주 드 프랑스에서 나오다 바르트를 덮쳤다. 불운이 그를 알아보고 피해가는 일은 일어나지 않았다. 기적이 일어나지 않았기에 그는 교통사고를 당한 지 한 달 뒤인 3월 26일에 사망했다. 수전 손택은 바르트의 글들이 "쾌활하고, 빠르고, 조밀하고, 날카롭다."(수전 손택,《우울한 열정》)고 했다. 바르트의 읽기에는 쾌활함과 빠름 아래에 녹아 있는 달콤함을 찾아 즐기는 쾌락이 있다.

수전 손택

Susan Sontag, 1933. 1. 16~2004. 12. 28

1933년 뉴욕에서 태어났다. 에세이 작가이자 소설가이고 박물적 지식을 갖춘 예술평론가다. 파리에 시몬 드 보부아르가 있다면 뉴욕에는 수전 손택이 있다는 소리를 들었다. 둘을 견주어도 어느 한쪽이 호락호락 하지 않다. 15세가 되던 해인 1948년에 버클리의 캘리포니아에 입학할 만큼 명민함을 보였다. 1955년 하버드대학의 철학 박사학위 과정에 들어간 뒤 1957년 학위를 얻고, 이듬해 파리대학, 옥스퍼드대학, 소르본대학에서 수학하며 다시 학계로 돌아온다. 1959년부터 뉴욕시립대학, 사라로렌스대학, 컬럼비아대학 등에서 철학 강의를 맡는다. 손택은 1960년부터 각종 신문과 잡지에 다양한 글들을 실으며 거침없는 행보를 이어가는데, 이 무렵 내놓은 첫 번째 소설 《은인》(1963)으로 주목을 받는다. 1964년에 내놓은 《해석에 반대한다》(이후, 2002)는 그 당시 "눈이 부신 지적 퍼포먼스"이고, "1960년대 아방가르드 미학의 가장 강력하고 계몽적인 진술"이라는 리뷰를 받는다. 예술작품을 '해석'하는 행위는 '해석자 무리'(지식인)들이 예술작품에 가하는 지적 폭력이다. 그런 까닭에 수전 손택은 예술작품에 대한 해석을 반대한다. 비평의 미덕은 해석을 통해 의미 내용을 연역해 내는 것이 아니라 "예술작품이 어떻게 예술작품이 되었는지, 더 나아가서는 예술작품은 예술작품일 뿐이라는 사실을 보여주는 것"이다.

질병에 대한 인문학적 사유를 집약하는 《은유로서의 질병》(이후, 2002)에서는 결핵과 암, 그리고 후천성면역결핍증이라고 알려진 질병들을 중심으로 은유가 질병들을 어떻게 포획하며, 그것들이 어떻게 질병에 대한 우리의 의식을 왜곡시키는지를 면밀하게 살핀다. '암'은 항상 가장 나쁜 것의 은유로 쓰인다. '암적 존재'와 같은 표현이 그것이다. 수전 손택은 이렇듯 '질병'을 다른 무엇으로 보는 행위는 환자에게 이중의 고통을 안긴다는 점을 투시한다. 뉴욕을 천방지축으로 누비는 뺄때추니가 아니라 기품과 무게가 넘치는 '지의 여제(女帝)'로 꼽을 만큼 중요한 글이었다. 이밖에 내가 읽은 수전 손택의 책들은 《타인의 고통》(이후, 2007), 《사진에 관하여》(이후, 2005), 《문학은 자유다-수전 손택의 작가적 양심을 담은 유고 평론집》(이후, 2007), 《나, 그리고 그 밖의 것들》(이후, 2007), 《강조해야 할 것》(이후, 2006), 《우울한 열정》(이후, 2005) 등이 있다. 수전 손택의 책들은 물론이거니와 그의 아들 데이비드 리크가 쓴 회고록 《어머니의 죽음—수전 손택의 마지막 날들》(이후, 2008)까지 빠뜨리지 않고 찾아 읽었으니, 참 부지런했다. 그는 2004년 뉴욕에서 사망하고, 유해는 그의 유언에 따라 사르트르, 보들레르, 베케트, 뒤라스 등이 묻힌 파리의 몽파르나스 공동묘지에 묻혔다.

올리비에 라작

Olivier Razac, 1973~

파리 제8대학에서 철학 박사학위를 받은 철학자이다. 프랑스의 여러 저널에 윤리와 정치철학에 관한 칼럼을 기고하고 있다. 현재 프랑스 국립범죄행정학교에서 연구원으로 활동하고, 이전의 수감자들에 대한 전기 감시에 관해 연구 중이다. 리얼리티 프로그램과 동물원을 견주고 그 공통점을 분석한 책 《텔레비전과 동물원》은 우리나라에 처음 소개되는 그의 저서다. 동물원의 동물들은 잘 조련된 '전시물'에 지나지 않는다. 이것들에게 야생성은 이미 사라지고 없다. 마찬가지로 야생을 보여주는 리얼리티 프로그램에 빠진 우리에게도 야생성은 없다. 동물원의 동물들이 야생에서 사냥꾼들에 의해 포획되어 동물원에 감금되어 구경거리가 되듯 우리 역시 생명정치 권력에 의해 포획되어 갖가지 억압장치들 속에 있다. 동물원이 "전시된 표본들의 진정성과 진실과 강렬함에 따라 스펙터클이 이루어지는 장치"라면, 리얼리티 프로그램들은 그 동물원과 매우 흡사하게 닮아있다. 동물원에 간 사람들은 우리에 갇힌 동물들을 보지만, 동시에 우리 속에 있는 동물들 역시 바깥의 사람들을 본다는 사실은 간과한다. 텔레비전이 우리에게 프로그램들을 보여주지만, 거꾸로 우리 역시 텔레비전에 의해 포획되고 길들여진다. 텔레비전을 켜놓을 때, 그 "화면은 주변 공간에 영향을 미치고, 흘러가는 시간의 길이는 변화시키는 능동적인 지점"이다. 텔레비전은 우리를 빨아들인다. 텔레비전은 우리 환경의 내부이고, 동시에 우리 삶의 부정할 수 없는 일부를 이룸으로써 우리 내면 정서, 의식 활동에 개입하고, 우리 정체성을 조작한다. 이를테면 리얼리티 스펙터클은 우리 안에 잠재된 동물행태학적 요소들을 들춰낼 뿐만 아니라 우리를 포획한 생명정치 권력들에 맞춰 우리의 정체성과 내면 형질을 길들이는 것이다.

움베르토 에코

Umberto Eco, 1932. 1. 5~

이탈리아 알렉산드리아에서 태어났다. 기호학자, 언어학자, 철학자, 미학자, 소설가이다. 아버지 줄리오 에코는 회계사라는 직업을 가졌는데, 세 차례나 전쟁에 징집당했다. 에코는 법학 공부를 원했던 아버지의 뜻과는 달리 중세 철학과 문학을 공부하려고 토리노대학에 들어간다. 1954년 대학에서 철학 학위를 받고, 1955년까지 밀라노에 있는 라디오-텔레비전 방송국에서 문화 프로그램 편집위원으로 일했다. 1956년에 첫 책 《토마스 아퀴나스의 미학 문제》를 펴낸다. 이 뒤로 토리노대학에서 강의를 시작한 이래 여러 대학교에서 학생들을 가르쳤다. 1980년 수도원에서 벌어지는 살인 사건을 다룬 중세를 배경으로 삼은 소설 《장미의 이름》이 이탈리아를 비롯해 여러 나라에서 베스트셀러가 됨으로써 에코는 세계적인 명성을 얻는다. 무엇보다도 에코는 언어의 천재다. 이탈리아어는 모국어니까, 제쳐놓더라도 그는 영어, 프랑스어, 독일어, 스페인어, 포르투갈어, 라틴어, 그리스어, 러시아어를 자유자재로 쓰고 해독한다. 현실 세계와 기호와 추상 세계를 종횡으로 가로지르고, 대중문화화 가상현실에 대한 담론, 아퀴나스 철학에서 컴퓨터에 이르기까지 그의 지적 관심이 닿지 않는 것이 거의 없다.

《중세의 미학》《구조의 부재》《기호: 개념과 역사》《일반 기호학 이론》 《대중문화의 이데올로기》《기호학과 언어 철학》《세상의 바보들에게 웃으면서 화내는 방법》《책으로 천년을 사는 방법》《푸코의 진자》《나는 독자를 위해 글을 쓴다》 등등 푸코의 책들 거의 모두 국내에 번역되어 나와 있다. 에코의 이름 뒤에 따라다니는 "플라스틱 포크로 비행기 안에서 콩을 찍어 먹으며 파시즘을 걱정하는 사람", "방대한 중세 세계라는 원자재로 희한한 베스트셀러를 써낸 작가", "마를 줄 모르는 백과사전적 지식의 창고에서 이야기를 끌어내는 위대한 이야기꾼", "우리 시대의 가장 영향력 있는 사상가", "역설과 재치, 유머, 때로는 엉뚱함을 지식과 버무릴 줄 아는 학자" 등등의 언급들은 그의 어마어마한 독서량과 경이로운 저술 활동, 그리고 미학·기호학·문학·에세이·문화 비평 등을 아우르는 그가 가진 영향력이 어느 정도인가를 잘 드러낸다. 에코는 자신의 묘비명으로 토마소 캄파넬라에게서 따온 '기다려, 기다려.' '난 못해'라는 인용문을 쓰기를 바란다고 한다. 현재 볼로냐 대학의 교수이다.

가스통 바슐라르

Gaston Bachelard, 1884. 6. 27~1962. 10. 16

프랑스의 철학자-시인이다. 파리 동쪽 작은 시골 마을인 바르 쉬르 오브에서 태어난다. 평생을 과학철학, 그리고 상상력과 몽상, 꿈의 연구에 바친 철학자. 중등교육만 마친 뒤 고향의 시골 우체국 임시직원으로 사회에 첫발을 내디딘 뒤 독학으로 물리학과 철학을 공부한다. 28세에 비로소 학사 학위를 얻은 뒤 1927년 〈근시안적 인식에 관한 시론〉이라는 논문과 부논문 〈하나의 물리학 문제의 진화에 대한 연구〉로 박사학위를 취득한다. 1930년에 디종대학에서 강의를 시작해서 나중에 교수를 지내다가 1940년 소르본느(파리대학)에 초빙되어 과학사와 과학철학을 강의한다. 바슐라르는 독특하게도 과학과 시를 넘나들며 이질적인 두 가지를 융합시켜 과학사가와 과학철학자로 자기 세계를 일궈 푸코와 같은 후기 구조주의자에게까지 영향을 끼친다. 바슐라르는 이성을 기반으로 한 객관적 과학의 세계에서 이미지와 상상력에 토대를 둔 시적이고 주관적인 상상력이 본질에 접근할 수 있음을 여러 책들을 통해 증명한다. 푸코는 바슐라르 탄생 백주년 기념 인터뷰에서 "나는 바슐라르를 대할 때마다 경탄을 금할 수 없다. 그는 자신이 딛고 있는 문명을 정면으로 부인한 사람이다. 그는 서구 인식 전체에 대해 덫을 놓은 사람이다."라고 말한다. 아울러 상상력 비평 혹은 이미지 비평에서 독보적인 일가를 이뤄 장 피에르 리샤르, 조르주 풀레, 질베르 뒤랑에 이르기까지 영향을 끼치며 프랑스 비평의 한 줄기를 이룬다.

바슐라르는 대지, 물, 공기, 불이라는 4원소를 바탕으로 하는 '물질적 상상력'이라는 독창적 개념으로 비평의 새 지평을 연다. 이 4원소론에 따라 꿈과 몽상을 파고들며 원형 상상계 이론을 끌어낸다. 1970년대 중반 한 월간지에 번역되어 전재된 《촛불의 미학》(그 당시 잡지에 실린 제목은 '초의 불꽃'이고, 번역자는 민희식이다)을 처음 읽은 뒤 감전되는 듯한 감동과 함께 바슐라르에 빠져든다. 김현과 곽광수가 공저로 펴낸 《바슐라르 연구》(1976)와 김현이 번역한 《몽상의 시학》(1978)을 읽고 비평을 써보고자 하는 욕망을 처음으로 품는다. 그 뒤로 《꿈꿀 권리》(1980), 《로트레아몽》(1985), 《물과 꿈》(1996), 《공간의 시학》(1997), 《공기와 꿈》(2000), 《불의 정신분석》(2007), 《대지 그리고 휴식의 몽상》(2008), 그리고 바슐라르가 사망한 지 26년 만에 나온 《불의 시학의 단편들》(2004)에 이르기까지 바슐라르의 책들을 빠짐없이 찾아 읽으며 지적 자양분을 취한다. 아마도 바슐라르에게서 물질적 상상력과 4원소론에 대한 계시를 받지 않았다면 나는 평론가를 꿈꾸지 못했을 것이다. 바슐라르는 내 평론의 출발점이자 원체험이 되었다. 바슐라르는 1962년 10월 16일 파리에서 사망한 뒤 고향의 묘지에 묻힌다.

스티브 잡스

Steve Jobs, 1955. 2. 24~2011. 10. 5

미국의 기업인으로, 애플의 창립자다. 1976년 스티브 워즈니악, 로널드 웨인과 함께 애플을 공동 창업하고, 애플2를 통해 개인용 컴퓨터를 대중화했다. 또한, GUI와 마우스의 가능성을 처음으로 내다보고 애플 리사와 매킨토시에서 이 기술을 도입하였다. 1985년 경영 분쟁에 의해 애플에서 나온 이후 NeXT 컴퓨터를 창업하여 새로운 개념의 운영 체제를 개발했다. 1996년 애플이 NeXT를 인수하게 되면서 다시 애플로 돌아오게 되었고 1997년에는 임시 CEO로 애플을 다시 이끌게 되었으며 이후 다시금 애플을 혁신해 시장에서 성공을 거두게 이끌었다. 2001년 아이팟을 출시하여 음악 산업 전체를 뒤바꾸어 놓았다. 또한, 2007년 아이폰을 출시하면서 스마트폰 시장을 바꾸어 놓았고 2010년 아이패드를 출시함으로써 포스트PC 시대를 열었다.

스티브 잡스는 《인크레더블》과 《토이 스토리》등을 제작한 컴퓨터 애니메이션 제작사인 픽사의 소유주이자 CEO였다. 월트 디즈니 회사는 최근 74억 달러어치의 자사 주식으로 이 회사를 구입하였다. 2006년 6월 이 거래가 완료되어 잡스는 이 거래를 통해 디즈니 지분의 7퍼센트를 소유한 최대의 개인 주주이자 디즈니 이사회의 이사가 되었다. 한편 그는 2004년 무렵부터 췌장암으로 투병생활을 이어왔다. 그의 악화된 건강상태로 인하여 2011년 8월 24일 애플은 스티브 잡스가 최고경영책임자(CEO)를 사임하고 최고운영책임자(COO)인 팀 쿡이 새로운 CEO를 맡는다고 밝혔다. 잡스는 CEO직에서 물러나지만 이사회 의장직은 유지키로 했으나, 건강상태가 더욱 악화되어 사임 2개월도 지나지 않은 2011년 10월 5일에 56세의 나이로 사망하였다.

에피쿠로스

Epicurus, BC 341 추정~BC 271 추정

고대 그리스의 철학자이자 에피큐리어니즘(Epicurianmism)이라 불리는 학파의 창시자이다. 에피쿠로스는 군인 신분으로 사모스 섬에 정착해 살던 아테네인 부모 밑에서 태어난다. 14세 때 철학 공부를 시작했으며, 학원의 스승이 그리스 초기의 철학 시인인 헤시오도스의 '혼돈' 개념을 설명하지 못하는 것을 보고 철학에 관심을 갖게 되었다. 플라톤주의자인 사모스의 팜필로스가 철학의 첫 스승이었다. 그 뒤로 3년 동안(BC 327~324) 테오스라는 이오니아의 도시에서 학생 생활을 했는데, 이때 자연주의 철학자 데모크리토스의 제자인 나우시파네스에게서 철학 수업을 받는다. 18세 때 아테네로 가 아테네 시민이 되는 데 필요한 2년간의 군사훈련을 받는데, 그곳에 머무는 동안 플라톤과 크세노크라테스와 아리스토텔레스에 관한 이야기를 듣는다. 고향으로 돌아온 에피쿠로스는 여행도 하고 공부도 한다. 이 시기에 철학적 기초를 만들고 플라톤주의자·아리스토텔레스주의자와 의견을 나누면서 자신만의 철학 체계를 가다듬었을 것으로 추정된다. BC 306년 에피쿠로스는 동료들과 함께 아테네로 돌아와 집 한 채를 사들여 그 정원에 학원을 세운다. 호케포스('정원'이라는 뜻)라는 이름으로 알려진 이 학원에서 에피쿠로스는 여러 제자들과 공동의 생활양식을 꾸리며 철학을 가르친다. 뒷날 이 제자들이 에피쿠로스 학파를 크게 융성하게 만드는 데 힘을 보탠다. 에피쿠로스는 전립선염을 앓다가 72세 때 세상을 뜬다.

질 들뢰즈

Gilles Deleuze, 1925. 1. 18~1995. 11. 4

1925년 프랑스 파리에서 태어났다. 철학자다. 푸코는 "20세기는 언젠가 들뢰즈의 세기로 기억될 것이다"라고 말했다. 소르본느대학 철학과를 졸업했다. 리용대학 강사를 거쳐서 1970년 파리 제8대학 교수가 되었다. 대학에서 철학·문학·과학을 강의하고 1987년 퇴임한 뒤로 줄곧 좌파 이념에 힘을 보태는 집필과 방송 활동을 이어갔다. 1995년 갑작스럽게 스스로 목숨을 끊었다. 들뢰즈는 살던 아파트에서 뛰어내림으로써 노쇠와 호흡기 질환에 시달리던 삶을 스스로 멈췄다. 기억이 정확하다면, 들뢰즈의 책을 처음 접한 것은 펠릭스 가타리와 함께 쓴《천 개의 고원》(새물결, 2001)이다. 1000쪽이 넘는 책을 미욱하게 꾸역꾸역 읽고 난 뒤 망치로 머리를 얻어맞은 듯했다. 그 난해함으로 어지럼증을 한동안 수습할 수가 없었다. 쥐뿔만한 앎의 체계가 여지없이 무너졌으니, 자존심 상하는 일이지만 누가 나를 섭치거나 쩨마리라고 손가락질해도 변명의 여지가 없었다. 이진경의《노마디즘》(휴머니스트, 2002)을 시난고난하며 서너 번 읽고 뒤에야 겨우 맥락을 잡을 수가 있었다. 서동욱의《들뢰즈의 철학》(민음사, 2002), 이정우의《천 한 개의 고원》,《들뢰즈와 정치-앙티외디프스와 천의 고원들의 정치철학》(태학사, 2005) 등을 뒤적이며 겨우 작은 깨침을 얻었다. 그 뒤로 들뢰즈의 책들을 부지런히 읽고, 그 해설서들도 눈에 띄는대로 구해서 읽었다.

무엇보다도《천 개의 고원》의 난해함은 지식의 방대함, 자유자재로 빚어서 쓰는 개념들의 낯섦, 발상의 독창성에서 비롯한다. 이진경이 '잡학'이라고 말한 지식의 방대함은 정신분석학, 철학, 문학, 언어학, 신화학, 민속학, 동물행동학, 경제학, 고고학, 음악, 미술사, 물리학, 분자생물학, 수학으로 방사선을 그리며 펼쳐진다. 나는《천 개의 고원》에 대한 깊은 인상과 형이상학적 울림에서 한동안 헤어나지 못했다. 니체, 스피노자, 칸트, 베르그송, 프루스트 등을 가로와 세로로 뛰어넘는 들뢰즈의 책들을 읽어내며 그 어느 때보다도 책 읽기의 번뇌와 기쁨을 함께 느꼈다. 감히 말하건대, 나는 '들뢰지언'이다. 들뢰즈/가타리가 함께 쓴 책은 《철학이란 무엇인가》(현대미학사, 1995), 《앙띠 오이디프스》(민음사, 1997), 《소수 집단 문학을 위하여-카프카론》(문학과지성사, 2001) 등이 있고, 들뢰즈 혼자 쓴 책은 《차이와 반복》(민음사, 2004), 《의미의 논리》(한길사), 《감각의 논리》(민음사, 2008), 《니체와 철학》(민음사, 1998), 《프루스트와 기호들》(민음사, 2004), 《주름-라이프니츠와 바로크》(문학과지성사, 2004), 《스피노자와 표현의 문제》(인간사랑, 2003), 《푸코》(중원문화, 2010), 《칸트의 비판철학》(민음사, 2010) 등이 있다.

마샬 맥루한

Marshall McLuhan, 1911. 7. 21~1980. 12 31

캐나다의 미디어 이론가이자 문화비평가이다. 1911년 캐나다에서 출생하여 1980년 생애를 마감할 때까지 영문학자, 사회사상가, 문예비평가, 커뮤니케이션 이론가로서 정치, 경제, 사회, 문화 등 각 부분에서 맥루한 열풍을 일으키며 활약하였다. 1936년에 영국 케임브리지대학을 졸업하고, 캐나다로 돌아와 토론토대학의 교수를 역임하고 저술활동도 활발히 했다. 매체와 매체의 의미에 관하여 기존과는 다른 해석을 하며 미디어 비평계의 초석을 다진 사람이다.

1964년《미디어의 이해》라는 저서를 통해 '미디어는 메시지다', '미디어는 인간의 확장'이라는 견해를 밝혀 현대 미디어 이론에서 사용하는 '미디어'라는 단어와 가장 근접한 개념을 내놓았으며, 1967년에는 미디어가 인간의 촉각을 자극할 것이라는 견해를 담은《미디어는 메시지다》를 출간하였다. "미디어는 메시지다(the medium is the message)", "지구촌(global village)"이라는 유명한 표현은 그가 만들어낸 것이다. 미디어의 발전과 인간 존재의 관계를 연구하여 근대의 인쇄 혁명과 TV로 대표되는 전자미디어가 서구문명에 끼칠 영향을 예견하여 오늘날 미국을 비롯한 서구에서 그에 대한 새로운 평가작업이 활발히 진행되고 있다. 그의 업적은 특히 토론토 학파(Toronto School of communication theory)에 오늘날까지 영향을 많이 주었다.

발터 벤야민

Walter Benjamin, 1892. 7. 15~1940. 9. 27

1892년에 베를린에서 태어났다. 유대계 언어철학자, 에세이스트, 비평가이다. 부잣집 아들이었으니, 어린 시절은 유복했다. 그는 어린 시절을 회고하며 "가난한 사람들은 내 또래의 부잣집 아이들에게는 거지일 뿐이었다. 가난이란 제대로 지불받지 못한 노동에 대한 모욕이라는 것을 내가 처음으로 어렴풋이 짐작하게 되었을 때, 그것은 인식의 위대한 진보였다."(발터 벤야민, 《베를린의 유년시절》)같은 문장을 남겼다. 프라이부르크대학, 뮌헨대학 등에서 철학을 전공했다. 그 시절에 평생 우정을 나눈 친구이자 지적 동반자가 된 게르숌 숄렘을 만난다. 전쟁을 피해 스위스로 간 그는 1919년 〈독일낭만주의 비평개념〉이라는 논문으로 베른 대학에서 박사학위를 얻고, 신문과 잡지에 기고를 하고 번역가로 나서기도 한다. 1924년 교수자격논문인 〈독일 비극의 원천〉을 쓴 뒤 프랑크푸르트대학 교수를 지원했다가 '단 한 줄도 이해할 수 없다'는 차가운 평가와 함께 교수직을 거절당한다. 같은 해 연인 아샤 라치스와 나중에 친교를 나눈 베르톨트 브레히트에게서 유물론적 사유의 영향을 받으면서 비평, 번역, 방송 분야에 눈길을 돌려 활동을 펼친다. 발터 벤야민의 사유와 철학적 바탕은 그 스펙트럼이 꽤나 넓다. 정치 신념과 예술철학은 프랑크푸르트 학파의 젖줄을 물고 있는가 하면, 다른 한편으로 루카치와 마르크스주의와 내통을 하고, 하이데거와 혈연 관계를 이루며 제 사유의 뼈대를 만들고 몸집을 키운다. 문학, 정치, 영화, 미술, 철학 어느 한 가지에 고착하지 않고 그것들을 종횡으로 누비면서 현대성의 의미를 포획한다. 그런가 하면 철학과 시를 뒤섞고, 정치와 형이상학, 신학과 유물론이라는 이질적 재료들을 섞고 비비면서 제 독자적인 사유의 세계를 펼쳐낸다.

1928년 펴낸 철학적인 아포리즘 모음집 〈일방통행로〉는 프랑스에서 막 시작한 초현실주의 운동의 영향을 고스란히 보여준다. 초현실주의를 비롯해 마르셀 프루스트, 베르톨트 브레히트, 프란츠 카프카, 카를 크라우스, 샤를 보들레르, 니콜라이 레스코프 등에 대한 글을 쓰고, 〈생산자로서의 작가〉와 〈기술복제시대의 예술작품〉등 이념과 정치성이 도드라지는 글을 내놓는다. 그는 어떤 파리지앵보다 더 파리를 사랑한 사람이다. 꿈의 건축물들, 거리, 군중, 산책자, 상품, 패션, 유행 그 모든 것들에 덧씌워진 아우라에 취한 그는 파리의 모든 것, 거기에 외시된 현대성을 탐식하며 그에 대한 골상학적 독해를 담은 《파사주(Das Passagen-Werk)》(한국어판 《아케이드 프로젝트》1, 2. 새물결)의 집필을 이어간다. 그가 단지 도시의 외관, 즉 아케이드, 물신화된 상품에 현시된 시각적 매혹에 따라 춤춘 광대는 아니다. 그는 외관 너머의 심연, 그렇다, 외관이 아니라 심연의 탐욕스런 포식자다. 1940년 나치의 점령지가 된 파리에 거주하던 벤야민은 당시 뉴욕에서 프랑크푸르트학파를 이끌던 아도르노와 호르크하이머의 지원을 받아 나치를 피해 원고 뭉치가 든 트렁크를 들고 피레네 산맥을 경유해 국경을 넘어 프랑스를 탈출하려고 시도한다. 그러나 국경 통과가 좌절되자 다량의 모르핀을 삼키고 음독 자살을 한다. 그의 죽음으로 그가 13년간이나 매달렸던 파리에 대한, 파리를 위한 철학적 대기획, 마르크스의 '상품물신'의 구상을 상부구조 전체에 적용하여 19세기 자본주의와 모더니티의 근원을 고고학적으로 탐구하려던 구상은 미완에 그치고, 남은 것은 지식 유목민의, 변화하는 20세기 사회와 문화 지형에 대한 사유의 균열과 협로, 포식의 흔적들뿐이다. 현대의 중요한 철학자들인 데리다나 아감벤에게서 벤야민이 펼친 사유의 흔적을 찾는 일은 그리 어렵지 않다.

마르틴 하이데거

Martin Heidegger, 1889. 9. 26~1976. 5. 26

메스키르히에서 출생한 독일의 철학자이다. 흔히 실존주의 철학자로 알려져 있으나 정작 하이데거 자신은 그러한 칭호를 거부하였다. 1923년 마르부르크대학, 1928년 프라이부르크대학 교수를 지냈다. 독일의 히틀러 집권 시기에는 나치 독일를 공공연히 지지하는 발언을 자주 해 한나 아렌트 등 학문적 동지들과 관계가 소원해지기도 했다.

초기 시절에는 리케르트의 가치 철학에 영향을 받기도 하였으나, 일반적으로 그의 철학은 존재와 시간을 중심으로 하는 전기 철학과 1930년~1935년 사이의 소위 사상적 전향 이후의 후기 철학으로 나뉜다. 그의 대표작인 《존재와 시간(Being and time)》은 후설의 현상학, 아리스토텔레스의 존재론, 딜타이의 생의 철학 등의 영향하에 독자적인 철학을 개척하여 현존재의 존재 의미를 탐구하는 실존론적 철학을 수립하였다. 하이데거의 전기 철학은 방법론적으로는 해석학적 현상학이며 그 대상으로 보자면 현존재, 즉 인간 실존에 대한 존재론이다. 한편 현존재로부터 존재 자체로 핵심적 주제가 옮겨간 후기 철학은 역사적으로 존재 자체가 인간 현존재에게 어떻게 스스로를 현시하는가를 다루고 있다. 그에 따르면 플라톤 이래의 역사는 존재 망각으로 점철되었으며 특히 오늘날과 같은 기술 시대는 존재 망각이 극단에 이른 시기라고 한다. 후기의 주요 저작으로는 《철학에의 기여》, 《기술에 대한 논구》 등이 있다.

알랭 드 보통

Alain de Botton, 1969~

1969년 스위스 취리히에서 태어났다. 아버지는 은행가이고 예술품 수집가였다. 유복한 환경에서 자랐고, 캠브리지대학에서 역사학을 전공했다. 여러 언어를 자유롭게 읽고 쓸 수 있는 능력과 함께 명문 케임브리지대학을 수석 졸업하였다. 스물세 살에 쓴 첫 소설 《왜 나는 너를 사랑하는가》(청미래, 2002)로 세계의 주목을 받았으며 이후 《우리는 사랑일까》(은행나무, 2005), 《키스하기 전에 우리가 하는 말들》(생각의나무, 2005) 등 사랑과 인간관계 3부작이 현재까지 20여 개 나라에서 번역되어 출간되었다. 아직 알랭 드 보통이 널리 알려지기 전에 우연히 읽은 《왜 나는 너를 사랑하는가》는 소설 형식을 빌린 매우 발랄한 '연애론'이었다. "여행은 생각의 산파다. 움직이는 비행기나 배가나 기차보다 내적인 재화를 쉽게 이끌어내는 장소는 찾기 어렵다."(《여행의 기술》, 이레, 2004)같은 구절들, 재치 있지 않은가? 알랭 드 보통이 연애, 여행, 불안, 미술, 현대적 삶에 대해 쓸 때 그의 박물적 지식이 도드라지지 않는 것은 아니지만 지식의 총량으로 견주자면 움베르트 에코, 질 들뢰즈, 슬라보예 지젝, 수전 손택에는 못 미친다. 문학적 재능의 현란함과 즐거움이라면 보르헤스나 나브코프, 폴 오스터를 뛰어넘지 못한다. 그럼에도 알랭 드 보통의 책들은 나오는대로 읽고, 주변 사람들에게도 꽤 자주 권했다. 그중에 몇 권은 이런저런 지면에 리뷰를 썼다. 대상을 바라보는 시각의 독창성, 해석의 도발성과 신랄함, 문학적 수사의 발랄함, 핵심을 찌르는 재치있는 유머들은 그의 책읽기를 즐거운 사유의 축제로 이끌기 때문이다.

쇠얀 키르케고르

Søren Aabye Kierkegaard, 1813. 5. 5~1855. 11. 11

19세기 덴마크 철학자이자, 신학자이다. 그는 실존주의의 선구자로 여겨진다. 키르케고르는 헤겔의 관념론과 당시 덴마크 루터교회의 무의미한 형식주의에 반대하였다. 그의 작품 중 많은 수가 신앙의 본질, 기독교 교회의 제도, 기독교 윤리와 신학, 그리고 삶에서 결정을 내려야 할 순간에 개인이 직면하게 되는 감정과 감각 같은 종교적 문제를 다루고 있다. 이 때문에 키르케고르는 무신론적 실존주의자에 속하는 사르트르나 니체와 달리 '기독교 실존주의자'로 평가되기도 한다. 그의 초기 저작들은 다양한 필명으로 기록되었으며, 그 이름들은 복잡한 대화에서 그들 각자가 지니는 특유의 관점을 드러낸다. 그는 많은 작품을 익명으로 남겼으며, 그가 익명으로 쓴 작품을 비판하는 또 다른 익명의 작품을 출판하기도 하였다. 키르케고르는 독자에게 의미를 찾아야 하는 과제를 남겼다. 그것은 "과제란 어려워야만 하고, 오직 어려움만이 고상한 마음에 영감을 불어넣기" 때문이다. 그 뒤에 많은 사람은 키르케고르가 실존주의자, 신정통주의자, 포스트모더니스트, 휴머니즘적인 심리학을 한 인본주의자, 개인주의자 등등이었다고 해석한다. 키르케고르는 철학과 신학, 심리학 그리고 문학의 경계를 넘나들었기 때문에, 현대 사상에서 매우 중요하고 영향력 있는 인물로 여겨진다.

지그문트 바우만

Zygmunt Bauman, 1925. 11. 19~

폴란드 유대인 가정에서 태어났다. 대학에서 사회학과 철학을 전공하고, 1954년부터 1968년까지 바르샤바대학에서 강의를 한다. 폴란드의 반유대주의를 피해 1971년 영국으로 망명한다. 1989년 《모더니티와 홀로코스트》라는 책을 펴낸 뒤 세계적인 명성을 얻었다. 예순네 살 때다. 바우만의 독창성은 근대를 '액체성'의 은유라는 맥락으로 설명할 때 두드러진다. 우연히 《액체 근대》(강, 2009)를 읽은 뒤 그의 책들을 부지런히 찾아 읽었다. 《모두스 비벤디-유동하는 세계의 지옥과 유토피아》(후마니타스, 2010)는 얇은 책이지만 충분히 매혹적이다. 바우만의 은유를 빌리자면, 근대는 '정원사'의 시대였다. 유토피아의 꿈이 남아 있던 시절이다. 지금은 '사냥꾼'의 시대다. 우리 앞에 놓인 선택지는 둘이다. 사냥꾼이 되느냐(죽이거나), 사냥감이 되느냐(죽거나). 살벌하다. 왜 이렇게 됐는가. 세계가 물렁물렁해진 탓이다. 저자는 근대성이 만든 견고성이 어떻게 액체화하고, 왜 '고형적' 국면에서 '유동하는' 국면으로 바뀌는지를 짚는다. 땅이 물렁물렁하면 그 위에 세워진 어떤 삶도 안전하지 않다. '생활양식'으로 옮길 수 있는 라틴어 제목 《모두스 비벤디》(Modus Vivendi)보다 부제로 붙은 '유동하는 세계의 지옥과 유토피아'라고 하는 게 책의 주제를 더 선명하게 드러낸다. 그밖에 읽은 그의 책들은 다음과 같다. 《유동하는 공포》(산책자, 2009), 《쓰레기가 되는 삶들-모더니티와 그 추방자들》(새물결, 2008)이다. 현재 영국 리즈대학과 폴란드 바르샤바대학의 명예교수로 활동하고 있다

제러미 리프킨

Jeremy Rifkin, 1945. 1. 26~

1945년 미국에서 태어났다. 문명비판가이자 철학자이다. 펜실베이니아대학의 워튼 경영대학원에서 경제학을, 터프츠 대학의 플레처 법외교학대학원에서 국제관계학을 전공한 뒤, 워싱턴 경제동향연구재단(FOET·Foundation on Economic Trends)을 설립한다. 그는 줄곧 과학 기술의 진화로 인해 생기는 경제, 노동, 사회, 환경 분야의 지각 변화를 따져 살피고, 자연과학과 인문과학을 넘나들며 자본주의 체제, 인간의 생활방식, 현대과학기술의 폐해 따위를 비판해 왔다. 우리 독서계에 제러미 리프킨이란 이름을 처음 알린 책은《엔트로피》(정음사, 1980)다. '엔트로피'는 더 이상 쓸 수 없는 에너지를 뜻한다. '엔트로피 법칙'은 열역학 제2법칙에 근거하는 것으로 물질과 에너지는 쓸모 있는 형태에서 쓸모없는 형태로, 얻을 수 있는 형태에서 얻을 수 없는 형태로 변한다는 개념에 바탕을 두고 있다. 인류가 지구의 가용에너지를 넘게 쓰는 상황에 처한다면 끔찍할 것이다. 지구가 되살려 쓸 수 없는 쓰레기들의 습격이라는 재앙을 맞을 것이기 때문이다. 그는 '엔트로피'라는 당시에는 낯선 개념으로 기계적 세계관에 토대를 둔 에너지를 넘치게 쓰는 사회가 맞을 재앙을 예언하는데, 세상이 점점 그가 예언한 나쁜 예언 쪽으로 향하고 있으니 불길하다. 그 뒤《소유의 종말》(민음사, 2001)에 따르면 시장은 네트워크로 대체되고, 소유는 접속으로 바뀌는 추세다. 세계가 빠르게 '소유의 시대'에서 '접속의 시대'로 넘어가고 있다는 말이다. 네트워크에 접속하는 자와 그렇지 않은 자의 소득 격차는 크게 벌어진다. 이 '접속의 시대'는 에 우리는 어떻게 살아야 할 것인가라는 물음을 던져준다.《육식의 종말》(시공사, 2002)은 때마침 일어난 '채식 열풍'에 힘입어 큰 호응을 얻는다. 그는 육식이 사람의 몸과 인류 공동의 터전인 지구 생태계에 미치는 폐해들을 조목조목 짚는다. 필경

소를 대량으로 가둬 기르는 공장식 사육은 열대 우림을 거덜내고 지구의 사막화를 불러온다. 이렇게 생태환경을 망가뜨리는 빌미를 만드는 육식을 그만 두는 것은 "다른 생명체들과의 유대감을 다지며 새로운 인류의식을 향한 중요한 발걸음"이다. 우리 말로 옮겨진 그의 책들은 《생명권 정치학》(대화출판사, 1996), 《바이오테크 시대》(민음사, 1999), 《공감의 시대》(민음사, 2010) 등이 있다.

테오도어 아도르노

Theodor Adorno, 1903. 9. 11~1969. 8. 6

독일의 프랑크푸르트 암 마인에서 태어난 사회학자, 철학자, 음악학자, 그리고 작곡가다. 막스 호르크하이머와 함께 프랑크푸르트 학파를 만들고 이끈 1세대를 대표하는 학자이다. 마르크스와 프로이트의 영향 아래 사유의 폭을 키운 아도르노는 1927년에 〈초월적 영혼론에서 무의식의 개념〉이라는 교수자격청구논문을 제출했으나 통과되지 않았다. 1931년에 '주관적 내면성'에 대한 두 번째 교수자격 청구논문으로 교수자격을 취득하고 프랑크푸르트대학의 교수가 되었다. 아도르노는 작곡가로서 재능을 가졌으나 1930년대 중반경에 와서 이론적이고 철학적인 관심이 커지면서 작곡에서 멀어진다. 아도르노는 나치의 유대인 박해를 피해 1935년에 독일을 떠나 영국에서 살다가, 1938년에 미국으로 망명한다. 1949년에 아도르노는 프랑크푸르트로 돌아왔으며, 다시 프랑크푸르트대학의 철학교수가 되었다. 호르크하이머와 함께 사회조사연구소를 재건하고 공동 소장이 되면서, 독일 사상계에서 프랑크푸르트 학파의 영향력을 키운다. 아도르노가 쓴 대표적인 저서로 호르크하이머와 함께 쓴 《계몽의 변증법》과 《부정적 변증법》 등을 비롯하여, 《미니마 모랄리아》, 《신음악의 철학》, 《미학이론》 등이 있다. 1969년에 스위스의 피스프에서 사망한다.

막스 호르크하이머

Max Horkheimer, 1895. 2. 14~1973. 7. 7

유대계의 독일 철학자이자 사회학자이다. 아도르노와 함께 프랑크푸르트 학파를 이끈 대표적인 철학자이다. 슈튜트가르트의 유대계 가정에서 태어난다. 호르크하이머는 부모의 강요에 의해 16세까지만 정규학교를 다녔고, 이후에는 부모의 공장에서 공장장으로 일을 한 특이한 이력을 가졌다. 결국은 대학에 진학해서 심리학을 공부하고, 이어서 한스 코르넬리우스의 지도 아래 철학과 경제학을 전공하고 철학박사 학위를 얻는다. 1925년 〈실천철학과 이론철학의 연계로서의 칸트 철학 비판〉이라는 논문으로 교수자격을 취득한다. 1930년 프랑크푸르트 대학에 사회조사연구소 창설에 참여하고, 아도르노, 마르쿠제, 에리히 프롬, 레오 뢰벤탈 등과 함께 비판적 사회이론의 토대를 구축한다. 호르크하이머와 아도르노는 미국 망명 시기에 공동작업으로 완성한 《계몽의 변증법》을 1947년 네덜란드 암스테르담에서 펴낸다. 황홀경을 불러일으키는 사이렌의 노랫소리에 빠진 인간은 하나같이 죽음에 이른다. 오디세우스에게 선택은 두 개다. 귀를 밀랍으로 봉해버림으로써 사이렌의 노래를 아예 못 듣게 하는 것, 다른 하나는 제 몸을 돛대에 꽁꽁 묶은 채 사이렌의 노래를 듣는 것이다. 이러지도 저러지도 못하는 사이렌의 신화에 빗대 자본주의적 상황과 모순에 대한 통찰을 시도한다. 두 사람은 "계몽은 신화로 퇴화한다"는 테제와 더불어 "신화는 이미 계몽이다"라는 단정으로 신화와 계몽 둘 다를 비판하며, 계몽의 새로운 가능성을 모색한다. 특히 호르크하이머의 비판적 사회이론은 마르크스와 더불어 독일관념론의 전통이라는 젖줄을 대면서 형이상학과 실증주의에 대한 비판이 그 핵심이다. 호르크하이머는 1973년 7월 7알 뉘른베르크에서 사망한다.